The Three Kings' Sons.

edited by

F.J. Furnivall

Part I

EARLY ENGLISH TEXT SOCIETY

Extra Series, 67

1895

The Three Kings' Sons.

Early English Text Society.
Extra Series, LXVII.
1895.

Extra Series, LXVII.

The Three Kings' Sons.

(ENGLISHT FROM THE FRENCH.)

---·•·---

PART I, THE TEXT.

EDITED FROM ITS UNIQUE MS, HARLEIAN 326, ABOUT 1500 A.D.

BY

F. J. FURNIVALL, M.A.,

TRINITY HALL, CAMBRIDGE; HON. DR. PHIL., BERLIN.

LONDON:
PUBLISHT FOR THE EARLY ENGLISH TEXT SOCIETY
BY KEGAN PAUL, TRENCH, TRÜBNER & CO.,
PATERNOSTER HOUSE, CHARING-CROSS ROAD.

OXFORD
UNIVERSITY PRESS

Great Clarendon Street, Oxford OX2 6DP
United Kingdom

Oxford University Press is a department of the University of Oxford.
It furthers the University's objective of excellence in research, scholarship,
and education by publishing worldwide. Oxford is a registered trade mark of
Oxford University Press in the UK and in certain other countries

© The Early English Text Society 1895

The moral rights of the authors have been asserted

Database right Oxford University Press (maker)

First Edition published in 1895

All rights reserved. No part of this publication may be reproduced,
stored in a retrieval system, or transmitted, in any form or by any means,
without the prior permission in writing of Oxford University Press,
or as expressly permitted by law, or under terms agreed with the appropriate
reprographics rights organization. Enquiries concerning reproduction
outside the scope of the above should be sent to the Rights Department,
Oxford University Press, at the address above

You must not circulate this book in any other form
and you must impose this same condition on any acquirer

Published in the United States of America by Oxford University Press
198 Madison Avenue, New York, NY 10016, United States of America

British Library Cataloguing in Publication Data
Data available

Library of Congress Cataloging in Publication Data
Data available

Extra Series, 67

ISBN 978-0-85-991983-8

FOREWORDS.

WHAT a blessing it was, in old Days of Romance, for a Christian King, beset by Turks, to have a beautiful daughter! Of course all the young Princes and knights of Christendom pictured to themselves the lovely girl in distress, about to be sacrificed to a Heathen brute, and they at once resolvd to go and fight for her father, and marry her. They thus kild two —nay, three—birds with one stone: first, they fought for the Faith, and saved their souls; next, they got a chance of the girl; and last, of her father's Kingdom. War, Love, and Sovereignty,—what could a man want more?

Here, surely, was a good subject for a story; and so thought the Frenchman—David Aubert, or some one else[1]—who wrote the original of the englisht romance (Harl. 326, ab. 1500 A.D.) told in the following pages. It is not a stirring narrative, for it's after the time when men really cared for fighting. In all the battles, no one is split in two; no one has his head clean cut off at one swipe; no one's back is broken; no one's arm or leg even is chopt right off. All the old details of a combat are smotherd up in generalities. Folks' feelings and apprehensions are dwelt upon; and the repetitions are as frequent and as tedious as in Tory speeches against Home Rule. Still, the story is readable, and this it is in brief:—

King Alfour of Sicily is invaded and half-conquerd by the Turks. He has a lovely daughter Iolante. To help them, Prince Philip of France steals away incognito from Paris, and falls ill in Toledo. When well, he proceeds to Sicily with one of King Alfour's generals, Ferant, whom he rescues from

[1] "Several copies of this Romance are in the Bibliothèque Nationale, one of which (No. 6766) is described by Paulin Paris in *Les Manuscrits François*, tome i. (1836), pp. 106—108. This French MS was transcribed at Hesdin in 1463 by David Aubert, librarian to Philip the Good, Duke of Burgundy. For an account of Aubert, see the description of vol. i. of Perceforest in Royal MS. 15. E. V. (under *British and English Traditions*), in the authorship of which romance he there (at f. 3) claims (p. 2) a share. It seems that he makes a similar claim in the MS of the 'Conquestes du noble empereur Charlemaine' (see J. Marchal's *Catalogue des MSS . . . de Bourgogne*, Brussels, tome ii. p. 291); and it is conjectured by Gaston Paris (*Histoire poétique de Charlemagne*, 1865, p. 96) that the whole authorship of the present Romance may not improbably be ascribed to David Aubert."—H. Ward's *Catalog.* i. 782-3.

the Turks, when taken in his first battle, and also captures King Ferabras of Persia. On seeing Princess Iolante, Philip falls violently in love with her.

Also to aid King Alfour, a joint expedition of French, Scotch and English troops, led by Prince David of Scotland, sails for Sicily, but is repulst. Afterwards a storm wrecks the allied fleet, and Prince David is saved from his Turkish foes, only by the mercy of Orcays, the Sultan's son, who soon sets him free, and sends him to Ferant and Prince Philip. They fight often with the Turks, and win, as Philip and David hearten the downcast Sicilian troops. Prince David falls in love with Iolante too.

Meantime, the third King's son, Prince Humphrey of England, steals away from England, also to help King Alfour. His ship is driven ashore at a Turkish town, and he is thrown into a dungeon. From this, he is freed by K. Ferabras of Persia, who has been temporarily releast by the Sicilians, and has promist to liberate Christian prisoners. By him, Prince Humphrey is enabled to join Prince Philip of France and Prince David of Scotland, and all three incognito,[1] are servants of Ferant, and attend on Princess Iolante, whom they all, of course, love. The Turkish prince, Orcays, who is taken prisoner, is also desperately in love with her.

In one battle, Prince Philip is taken, and beaten till he bleeds, by the Sultan, but is rescued. At last the Sultan is slain. King Alfour—by the help of the Three Princes—recovers all his cities, drives out the Turks, and is made Emperor of Germany.

War being over, the Three Princes go home, but return the next May as Kings—of France, England, and Scotland,—their fathers having died. They come back for the grand three-days' Tourney for the hand of Princess Iolante. King Philip of France wins her; and as the other kings have to be provided with wives, King Humphrey of England gives one of his beautiful sisters to King David of Scotland, and the other to the Sultan of Turkey; while he himself weds the Sultan's lovely sister, who has followd her brother's example, and turnd Christian. There are grand wedding festivities; and the Emperor and Kings visit one another. King Philip gets Sicily after the Emperor's death. He and Kings Humphrey and David live happy with their wives, and have lots of fine children; but Sultan Orcays dies soon, childless; and his English widow comes back to England.

For language, the text has not much interest—to me, at least. *Finance*[2] for 'ransom' (p. 20/39, 93/13, &c.); 'yngoodly' for excellent (p. 174/23),

---

[1] Prince Philip's incognito is 'Le Despurveu' till Iolante changes it to 'Le Surnome.' Prince David is 'Athis,' and Prince Humphrey 'Ector.'

[2] This word is also used thus in the Romance of *Partenay*, l. 1853.

'amegred' = emaciated, Fr. *amaigrir* (p. 9/36); 'chapelct,' metaphorically (p. 25/1); 'ensured' = trained (p. 10/18), and a few other words are noteworthy: see Mr. Thomas Austin's Glossary, where some interesting information, glossing Thucydides (IV. 135), will be found on p. 123/3. But Dr. Leon Kellner will deal with the Vocabulary, Syntax, sources, &c. in his Introduction. He was to have edited the Text,—of which his Wife made an excellent copy for the Society,—but he was prevented by his revision of Dr. R. Morris's *Historical English Accidence*. I therefore had to take up *The Three Kings' Sons*, and here is Part I. Dr. Kellner has collated the English text with its French original in Paris, and hopes to give us Part II next year. Our knowledge of the existence of the English version is due to Mr. Henry Ward's admirable *Catalogue of the Romances in the British Museum*, one of the best bits of work that any member of the Museum staff has ever turnd out.

F. J. FURNIVALL.

3, St. George's Square, London, N.W.,
Saturday midnight, 9 Sept. 1893.

The Three Kings' Sons.

[*Harley 326, leaf 8. The slight tags to final f and g are not printed*].

Aftir the crucifiyng of oure lord Ihesu crist, and that the holy cristen feith was magnified and augmented in alle the Reaumes that at this day be cristened / and that were founde in oure holy feith by the Apostells, and aftir by the holy doctoures / that same feith of oure lord Ihesu crist was so moche honoured and kepte that alle cristen Reaumes were in so good tranquillite and pees, that there was no warre a-monges them. ¶ And in this tyme reigned a kynge in ffraunce, of right excellent and grete recommendacion, whos name was Charles, and had weddid a right faire lady, doughter to the kyng of Nauerne, whiche for hir vertues was so moche biloued and honoured of alle maner people thorughout the Reaume, that more might no princesse be / The kynge and the Quene gouerned the Reaume in suche loue, pees, and concord, that the laude & praise therof sounded and spred ouer alle the worlde, for neuer thei did nor suffred, to their power, no creature to haue wrong nor violence; and if any gentilman were disherite bi mysfortune or euil gouernaunce of his fadir, or were in any maner mysery or trouble, thei wolde helpe and comfort hym, & do their denoir to recouer hym ¹his right, and suche honour as he was born vnto. And in like wise, if ther were any poure gentilwoman frendles / thei wold helpe to mary hir / and so did they by Marchauntes that were fallen in-to pouerte by Infortune : thei wold releue them / and so wele thei did, þat by their merites the grace of god so largely abounded in them that thei had a sone / wherof thei were so ioifull / that more they might not be ; and good cause had thei to be glad / for long it was or they had any / and at laste god sent them suche one as was bettir than any man can write of, aswele towardes god as to the world / and god had formed hym of suche beaute, witte, trouthe and worthynes / and of alle condicions

Side notes: After Christ's death, and when all Christian lands are at peace, Charles, the King of France, weds a princess of Naverne. They help all men in trouble, [¹ leaf 8, bk.] and poor girls to marry. At last they have a son, the best possible

Prince Philip of France grows up Wise and Good.

that to a kynges sone perteyne to haue, not only for to gouerne that Reaume / but for to haue had al that part of the world vndir his gouernaunce. Now may ye thynke wele / that at his birthe the kynge & the Quene, and alle the Reaume, were gretly reioised / and gave thankinges and preisynges to god, with general processions, doyng thorugh alle the Reaume as belongith to suche cas / and moche more were thei comfortid / that the Reaume shold be succeded by hym that came of that noble lyne / than of any othir cristen prince that they myght haue aftir the deth of their kynge. ¶ It is to thinke¹ that childe was cristened as to a kynges sone bilongeth / and he was named Philip. ¶ Of his norture & of his kepyng in his childhode / it is to thynke¹ also that he was diligently kepte / and whan he was paste vij. yere age / he was putte in the handes of notable knyghtes / whiche were chosen by the kyng and his counsell for the most noble of the Reaume, bycause that by them he shulde be induced in alle good maners & condicions; for at that tyme / the sones of kynges and of grete princes aftir that age were put in the handes of the moost notable knyghtes and worthi men / that the kynges or princes had in their lond / for bicause that the condicions of princes may many tymes auaile and helpe to the comon wele / and that princes wele condicioned may make and restore a desolat Reaume / and the contrary may put the moost noble and myghti Reaume in captyuyte & wrecchidnes. ¶ Wherfore it befil that this yonge Philip, the kynges sone, was so wele & honorably norisshed to god-ward and to the worlde / that alle thei of the Reaume, grete and litle, loued hym as moche as fadir myght loue the childe / and with all this was ²he the moost faire creature that any hert coude deuise / and the moost amyable persone to beholde / that they that beheld hym, consideryng the maner & condicions werwith he was enewred / coude neuer be satisfied in beholdyng hym, so moche thei desired it / and more and more multiplied and grewe in hym witte, trouth and curtesie / so long til he came to the age of xix. yere, in such perfecion as I haue tolde you / so moche biloued and so moche honoured / that vnnethe was there any withyn the Reaume that coude be wele content without they had seyn hym sumtyme of the yere. ¶ Now shal I leue of a while to speke of hym til tyme shal be / and shal speke of the kyng of Syzile, whiche was at that tyme the next Reaume vnto the mysbileuers and enemyes of the feith / the whiche suffrid for the feith of Ihesu crist

¹ Bear in mind, remember.

moche peyne and duresse / he and alle tho of his Reaume / yn-so-
moche that they were brought to the vttirmost poynt of there
destruccion / sauf that god sent them socours / like as ye may here
4 ferther yn this present Boke.   *[Illumination: a Wedding.]*

Now seith the tale / that than was there a kyng yn that *King Alfour of Sicily*
Reaume named Alfour, a valaunt knight, and gretely
loued & dred god / and kepte his commaundementes as-
8   moche as any prince might, and so shewed it wele ; for to
sustene the feith / put he his body many ¹tymes in auenture / and [¹ leaf 9, bk.]
shedde his blode in diuerse batailles. ¶ This kynge was to mary
and,—for to haue comfort and helpe ayenst the miscreauntes / that *(In order to get help*
12 night and day made him warre, aswele the Turke as othir / holding *against the heathen)*
the dampnable feith of Machoumete,—had counseH of his princes
and Barons to aske to wif the doughter of the kyng of Spayne, named *asks for Princess Sy-*
Sybille / And the kyng of Spayne was called Albors, and had to *bil. of Spain (daughter of*
16 wif the doughter of the kynge of Portyngale / and it was concluded *K. Albors),*
by the hole counseH of the Reaume / that in asmoche as the kynge
of ffraunce had no doughter / that this was the moost myghty place
for the kynge of Sizile to be alied with / to haue helpe and comfort
20 for to sustene his warres. ¶ Now then were notable messangers
sent forth / and thei labored so that, by the kynge of Spayne, his
doughter was agreed & yeuen to the kynge of Syzile ; wherof aH his
Reaume was right ioifuH, and trusted by tho seide kynge of Spayne
24 to be gretely socoured and holpen. ¶ Now was this lady delyuerd
to the Ambassatours, whiche brought hir in-to the Reaume of Sizile,
wher-as she was resceyued with fulle grete honour / the kynge
maried hir with right grete ioie / and withyn little while she was *and weds her.*
28 with Childe / wherof the Reaume was gretly reioised / abidyng the
grace of god til it came to the tyme of .ix. monethes ende / that she
was deliuerd / and had a doughter whiche was cristened and named *She has a lovely girl,*
Iolante. whiche was in hir daies the fairest lady of the world / best *Iolante,*
32 condicioned and the best biloued ; & not without cause / for in hir
were all the noble vertues that might or ought to be comprised in
so high a pryncesse / and to reherce ferthir .I. passe ouir / for I haue
neithir witte nor tonge that suffiseth therto / ffor in hir tyme she
36 passed in beaute and vertu aH that part of the worlde / for aH- *the most beautiful in*
though the kynge hir ffadir were so good a prince & so valiaunt a *that part of the world.*
knyght / yit was the Reaume more susteyned and aided by a hundrid
part for hir sake than for his, for the pite that eueri body had of
40 the destruccion of such one as she was / And whan she came to

B 2

4 King Alfour afterwards seeks help, and gets it for Iolante's sake.

K. Alfours will not wed Iolante to a Turk,

the age of .xiiij. yere / hir renone was so grete that it spredde thorugh the worlde. And yif the kynge hir ffadir wold haue yeuen hir to the grete Turke for his eldest sone, he might haue had peas for hym and all his Reaume; but he wold in no wise be agreable 4 therto, for he was so verry parfit goddys knyght, that he had leuer

and is then so warrd against [¹ leaf 10]

a diede / And thus eueri day encreasid his warres / and his losse grewe more and more; but vigorously, and ¹as a valiaunt knyght, he diffendid his Reaume so long, til his tresour was nygh dispendid / 8 and his Reaume at the poynt of perdicion, his noble men amen-

that he has to ask help from all Christian kings.

yssht be the warres, in-so-moche that he was fayn to sende to alle cristen kynges, to asserteyne hem what cas he was yn / requiryng hem in the name of oure lorde Ihesu criste / that, forto mayntene his 12 holy feith / they wold socoure hym & helpe hym. ¶ Now trewe it was that many notable knightes, that had no warres in the cristen Reaumes, disported them thorugh diuerse Reaumes / wherof many passid by the Reaume of Sizile / and whan thei vndirstode the 16 warres that were there / some of them contynued stille there / and some retourned in-to their contrees / to abile them self for the warres

French and other knights also beg for aid for Sicily,

whiche were dispuruaide there / wherof there were diuerse knyghtes of ffraunce / aswele as of othir contrees / that were come out of the 20 Reaume of Sizile / & euerich exorted gretly their kynge or prince, vndir whos obeisaunce thei were, to entreprynse the viage, & shewed them the grete pite that was of the Reaume, & of that faire & good lady the kynges doughter / of whom eueri man seide more wele than 24 othir / and for the pite & loue that many had of hir / thei abode ful long in the kynges seruice at their owne charge, for he was not of power to sowde them / the Reaume was so gretely empouerysht /

Thus for hir loue had he the seruice of many a noble knyght. 28 Hies tidynges were opende & knowen thorugh all cristendome to alle kynges and prynces / yn so moche / that there was

and the matter is talkt about at every Court.

daily grete speche therof yn euery Court, Seyng that the reaume of Sizile was nygh lost without any socours, whiche was to grete a 32 pite that so valiaunt a prince / and so noble a Reaume, & so grete, so faire & so good a lady, shold so be destroied by the myscreauntes, which was to grete a shame to all cristen Reaumes, seeng the litle seruice they did to god, wherthorugh they dred that god wold 36 vttirly be displesid / All thies thinges were often deuised in eueri Court / but for all that / was noon that adressed hem, neither to go nor to sende any socours. ¶ ye haue herde here-to-fore the maner & condicions of Philip the sone of the kynge of ffraunce / that was 40

The French King, Charles, objects to help King Alfour. 5

the yong man of the worlde that moost loued & dred god. This
viage of Sizile herd he often spoken of, and many tymes wolde he *Prince Philip urges his*
speke to his ffadir, and meue him as ferre as he durst, to sende som *father, K. Charles,*
4 socours to this poure kyng of Sizile / and besought hym to be ware *to help the poor king of*
of goddes displeasir, ¹remembryng the grete wele / god had yeuen *Sicily.*
hym / the Reaume, & the grete possession that he helde / the tran- [¹ lf. 10, bk.]
quillite and peas that was in his Reaume / and he to do no thyng
8 in the seruice of hym that had yeuen him alt that / and though
there were noon othir thinge but pite / that aught to meue eueri
prince to the socours of so honorable a kynge and so faire a lady.
Thus many tymes & ofte the right noble sone of the kynge of
12 ffraunce amonested his fadir, & so long þat þe kynge was con-
streyned to answere him, seyng thiese wordes / " my sone, .I.
knowe wele / that in this that ye exorte me to do socours to the
kyng of Sizile, cometh of an high and a noble corage, wherof I am
16 right glad & wele content / but y must remembre agein the charge *But K. Charles makes excuses:*
of this Reaume, the payne and trauaile that .I. haue had, and haue,
to kepe & mayntene it in good peas / for many grete prynces &
lordes holde of me / that somtyme by enuy and presumpcion
20 wold rebelle and reise werre / wherby the Reaume shold gretly *it would injure France,*
be empeired / but by grete iustise that y haue alwey kepte, & euer
shal to my power. wherfore it neuer yit bifelle so, ne neuer shall,
yif god be pleasid. And be sure I haue remembrid this matier ful
24 ofte, and fayn wold do suche seruice as might be to god agreable /
but I wote not how, for yif .I. shold sende any of my blode / the
remenaunt that be of estate wold haue enuy ther-ate / and othir *stir up envy among his*
kynges and princes that wold go vndir me wold not go vndir them / *nobles,*
28 & thus the seruice that y shol[d] do to god might litil profit or
nought / And yif y shold go in myn oune persone / the Reaume that
god hath yeue me to kepe shold be without a gouernour / for ye be
but yonge yet / and thus at my comyng ageyn / yif euer it pleased
32 god I shold retourne, I might lightly fynde my Reaume empeired
and divided in such maner that it might be grete damage to vs
bothe, & to the comon wele / wherof we sholde come to late to
repentaunce. And yif y sholde sende you forth / take hede hou
36 other kynges and princes wold be content to go vndir you & in
your company / but rathir might growe enuy / wherof might falle to
you such mysauenture / that y had leuer god sende me the dethe / *risk the Prince's life;*
ye knowe wele that in you is all my trust / and the only comfort of
40 this Reaume, and for this y wol that ye haue no lenger hope nor

desire to go, nor entreprynse this viage / for and I knewe any man withyn my Reaume, were he neuer so gret, that wold yeue you any counsell or ¹comfort theryn, he sholde dye for it, as he that wele had deserued it, for he shold take out of this Reaume the grace that god hath yeuen vs / that is, to haue an heire male aftir my daies, whiche is ynough to the pleasir of all the Reaume / By whos losse this Reaume sholde be more desolate / then that of Sizile; not by the ennemyes of the feithe, but be enuy & warre of grete princes marchers vnto this Reaume, whiche thinge may lightly byfalle for lakke of Iustice and good gouernaunce. But y trust yn god that, of his grace, aftir my daies ye shall guyde this Reaume as wele as y haue don, & better / if it please hym to yeue you lif, whiche is the thyng in the worlde that y moost desire / therfore, yif ye haue had any desire a-fore this to take on you that viage, lete it passe out of your mynde / for my hert can neuer be agreable therto / ye se also othir cristen princes, in especiall the kynge of Spayne, whos doughter the kynge of Sizile hath maried, in trust to haue helpe & comfort of hym / yit y can not vndirstonde that he is any thyng comforted by hym. Beholde o that othir side, The kyng of Inglond hath a sone, right wele condicioned as men say / and of age to entreprynse suche auentures / & he hath .ij. faire doughters, wherby he is comforted that the Reaume shall not out of the lyne / & he knoweth thies tidynges aswele as y do / yit can y here no worde that he any thynge puruaieth to the socours of the kynge of Sizile / Beholde / ferther, the kynge of Scottes, that hath .iij. sones, wherof / one is in the age of Armes, wele norisshed & condicioned, as y vndirstonde / & wele may ye wite that he hath thies tidynges aswele as othir / and he doth nothynge ther-to, and yet is he the kynge that hath leste excuse, sith he hath .iij. sones, as it is saide / and yif he wold sende forth one of them / and sende vnto the kynge of Inglonde and to me / y wote wele that for to do seruice vnto god / ther is noon of vs two but wolde aide therto vnto oure power. Se ferther, also the Emperour, that sholde be the verry trewe defence of the Churche, & sustenaunce / and the right arme that aught to be defender / and y can here no thyng that he doth to the socours, helpe or comfort of the kyng of Sizile. Then I, that am ferre from the marches, & of noon acquey[n]taunce nor alliaunce, shold be the first premeuer or exorter to enterprynse the viage, it accordeth not. Beholde thorugh all almayne, where as so many grete princes be, whiche of theym presenteth hem forward /

K. Charles gives his Son Philip an evasive Answer.

whan I fynde any that ¹this Viage wol take vpon theym, & they [¹ lf. 11, bk.]
sende to me, seurely y shal do seruice to god to my power; but tyl *Till they move, lie,*
that tyme I wol not entremete me ther-with." ¶ This yonge *K. Charles, will do nothing.*
4 Philippe, vndirstondyng the wordes of his ffadir, consideryng
that they were resonable, dredyng his displeasir, answerd hym
litil, seyng al sobrely / "My lord, y know well youre causes be *Prince Philip answers his*
good & resonable / but and eueri Prynce be of that opinion / the *father's objections,*
8 socours ys like to come to late to the good kynge of Sizile. Where
nedith to be sought a gretter prynce or a better gouernour than he
is / yif it pleased your grace to sende him of youre folkys. and *and urges him to help*
yif ye thinke ther sholde growe any enuy to sende them in the *K. Alfour.*
12 conduyt of a grete lorde / put hem then in the gouernaunce of
knyghtes, suche as be notable, & preued wise and worthy; and
yeue them in charge to do what the kynge wil commaunde them /
and thus shal thei be sure of a good Capteyne / And than shal
16 there be no cristen prynce but that may and aught to make of you
his mirrour & example to do as ye haue dōn, to þe wele of all
cristendome, wherof the honour shold be doubled in you, yn-
asmoche as ye were the first meuer & begynner therof."
20 THe kynge, consideryng the wordes of his sone, thought hem *K. Charles puts his son off:*
trewe & right honorable / al-though he had no wille therto /
yit answerd hym thus: "my sone, youre seyng is good and
laudable, & I wol remembre it / and take auyse vpoñ your exorta- *says he'll think about*
24 cion." The right noble sone of the kynge was wise, and knewe *it.*
anoon / that this was but a meane to be delyuerd of hym, & that
he had no wille to entende to this matter; & thus moornyng, pensif *Prince Philip goes, griev-*
and right soroufull, he departed fro hym / & went to his chambre, *ing,*
28 where-as were many noble folkes; and he withdrewe hym in-to *to his room,*
an Inner chambre with suche as pleasid hym / and made one rede
holy stories and lyues of Seyntes, seruauntes to the cristen feith /
wher-by he sawe the paynes and trauailes that the holy Apostells
32 and Martirs had sofred to gete the perdurable glorie. Sone aftir he
went ayen in-to his Chambre, where-as he founde many yonge
lordes, sonys to the grete princes and grete lordes of the Reaume /
that had be brought vp of childhode with hym, whiche caused
36 bitwene him and them a verry naturel loue; and they exorted hym *where his young friends*
to speke to the kynge for this Viage of Sizile, whiche they knewe *urge the Sicilian enter-*
for trouthe that ouir alle thynge he desired; & gladly eueri man *prise on him.*
meueth his maister of suche matiers as moost may please hym /
40 Also eche of ²theym was of the age to bere Armes / and ouir all [² leaf 12]

2

8   *Prince Philip resolves on helping K. Alfour of Sicily.*

thyng desired to be at that viage / and often saide to their maister / " yif ye myghte haue this viage, ye shold haue al the sute of the world / for eueri man wold be ioifuH to put hym vndir you. Ector of Troie nor Alisaundre had neuer the renome that ye shold haue 4 aftir your dethe" / This yong philippe, heryng dayly thies wordes, knowyng the kynges pleasir contrary, answerd lesse than he was wont to do, wherof they that spake to hym of þe matier were abasshed, & thought in hem self that he was not so hote ther-yn as 8 he had ben bifore / but for trouthe he was more ardaunt in his mynde than euir he was. Thus euerichon departid, for it was tyme to go to slepe. This yong prince beyng in his bedde, contynuelly thinkyng on the wordes that he had hadde with his ffadir / aftir 12 came him to remembraunce the stories he hadde herd redde a litle bifore his going to bedde / callyng to mynde also / the paynes that be in this world / hou myghti a kyng someuer he be, here hath he no surete in noon erthly thyng / but only of the kyngdom of 16 heuen, that neuer hath fyne / thus he debated in him self, seyng thies wordes / " A, verray god ! y may do the no seruice / I haue the wille, but I haue not the power / I remembre the paynes / the seyntes of whom I rede to day endured to come to thy Reaume. 20 Alas ! y had neuer payn for the / but aH wele and glorie / hou may y than acheue that crowne without ende / I am of thy grace abidyng on that is erthly / whiche right sone y may lese / for dethe shal make the departyng; & than shaH I haue no more 24 possessioune nor part yn erthe than the porest in this Reaume; wele cured were I, yif y might make a chaunge of that crowne that is morteH, for that whiche ys ymmorteH. So y pray the, very god, þat of thy grace thou wilt helpe me, though y may not nowe / that 28 here-aftir this Reaume and I may be emploied in thy seruice." After, he torned hym in his bedde, and said in this wise : " what seruice may y do / y haue no power but of myn only body, that neuer sawe no thyng, ne wote not what it is of Armes / ner neuer 32 sawe company assembled. y am yong & but a childe ; what seruyce may .I. than do to god ?" / than seide he ageyn, " A, good lord / tho that y redde of to-day, that sought the Reaume of heuen / ne did it not in grete company, but only with their owne propre 36 bodies. It were they that sought the very parfit glorie, and god was suffised with the desertes of their owne bodies / wherfore alle thynges [1]considered, y shaH put forth my body / and renounce alt the successioun þat in this world may befalle me, and for his sake 40

[margin: Prince Philip says little,]
[margin: but in bed]
[margin: reflects on the vanity of earthly glory.]
[margin: He desires to be employd in God's service,]
[margin: and to work, like the Saints, alone.]
[margin: [¹ lf. 12, bk.] He resolves to give up his heirship to the Crown,]

promyse with good hert to go vnto the seruice of the kyng of
Sizile / and neuer to departe til the warres be ended / or ellis y *and fight for Sicily.*
shall dye yn the defence of his reaume" / and thus vttirly con-
4 cludid Phelip to departe, & to abandoune the Reaume and all his
frendes / thynkyng yn hym self / hou to conduyte this matier
that no lyving creature shold haue knowlage therof / ffor wele
wist he that there was noman in alle the Reaume, and he knewe it /
8 that durst concele it fro the kynge ; for he was sure / and they did
othirwise / they shold die ; and therfore determyned he yn alle
poyntes to entreprise this viage without discoueryng of his entent
to any lyving creature / considering wele that he had not ben
12 accostomed to be alone / and that it shold be to hym right straunge /
neuirtheles, for the loue of oure lord, he determyned to suffre &
bere paciently all paynes and troubles that he wolde sende hym.
In this determynacion & purpose contynued Phelip the space of a
16 Moneth and more / thinkyng on that besinesse / and did so that he *He collects money,*
puruaide hym of money y-nough to fynde hym .v. or vj. yere /
trustyng withyn that terme to fynde some good auenture / So it
befel that on a Monday at night, the mone shone faire and clere, *leaves Paris on Monday,*
20 and he departid out of Paris ; and this was the xxijth day of ffeuyrer / *Feb. 22, when he is 25,*
And his age was than xxv. yere / and at his departyng, he verrily
promysed in his mynde neuer to be knowen what he was, til the
warres were ffynysshed / and bettir for to couer hym self / he
24 chaunged his name / & concludid to calle hym self " le despurucu" / *and changes his name to 'Le Despurveu.'*
and passed so forth / & thought wele that whan his goyng was
knowen, that ouir all the marches men sholde seke hym, and in
especiall vpone the marches of Sizile, for this that many folkes
28 had knowen his desire thiderward ; & therfore he avised hym
not to go that way, but rather drewe hym to the Reaume of
Spayne ; for he thought / yn-asmoche as the kynge of Sizile had
maryed þe kynge of Spaynes doughtir, there he sholde here more
32 certeyn tidynges þan in any othir Reaume / So rode he forth the *He rides fast to Spain,*
streight way towarde Spayne / yn so grete haste that he rode more
in one day / than any of the best ryders the kynge his ffadir had /
did in two / and rode so forth, all-wey vnknowen, so long tyme til
36 he came to Spayne / so sore chaunged & amegred that vnnethe any
man myght him knowe / for he had not the lif / he had ben
accostomed to / where-thorugh, yif god of his grace had not ^{1}the [^{1} leaf 13]
better comforted & holpen him / he had neuer departed out of
40 Spayne alyue / alweis, what payne and trauaile so euer he had, he

Prince Philip falls ill for 6 Months in Toledo.

and reaches Toledo, where K. Albors is.

toke it in pacience, for the loue of god. So fortuned hym to come to a Cite was named Towlette / where-as the kynge was / And for-asmoche as he thought there were folkes a-boute the kynge of alle nacions, as wele of ffraunce as of othir / and perauenture suche as might lyghtly knowe hym / it thought hym good to fynde some secrete loggyng where-as he shold not be often seyen / and so, by

He lodges with a burgess,

the meane of a gentilman that he mette by the way / he was loggid in the hous of a noble Burgeis, one of the moost riche of the Towne / whiche had weddid the Aunt of that same gentilman / at whos request they loggid hym right wele, and made hym right good

and calls himself 'Le Desparceu.'

chere / which felle wele for le Despureu; for thei were good and notable folkes, & had a sone & a doughter of right grete and notable recommendacion, faire persones of good condicions, & wele and honorably norisshed / & withyn litle while that the Despureu had ben there, the loued hym as their owne sone / & the sone & the doughter loued hym as their brother. And to the sone of the hous taught he such thynges of honour, that folkes meruailed to se hym so wele ensured / And the doughter taught he to syng / to harpe, & to play at the chesse, and all such goodly th[y]nges as bilonge to a gentilwoman of honour. ¶ Now felle it so / that while he was in this reste aftir his grete trauaile, whiche he was

He falls very ill,

not accustomed to / bifelle hym a grete sikenesse, that alle tho that sawe him iuged in hym no thyng but dethe / and durid in hym

and is in bed for 6 months.

more than half a yere / so that he might neuer rise of his bedde, whereby he was so moche empeired / that, & he had ben in the presence of his ffadir / he coude not know hym / and moche more greued hym his sekenesse / for it taried hym fro the seruice of god / than for any payne that he endured / but our lorde, in whos kepyng he had put hym, whiche wold not refuse his seruice / made hym to haue that sikenes / for othir wise might he neuer accomplissh his desire vnknowen / there was so grete serche for hym yn eueri cristen Reaume / for so grete sorowe was neuer seyn in no contre as was for his departyng, thorughout alle ffraunce. [Illum. 13, bk.]

The Tuesday morning after Prince Philip leaves Paris,

THe tuysday in the mornyng, aftir the departyng of the kynges sone, came lordes, knyghtes and squyers, as they were accustomed to be at the risyng of their maister, & founde not yit opyn þe chamber dore; for on the nyght afore had he made alle the folkes to avoide, as wele his chambrelayn as othir, seyng that he wold be that nyght alone / whereby they supposed that he had som lady or Ientilwoman there / that he wolde

not haue knowen. Thus they alle retourned ageyn in the mornyng
to his Chambre dore, and there awated right longe, & durst make
no noyse, for displeasir, till it was the houre of noone / meruailyng
4 grettly that he was not stiryng, for he was not accustomed to be in
his bedde at that tyme. So concluded they that the Chambrelayn
shold knokke at the dore / whiche he did all ferefully / but noon *the Chamberlain knocks*
answerd hym, wherof they meruailed gretly / and bode ther so *at his door;*
8 long / that it passed two of the clokke / then worde came to the
kynge therof, whiche meruailed gretly, and forthwith went in-to the
grete chambre of his sones / and founde there many lordes, knyghtes
and Squyers, that awaited on hym / of whom he axed " what may
12 this be" / and they tolde hym the trouthe / wherof he was gretly
abasshed, for neuer bifore had he founde his sone of suche demean-
yng. So he went to the dore, and knokked so loude as tough he *so does King Charles.*
sholde haue brokyn vp ¹the dore / but no body answerd hym / *[¹ leaf 14]*
16 whereof he toke grete displeasir, and made the dore to be broken *They break it open,*
vp / and fonde the Chambre al redy, and the bedde made / and no *and find the room empty,*
body theryn; wherof the kynge was sore ameruailed / & made to
seche hym ouir all / but noon coude here of hym ; than sent he to
20 the stabells, & fond that the best small hors that he had was goon / *but the best nag is out of*
that was the kynge plainly assured that he was not in the toune. *the stable.*
And wele knewe he that his sone was not departed in this maner
to come sone ageyn / wherfore he toke suche sorowe that he felle in
24 a sowne / and at last, whan he was releued ageyn / he made the
moost pitous regrettes that any man might make / " Alas," quoth
he, " my dere sone / what haue I forfete vnto you ? / ye haue put me
to dethe without desert / for y haue loued you more than my self /
28 ye were my ioie, my recomfort, and myn esperaunce / Alas / all this
haue ye taken fro me / þat am your ffadir, & by this meane shal
abregge my lif / I was he þat more gladly wolde haue died to
haue lenghthid youre lif, than to haue lyued by youre dethe ; my
32 trust was, that god had geue you vnto me for my grete ioie / but y
se wele ye are come in-to this world for to abregge my daies / wold
god y had agreed to youre request / touchinge the viage of Sizile / *K. Charles regrets that*
yn-to whiche place I thinke wele ye be gon / but ye be so dis- *he refused to let Philip go*
36 puruaide / that y thinke ye shal neuer perfourme half way, *to Sicily.*
seyng your softe & tendre norisshyng / Alas, my frendes! helpe to
comfort a discomfortid / that calleth hym self at this day the
moost wrecchid kynge that leuyth. Alas, my wiff! whan ye shal
40 knowe thies tidyngis, .I. haue grete drede hou ye shal bere the

grete paynes that youre hert shall suffre / Now y requyre you, my frendes, enquere ouir all, yif any lyuyng creature be gon with hym / for than shold my soroufull hert be in the lesse dispeire" / 4

The Queen of France grieves for the loss of her son.

YE may thinke that whan the tidinges came to the Quene, she had as moche sorowe / as the hert of any modre sholde haue that had lost suche a sone / for there was no lyuyng body that might recomfort hir / Hir sorow & hir compleint was more 8 than y can deuise you. The kinge, and she, that gladly and by naturall reson shold comforte eche one othir / they might vnnethes opyn their mowthes, but as folkes ded & transitory. In like wise was the sorow so grete of alle suche as were there / for they entendid 12 [¹ lf. 14, bk.] neither the kynge, neither ¹the Quene, but rente their here, & made vnmesurable sorow, as folkes vtterly dispeired / The tidinges spred ouir all the Cite of Parys: there might ye here brayng & cryyng in al þe cite of all maner of folkes, grete & smale / there is 16 no man that can recorde the sorow that the Cite made / for they might no more make, though thei had lost on o day alle the frendes thei had / In like wise felle it thorough all the Reaume of ffraunce / for ther was neuer noon erthly man more biloued than was this 20 yonge Phelip, the kynges sone / not only in the Reaume of ffraunce, but in alle othir Reaumes that marched ther-to / whiche, whan thei herd the losse of this childe, thei made meruailous sorow / And wite for trouthe, that in the Reaume of ffraunce was lost at 24

The King is never after glad.

that houre all ioie, whiche dured as longe as his sorowfull ffadir lyued / for neuer aftir sawe he the thinge in the worlde that he moost loued / that was, his right dere sone, whiche was grete cause of shortnyng of his lif / ffor aftir his sones departynge, coude he 28 neuer here tidynges of hym / for no serche he coude make. ¶ Now

While Prince Philip is sick in Toledo, his host's children, Florentine and John, tell him how he is lost from France.

seith the tale / that while Phelip lay thus seke in his bed at Tow-lette / ffaire fflorentyne, the daughter of his hoste, & hir brothir Iohn, oftentymes wolde visite hym, and telle him the tidynges of 32 the Reaume of ffraunce, how the kynges sone was lost / the renome that was of hym / the sorow that was for his loue. but, fynally, he neuer made semblaunt / that it touched him in any thynge. ¶ So long contynued this terme, that it was passed half a yere sith he 36 departed out of ffraunce, in somoch that the speche was alle lefte / and put yn forgetyng, of the losse of the kynges sone / at whiche

He recovers.

tyme he was in recoueryng, by the helpe of his good hoste and hostesse and their childre / and by that tyme was he al-most oute 40

Prince Philip starts from Toledo with Ferant of Sicily. 13

of the drede of knowlage, by length of tyme and his grete sikenes. The Great Turk and K.
¶ Now aft this tyme contynued the warres of Sizile ; for the grete Ferabras of Persia subdue
Turke and his brother fferrabras, kynge of Peerce, contynuelly half Sicily.
4 enforced them to conquere the Reaume, whiche was by that tyme
more than half conquered / whereby the kynge of Sizile was con-
streyned to sende to alle cristen princes for socours, takyng god to
witnesse that, and that Reaume were tourned to the mysbeleue / it
8 was for lak of pite & helpe of theym, for w*ith*out socours it was not yn
his power to kepe it lenger / than such a day as he apointed by his
writyng. ¶ Thus sent he notable ¹knyghte*s*, bothe to the Pope [¹ leaf 15]
and to alle other Reaumes / among whiche he sent vnto the kynge K. Alfour sends Ferant
12 of Spayne one of the moost notable knyghte*s* of his Reaume / to ask help from K. Al-
whiche was named fferant / and was his Senesshaft. and he had a bors of Spain.
Brother, right a valiaunt man / whiche had in gouernaunce part of
the frontiers ayenst the ennemyes of the feith / and right honourably
16 demeaned hym there. ¶ Now fferant depa*r*ted out of Sizile yn-to
Spayn, and spede so wele his iourneis that he came to Towlette,
where-as he founde the kynge, whiche resceyued hym with right
grete honour, & loggid there as the Despurueu was, that by than
20 was wele recouerd. & whan he knewe the cause of fferante*s* comyng /
it reioised hym more than aft the goold in Spayne coude haue done /
trustyng to become his se*r*uant / and to go w*ith* hym in-to Sizile /
than felle he in acqueytaunce w*ith* his folke*s* / whiche had so grete
24 loue vnto hym, for the grete weles that they sawe in hym / that they Prince Philip gets to know
brought hym in acqueyntance with their maister, whiche was right Ferant,
glad of his company. ffor so wele demeaned hym, le Despurueu, to
fferant / and alle his men / that he was gretly desired of them alle to go
28 in-to Sizile with them / But ouir alle othir, fferant desired hym moost /
wherof le Despurueu was as glad as any man might be / for it was the
thynge yn the erthe that he moost desired. Thus is the Despurueu
be-lefte w*ith* fferant / thinkyng verrily to vse part of his youth yn
32 the warres for the loue of god. ¶ Now seith the tale, that fferant
bode at the Cite of Towlette til that he sawe wele his abidyng there
might litil profit his maister / for he sped in substau*n*ce nothing that
he came for / wherfore he toke his leue of the kynge, & reto*u*rned in- and leaves Toledo with
36 to Sizile / and le Despurueu, his newe se*r*uaunt, w*ith* hym / for whos him, as his servant.
departyng / his hoste & his hostesse toke asmoche sorow as, and he had
be their sone / and cursed the houre that the knyght of Sizile came in-
to that contre / thus depa*r*ted fferant the Senesshaft, right sorowfull
40 of that he hath no better spedde, & emploiede his iourney / til that

They reach Sicily, and the Heathen Host approach them.

he approched the Reaume of Sizile, auisyng alwey his newe seruaunt / consideryng withyn hym self / his persone, his beaute / his maner, his humbles / wherof he was moche ameruailed / for he wende not that yn the body of any one man might haue ben so many vertues to-gedir / So thought he wele / that if he had as moche worthynesse and prowes as he had persone & maner, he shold be the moost perfit thinge that euer god made sith tyme of his passioñ. ¶ And yit all [1]were it that he were not valiaunt yn armes, yit were he worthy to serue any kynge, for it is litle seen that alle vertues be complete in one man. Thus rode they forth so longe til he entred in-to the Reaume of Sizile / and logged hym the first night in a Towne called Taprey, of the whiche, Olyuer, brother to fferant, was Captayne / and for the moost part was abidyng ther / fferabrace, brother to the Soudan, was yn an other Towne but .iiij. leeges thens / that was named / ffoundey, whiche he had conquered vpoñ the kyng of Sizile / fferant was trauailed & wery, & purposed to rest hym ther with his brother a seuenight or a fourtnight / And sone after he was come / the tidynges were knowen to fferabrace, kyng of Perce / whiche seide to his folkes, "It were il don of vs yif we went not to se fferant that is retourned fro Spayn / and he is with his brother, oure neighbore / & so, if we might take any prisoner, we shold knowe of alle their tidynges / fferant is a valiant knyght, y doute not / if he reste longe vnsought of vs, with-oute he haue the gretter besinesse he woll come bifore vs / wherfore it shalbe good for vs to go thidir to-morow. To this counseile, accorde alle they that were with hym / for the censon was faire & plesaunt / It was than yn the entre of Aprile / thus as they concluded, they did / for full erly in the morne they departed from that place with a ij. M¹. feighters, holdyng their wey streight to the place where as fferant and his brother were / and whan thei were nygh there / they departed in two : yn the tain part / was kynge fferabrace / and the tothir was a nigh kynnesman of his / when the warte espied the fforeriders, he blewe a Trompet / and fferaunt rose vp / & went to the yate, where as he founde his brother all redi, to whom he seide / "Brothir, this course is made for me / and for to take som of oure folkes to knewe of my tidynges ; but, y pray you, lete no man go oute / for y knowe for trouthe that he hath moche people / and ye haue not in this Towne passed v. or vj. hundred feightyngmen / and therfore lete them be, for the entreprise of enemyes is euer vnprofitable" / Olyuer, that was a full good man of warre, seide to

Marginal notes:
[¹ lf. 15, bk.]
Ferant and Prince Philip reach Taprey in Sicily.
K. Ferabras, the Sultan's brother, is at Fondé, 4 leagues off,
and marches, with 2000 men, to Taprey.
Ferant will not attack them.

Prince Philip fights gallantly in his first Skirmish. 15

his brother / "ye sey trouthe," and made to shitte the yates fast / wheref many were right sory / and ouir alle othir Le Despurueu, that hath herde the wordes a foresaide, and was redy armed, and *Prince Philip is sorry,*
4 on horsbak, desiryng to haue seyn som dedes of Armes / wherof he had neuer no thinge seyn / [1] whan he sawe this conclusion / he set vp his hors / and went vp to the walles and sawe the fforeriders, whiche was but right a fewe people / wherof he had grete meruaile [[1] leaf 16] *but goes up on the walls,*
8 that so litle compaignie durst come so nere where so many a good man was / Aftir this, that so long tyme currours had be bifore the place, & sawe that ther wold no man come oute / they sente the kynge worde therof, desirynge to knowe his pleasir / The kynge,
12 heryng thies tidinges, concluded to come bifore the place to shewe his puissaunce / than brake he oute with bothe thembusshementes, and came yn ordenaunce bifore the place / Le Despurueu, seeng this compaignie, thought wele that he was with a notable & a wise *and sees the full force of Turks and Persians.*
16 maister / & that he had grete fore-sight yn suche case / ffor he sawe where thembusshmentes departed yn dyuers compaignies / and enviroind the towne as they wolde haue bisieged it / fferant and his brother, seeng the Turques thus disseuerd in diuerse com-
20 paignies, purposed to gyue them a scarmyssh at one of the yates / where-as the leest compaignie was, thinkynge wele that the moost parte of the kynges people wolde drawe thiderward / and whan it were so, he wold issue out and set vpon the kynge, there his baner
24 was / thus as y haue deuised was don. they began to scarmyssh / and the crie aroos, & eueri man drewe thiderward, so that the kynge was but with fewe accompaignied. And than fferant & his Brothir made open the yate / and came alle on a frussh out of the Towne *With them the Christians skirmish, and K. Ferabras is left with few troops.*
28 so egrely and with suche force that, wold the kynge or not / he was fayne to lese his place & to withdrawe hym shamefully / and had at the same encountre of his men slayn moo then vj.^{xx}, at whiche iourney auaunced hym self le Despurueu a fore alle othir / and *He is driven back,* *and Prince Philip fights gallantly,*
32 did so wele in armes that alle that euer sy hym & knewe him of his parte, were gretly encoraged therby / and blessed them for the meruailes that thei sy him do yn his armes; and his enemyes were as moche abasshed & confused by his prowesse. the mooste parte of
36 the folkes knewe hym not / but only they that he was come in compaignie with, out of the Reaume of Spayne / many went to fferant to telle him the grete meruailes that his seruaunt Le Despurueu did / wherof he was ioifull, and praied alle theym that tolde *to Ferant's joy.*
40 thies tidynges / that they wold drawe toward hym / and do him

16   *Prince Philip rescues Ferant, and captures King Ferabras.*

helpe & socours, yf nede were. The crie & the noise aroos on alle
[¹ lf. 16, bk.] parties so moche / that the Turques withdrewe ¹theym alle to the
The Turks rally, kynge to socoure hym / and whan they were assembled to-gedre /
thei were a right grete puissaunce / as yn regarde of theym of the 4
Towne / the tuo Brethre sawe welle it was tyme to withdrawe /
and the Christian trumpets sound a retreat. and made a trompet to blowe retreet on alle parties, & made their
people to withdrawe. But le Despurueu, that neuer had be yn cure
with suche thinges, made no semblaunt to withdrawe hym / but 8
But Prince Philip fights on. defendid hym & assailed his enemyes alwey stille so long, that
fferaunt hym self was constreyned to fecche hym / and put hym
forth a-fore hym / and bade hym all angrely / to withdrawe hym /
and fferant had taried so longe for the seching of his seruaunt, that 12
his enemyes presed so fast / that almoost they had enterd the
Ferant, in helping him, is taken prisoner by the Turks. barers, and had closed yn fferant all a-boute. Le Despurueu, seyng
this / knowing wele that this auenture was falle to his maister by
hym, had leuer haue diede than faile his maister, & retourned his 16
hors, and smote in-to the thikkest of the prees with suche ire and
force / that he that mette with his full stroke ouirthrewe / & did so
wele that he came to theym that had taken his maister / and smote
yn amonges them / and by his grete worthynesse deliuerd the place 20
saue of the kynge to whom men had deliuerd his maister / whiche
in no wise wold lete him go / yit at the last he might not chese /
for Olyuer, that sawe his brother taken, & the grete armes that le
Despurueu did, assembled his folkes ageyn, and retourned all at ones 24
in suche wise & with suche vigour, that, wolde the Turques or not /
thei lost grounde / Le Despurueu, seyng that the cristen men wan
Prince Philip rescues Ferant, place and approched nere / and that he rescowed his maister / knewe
wele the kynge that was nere, and toke his hors by the bridle / & 28
captures K. Ferabras, gate his hede vndir his arme / and by might drewe the kynge forth,
whedir he wolde or no / and delyuerd hym to his maister / that
forthwith sent hym yn-to the Towne / and commaunded that eueri
man sholde withdrawe / And toke his seruaunt by the bridle, & 32
ledde hym forth with hym. The kynges folkes, seyng the losse of
their maister, & the grete vigour of the cristen men / were so abused
and they all re-enter Tabrey. that they made but litle prese / And thus retourned the cristen in-to
the Towne all at their ease. It is to thinke,² that Le Despurueu was 36
not the first that entird / for it annoied hym moche that it dured no
lenger / for it semed hym the moost grete pleasir that euir he was at
[³ leaf 17] yn all hys ³lif / hou-be-it / that by his harneis and hys body it

² bear in mind.

Prince Philip gets great Praise for his Courage. 17

shewed wele that he had not ben idle / nor also right amyably
delte with, for in many places the blode ranne out of such hurtes as
he had / Anon as they were entird in to the Towne, the brigge was
4 drawen / and folkes ordeigned on the walles to kepe theym / Le
Despurueu, when he had conveid his maister to his loggyng / he went
to his Inne / and vnarmed him / and leide hym downe on a bedde. *Prince Philip unarms and*
¶ The Turques seeng their kynge prisoner, & many of their folkes *goes to bed.*
8 ded and taken / it semed them that bifore that Towne thei might
litle profit / But many thought it was better to abide til they knewe
the pleasir of the Soudan / to whom they sent the trouthe of thies *The Turks wait for the*
tidynges, & thought it was nede for them to take good kepe aboute *Sultan's order before*
12 the Towne / that the kynge were not had a-way ; for yf the Soudan *raising the siege.*
wolde hastly come & set a sege ther / he might lyghtly haue ageyn
his brother / thus as they concluded, they did / and loggid them bi-
fore the Towne / abidyng an answere of þe Soudan. ¶ Now
16 retourne we to fferant þat was at his logging vnarmed / right ioifult
of the good auenture that was bifallen hym / and than went he to
the kynge / that be than was also vnarmed / & made as good chere
as he coude after the auenture that was fallen, for wele trusted he
20 sone to be socoured / Ouir aH the Towne was ther no knyght, *All the townsfolk*
Squyer, lady, nor Ientilwoman, riche ne pore / but that spake of le *praise Prince Philip's*
Despurueu ; of his grete noblesse, of his persone, and of his maner ;
& aH gaue hym the preise & loos aboue alt othir / seyng that it
24 came hym of grete corage / whan he sawe his maister taken / that *courage in rescuing his*
he allone so mightily a-mong so moche people rescowed his maister / *Master, and taking King*
and ar any man came at hym / so valiauntly toke the kynge *Ferabras prisoner.*
prisoner / there was neuer noon sawe yn one man more worthy-
28 nesse shewed in a day / his enemyes fled his strokes, & they on his
part had ioie and recomfort / and the leest hardy became valiaunt /
& were encoraged by his prowesse. ¶ Suche wordes and semblable
were spoken of hym thourgh aH the Towne, of grete / meane & litil.
32 ¶ Now is fferant with his prisoner, and welcomed hym, and did *Ferant treats Ferabras*
hym alt the honour and pleasir that any man coude do his prisoner, *well.*
comfortyng hym, seyng that by hym / and by his good meanes, a
pees sholde be made bitwene his brother and the kynge of Sizile, &
36 [1]he trusted that for that cause god had ordeyned hym to haue hym [¹ lf. 17, bk.]
prisoner / for without grace of god ne might it haue ben / for this
he knewe for trouthe / that he that had taken hym / had neuer
sene swerde drawen bifore in bataile / and yit was ther no leuyng
40 man / that moost had vsed the warres coude more haue done / wher-
THREE KINGS' SONS. C

Ferant asks Ferabras to make peace between the Sultan and the King of Sicily.

Ferabras asks to see Prince Philip.

[¹ leaf 18]
Ferant begs him to wait till next day.

by all men might knowe / that it was verily goddes werke. wherfore he praide the kynge, his prisoner, that he wolde put hym in deuoir to make the pees betwene his brothir and the kynge of Sizile his maister / and in so doyng / he shold wynne grete loos and renome, & gete hym self out of the daunger he was yn now. fferabrace, kynge of Perce, seeng hym prisoner / heryng the wordes of his maister, answerd hym in this maner / "yif it pleasid Mahun that y myght do any thyng touchyng the pees of this tuo kynges, y wolde right gladly emploie me, though y were not prisoner / for y was neuer of contrary wille / But the debate is betwene them for sustenaunce of the feith that he holdeth ayenst oure bileue / whiche, by the feith y owe to that god that y honoure, y had leuer dy than be a treter in any mater contrary to oure bileue / yif youre kynge were content to holde oure lawe, the peas were sone made / but othirwise y se no remedy" / "Be my feith," seid fferant, "than shall we neuer haue pees" / than lefte they of thies wordes, and the kynge required fferant that he might se hym that had taken him / for ouer all thing he desired it / fferant knewe wele that he was right wery of the payne & trauail that he had þat day, wherfore he had no wille to sende for hym / hou be it / that he had more desire to se hym than kynge fferabrace had / for he loued hym as moche as any man myght loue his lady / and grete cause had he / for that day had he rescowed hym from the dethe / for, and he had be brought to the Soudan, all the golde on erthe ne might haue bought his lif / and so Answerd he to kynge fferabrace, "sir, y suppose that he be at reste, but to-morowe, and god be pleased, y shalt sende hym vnto you" / the kynge answerd, "at your pleasir be it / but y shalt neuer be at hertes ease til y se hym / for I desire as moche to se him, as seke man doth his hele" / fferant sawe the kynges desire moche; and to accomplisshe it, wist not what to do / for he dred that his seruaunt were sore hurt, wherfore he durst not sende for hym / so wist not he what to ¹answer, but praide the kynge to haue pacience til on the morowe, whiche answerd hym / " so most y / for my wille may not be accomplissht. I am a prisoner; but y sey you for trouthe, and y were at my liberte, y wolde se hym or y slepte, what trauail so euer y toke on me / wherfor, and he be any thyng hurt, and ye wold do me that grace to brynge me ther he is, ye shold do me grete comfort and pleasir" / fferant, heryng thies wordes, toke conclusion in hym self / that he wold go se Le Despurueu his seruaunt, and seide to the kynge, that yif his

Ferant visits Prince Philip in his poor Lodging.

seruaunt might come to hym, he wolde brynge hym to hym that
night / and yif he might not go / he wolde biseche hym of his
goodnesse to come se hym / thus departed he from the kyng,
4 whiche praide him right specially that he might se him assone as it
coude be / for he coude not bileue that it were any mortal man / but
som spirituel thinge sent from heuen to punyssh hym for his
trespaces; for he thought " it was not possible to be in one man that
8 y haue seyn hym do this day " / fferant began to laugh, and seide /
"sir, whan ye se hym ye shalt not fynde him dispuruaide of moche
more" / thus departed fferant fro the kynge / and came to the place   *Ferant goes to Prince*
where Le Despurueu was loggid / and was leide on a bedde full euel   *Philip's lodging,*
12 ordeyned for / and litle remembred of any man. and so he entird
in-to the chambre of le Despurueu, whiche, whan he sawe hym, was
all abasshid / & wolde haue risen ayenst hym / but he might
vnnethe remewe. whan his maister sawe him in that plite, he
16 ranne to hym, and caught hym in his armes, wepyng for pite that
he had of hym, and in his mynde leide grete blame vnto him self /   *and is ashamed to*
that he had noon erste visited hym / seyng, " alas, my frende, ye   *find it so poor.*
are porely awaited on after the high dedes that ye haue don to day.
20 I pray you foryeue it me / y knowe wele that hym that gaue me
ioie & honour, y haue put yn foryetyng, take the honour to me,
whiche cometh of your bounte, that y haue so symply remembred
it; but pardon me, my frende / for the remenaunt of my lif y shall   *He apologizes for his neg-*
24 better remembre you / ye aught nomore to thanke me than of   *lect of Philip,*
your dethe for lakke of helpe, yef ye had hadde any mortall wounde,
and all othir wise haue ye deserued vnto me / seing the grete peyne
& trauaile that ye haue endured this day to saue my lif & myn
28 [1]honour; and y, as a wrech full of vnkyndenes, haue put you all in   [1 lf. 18, bk.]
foryeting, whiche reschewed me this day from dethe / and .I. not   *who saved his life.*
comforte you with one onely visitacion." Le Despurueu, heryng
his maisters wordes, was so ashamed that he coude vnnethe loke vp /
32 doing him alt the honour that he might after the hurtes þat he
had on him, reputyng him-self ful vnworthy to haue any suche
honour. "seing / my lorde, I neuer deserued such honour as ye put
me to / god yeue me grace to do you seruice that may please you / &
36 therwith all wold haue drawen him bak as all shamefast / but his   *He sends for the best*
maister wold not suffre hym / & fourthwith sende for the best   *Surgeon to attend*
Surieoun withyn the Towne / and men to serche his woundes a-fore   *Philip.*
hym; & though he were right sore hurt / ther was no peril of dethe
40 yn hym / so that he were wele loked to / then was he ordeigned for

C 2

King Ferabras also comes to see his Captor, Prince Philip.

Ferant has Prince Philip's room done up,

and lets K. Ferabras come to see him.

Ferabras praises Prince Philip very highly.

[¹ leaf 19]

Philip asks him to make peace between his brother, the Sultan, and the King of Sicily.

in the best maner. Than sent kynge fferabrace to fferant, prayng him that he might se his maister. fferant made the chambre right wele to be apointed, and made torches to be brought yn / and sent priuelie to the kynge, that yif it pleasid him he might come / whiche 4 came with right a ioifull herte / and for the grete desire þat he had to se Le Despurueu, he felt noon of all the peyne & trauail that he had endured that day. So came he in to the Chambre, and ffounde fferant talkyng with le Despurueu, whiche was leide on a couche / 8 and whan fferant espied the kynge, he kneled downe & toke hym by the hande, and shewed hym hym that hadde taken hym / whiche knewe nothinge of his comyng / but assone as he perceyued hym / he knelid vp as wele as he myght / the kyng toke hym yn his armes, 12 & made hym to arise, seyng / "my right swete frende, yif ye had be somtyme to-day as humble vnto me / and lowly as ye be nowe / y had not ben here / Although your maner were ffeers & vigours yn the felde / it is here humble & amyable, wherby your dedes be the 16 more to be preised. and now y se yowe / Notwithstondyng the grete peyne & trauail that ye haue endured to-day, me thinketh your persone resembleth your werkes, for yn worthynesse non may compare with you. In like wise, in persone, beaute & maner, y knowe 20 noon comparable / & it pleased god, y wolde y might contynue the remenaunt of my lif / youre felawe / with that / that we were parteners in all that y haue or euer shalt haue, so that y might observe & kepe myn owne feith." / Le Despurueu, ¹that seeth hym self thus 24 honoured and preised at the first dede of Armes that euer he was at in his lif, was so abasshid that he wist not what to Answere, saue only that he seid / "sir, ye do your honoure to praise so moche, so pore a Ientilman as y am / the recommendacion is more youres than 28 myn / for to theym that sey wele, the honoure aught to tourne. I wote not what to sey you / for forsothe it was the first auenture that euer y was at / But it semed me, yif alle youre folkes had resembled you, my lord / My maister that here is had not hadde 32 you nowe in his handes / albe it þat he put grete peyne ther-to / And yif it were thus, that god by his grace wold consent / that by youre goode meane the pees might be made bitwene your brother & the kynge of Sizile / ynne good houre for youre self were ye prisoner / 36 for your grete renome sholde multiplie & double / and y bileue verily that my lorde, my maister that here is, wold in that case haue of you noo fynaunce, but holde for your raunsoun your peyne and labour right wele emploied. and as for me, y wolde right 40

Ferant reports Ferabras's Capture to the King of Sicily. 21

humbly biseche you theryn / if so simple a persone might make a
request in so hy a matier" / The kynge answerd hym, "my right
dere frende and felawe, if it were in my power & at my wilt, y
4 certifie you, þat to youre request y wolde emploie me / albe-it þat
.I. bileue neuer shalt y haue that power / seeng the matier as it is /"
with suche wordes they droue forth the tyme tilt fferant thought it
tyme for the kynge to departe / seyng vnto hym, "sir, ye be [On a hint from Ferant,
8 trauailed / & so is your maister that toke you / if it pleased you, it K. Ferabras leaues Prince
were tyme to go to reste, and for hym also" / After thies wordes Philip.
departed the kynge from le Despurueu. And fferant conueide him
to his loggyng / and came ageyn to le Despurueu / and purnaide
12 that no thing failed him / & folkes to waite aboute him / chargyng
theym to gif hym as grete attendaunce as they wold to hym self /
than toke he leue of hym, & went to his loggyng / where as he made
a letter vnto the kynge of Sizile, in such fourme, aftir the commen- [Ferant writes to the King
16 dacion & maner of writyng : "Sir, I am aryued in this your Towne / of Sicily,
at my retourne out of the Reaume of Spayne / the xxviij day of
marche / and for this, that I and my horses & alt my folkes were so
trauailed and wery, y most of necessite tary with my brother a
20 while; and the ¹meane ceason of myn abidyng, Kynge fferabrace, [¹ lf. 19, bk.]
brother and lieftenaunt to the Soudan, was at ffounde, but iiij. or v.
litle myle hens, & knewe of my comyng / and for that he desired,
as y haue vndirstande, to haue some of my folkes to enquere the
24 tidynges of Spayne, & howe y haue spedde / concludid to ren bifore
this youre Towne, & had in his company .ij. thousand feighters and
moo, & made .ij. embusshementes, and sent his currours a-fore this
toun / but for that my brother and I supposed somwhat their
28 entent / we wolde no body to issu out / & whan the kynge vndir-
stode by his folkes that ther wolde noon of vs come out / he came
bifore the Towne him-self with aH his puissaunce, & parted theym
in diuerse parties, environyng the Towne rounde aboute / then [and tells him
32 ordeyned we a right grete scarmyssh to be made ouer the yate that
was ferthist fro the kynge / by the whiche crye & scarmyssh the
moost part of the kynges folkes drew to that side / & than we,
seeng the kyng but with litle company, issued out on hym / at the
36 whiche tyme were many grete armes done on bothe parties / and
the kynge taken, and brought by strength to this your Towne / [how they took K. Ferabras
where-as he is stille / and whan his folkes sawgh the takyng of prisoner.
their lorde, they made, and make yet, a maner of abidyng bifore this
40 towne / & trust, as we ymagyne, to haue hasty remedie by the

Ferant praises Prince Philip to the King of Sicily;

Soudan. wherfore y dar not departe hens / nor sende vnto you the kynge / whos taking was by miracle doon / by a very yong man of my house / that is suche in alle thynges as the berer herof shalt enforme you / & I beleue when ye se hym, ye shall like him bettir than y write vnto you / if it please god, it shall not be the last seruice that he shalt do you / and y beseche oure lorde, of his grace to graunte you thacomplisshment of youre high and noble desires: Writen at your Towne of Talpoir, the .viij. day of Aprile." Thus thies letters writen, he called a messangere right wise and discrete / and delyuered them vnto hym / & bitwene mydnyght and the poynt of the day he made him to departe / and so passed he forth, as god wold, all peasebly / so that he came saufly vnto the kynge of Sizile whom he founde right sorowfull. But whan he had seyne his lettres, he was right ioiful, and made them to be radde in the presence of alle the noble men of his Court / whiche deuoutly to-gedirs thankid & preised god / trustyng, that by this takyng, some frute

[1 leaf 20]

shold folowe. The kynge [1]commaundeth the Messangere alle openly to telle his credence / whiche seide vnto hym, "sir, we repute yn your towne to be a miracle / and I shalt telle you the reason / In the Towne of Towlete was ther a yong man, a-boute the age of .xx. yere / that lay seke of half a yere / which was newly recoured at the comyng of my lord, my maister / This yong man is so wele visaged / so faire made of body & of alle fetures, that it semeth verily that nature haue made him with hir propre handes / and with this excessif beaute / he hath so moche of humblesse and bounte, that no man can bileue it / without seyng / & of maner he passeth alle othir. This saide gentilman is of good nacion, but not riche / So it fortuned my lord, my maister, to be logged ther as he had leyne so longe seke ; and so wele demeaned him this yong man to hym & to his folkes / that eueri man him preised / & so moche that my lorde withhelde him for his seruaunt / & brought hym with hym, often deuysyng with his othir folkes the maner of this man / and hym thought / that he might not faile to be valiaunt ; & so hath he founde hym ; ffor at the besynesse he sawe him do so wondir-

and so does his messenger,

who reports how Philip rescued Ferant, and captured Ferabras.

fully yn armes, that it is to grete a meruaile / for my lorde was taken / and he alone reskewed hym by his grete strength and hardynes, and toke the kynge prisoner, & brought hym in-to your Towne / and euery man that sawe the hardynes of this yong man, toke suche corage & boldnes, that they abandoned theym to the vtterest / & so they lefte mo than .V. C. of the kynges men ded in the

All the Sicilian Ladies are anxious to see Prince Philip.

place / & as the sonne passith the sterres, so passid this yong man othir folkes. he is borne of the Reaume of ffraunce / and for conclusion / alle that se hym loue hym / honoure him / and cherissh
4 hym / and he that aught moost to hate hym, the kynge his prisoner, swerith by his goddes þat he wolde haue hym in his company the remenaunt of his lif, to departe euenly with hym alle the lande & goode he hath / This yong man, yif any man reherce
8 his honour or hardies / is as basshfull as a mayden / he woll not haue the kynge reputed as his prisoner, but for his maisters prisoner" / the kynge was of thies tidynges full ioifull, & thought wele that god had sent this yong man to do hym yit a grettir aide /
12 anon he made to rynge the bellis in alle the ch[i]rches of the Towne / and he and the Quene & his doughter, and alle othir in the Towne, went on processioun / thankynge god of the good auenture that he had gyuen them. Thus bode he [1] still, herkenyng what the Turke
16 wolde do vpon the takyng of his brother.

YE may wele wite that yn the Chambres of the ladies was spred a-non the tidynges that fferauntes messangere had brought / and rehersid alle the vertues of this yong Squyer,
20 Le Despurueu, wele asmoche or more than the messangere had seide; for ye knowe wele the reporters put to somwhat more alway / The Quene, her daughter, and alle the ladies & gentilwomen, heryng recorded the right parfite bounte, beaute, and worthynesse of this
24 yong man, desired meruailously to se hym. So ther was no day but they had hym in speche, in so moche that some of the gentilmen of the court had grete displeasir therof, thynkyng that by hym all their loos & grace sholde be the lesse / Thus bigan the enuye
28 bitwene the yong men of the Court & le Despurueu, that aftir was goode & profitable for the kynge / for that they wolde be as worthy in armes as he, their corage & hardies doubled, whiche did so moch good to the Reaume of Sizile / that it was ayen reuiued in honour /
32 as ye shall here-aftir here. ¶ ye haue wele herd here-bifore, what messangers the kynge of Sizile had sent in to alle reaumes / & that the messangers had in charge to telle prynces hou it was with him / for the discarge of hym, without he were shortly socoured / taking
36 god to his recorde, & all the worlde / that the charge was theires / and not his / Thus thies messangers, goyng to many kynges & prynces / in especiall to the kynge off ffraunce / of Englond & of Scotlond, The kynge of ffraunce hauyng remembraunce of his
40 sone, that but litle a-fore he had lost, thynkyng yn hym self, that

Ferant's messenger continues his praise of Prince Philip.

[1 lf. 20, bk.]

The Queen of Sicily, the Princess Iolante, and all the Court Ladies are eager to see Philip.

The other Courtiers envy him; but they fight hard to equal him.

24 *The Kings of France and England will help the King of Sicily.*

<small>The King of France says</small> god had soffered it for that he hadde done noon helpe nor comfort to this cause / wherfore he had taken fro hym the thinge in the worlde that he best loued, then renewed a grete part of his sorowe, and thought / that of hym selue he was so olde & feble that he might 4 not go. But, & any of the kynges of England or of Scottes wolde <small>he'll send 40,000 men to help the King of Sicily;</small> go, or any of their sones / he wolde aide theym with xl[ti] thousand men wagid for a yere / The messanger of Sizile heryng the answere of the kynge of ffraunce, was right glad and ioifull therof, hauyng grete pite 8 <small>[¹ leaf 21]</small> & compassion of the kynges sorowe, which semed ¹more ded than a-lyue. Thus departed he from hym, & went to the Reaume of Inglond / where he fonde the kynge / to whom he shewed his credence / and told him also the Answere of the kynge of ffraunce, 12 whiche he had founde in full grete annoy & trouble, seyng that it semed hym / if his sone had be still ther / with right good wille <small>and the King of England promises aid too,</small> he wold a sent hym on that viage. The kynge of Englond, whan he had herd the messanger that spake full wele & wisely, he 16 thought moche on that werke / and had many counsells at dyuerse tymes / And so, aftir sad deliberacion, he answerd the messangere yn this maner / "I knowe wele / that among other kynges & cristen prynces y am gretely bounden to god / for he hath gyuen me more 20 of weles than y haue or can deserue, wherfore y wolde ful gladly do hym seruice, though y may not so moche as y am biholden to do. I haue but one only sone for to holde my Reaume aftir my deth, which y may yn no wise departe with; how be it / if ye can fynde 24 any kynge or prynce that woll entreprise this viage / y shall helpe <small>If the King of Scotland 'll let one of his 3 Sons head the Expedition.</small> hym forth with a good puissance / & if my brother & neighbore, the kynge of Scottes, that hath .iij. sones, wolt entreprise it / y shalt put to yit more gretir helpe and peyne than y wold do yn the 28 company of som othir / and me semyth he might lightlyer do it than the kynge of ffraunce or I, for he hath iij. sones; and if it pleased him to sende forth one of theym, whiche shold only be gouernour and hede of this werke, it sholde be to him grete glorie & honour 32 with the seruice that he shold do to god." The knyght of Sizile, heryng the answere of the kynge of Englond / wist not what to answere, the kynges seiyng was so resonable / but so departid fro hym / and toke the streight wey toward Scotlond. And withyn 36 short while he came there the kynge was / & presented his lettres, & tolde his credence / and all that he hadde founde with the kynges of ffraunce and of Englond. The kyng of Scottes remembred him self gretly in this werke / and thought that euerich of the kynges 40

aforesaid had delyuerd to hym the Chapelet / knowyng wele he
had moo sones to sende forth than any of that othir / and for that
the matier appered to hym fult grete / he answerd no-thyng lightly
4 ther-to, but fult long tyme thought ther-vpon / and for that cause
sent to assemble alle the estates of his Reaume / and at ¹their comyng [¹ lf. 21, bk.]
to hym, opened & declared to hem, as wele by lettre as by mouthe, The King of Scotland
aH that the knyght of Sizile had brought hym. & for that he sawe assembles his Nobles and
8 this mater peisaunt, & gretely touchid hym, he wold make ther-to Commons,
noon answere withoute their aduise & agrement, and gaue them
leue to take aduise ther-on ij. or iij daies, and commaunded theym
at that tyme to be ther present ageyn, euer man to sey his aduise.
12 Thus departed they, & counseiled to-gedre fro day to day / and
were wele instructe, & remembred what thei shold answere. the
day came that they were assigned to be a-fore the kynge, where-as
they ordeyned a fuH honourable knight to make the Answere for alle
16 the iij. estates in generaH, which knight, aftir the honoures & reuer-
ences don to the kynge as to him bi-longed, for alle thestates of his
lond seide / " Oure souerayn lord / we haue, my lordes that here be, who advise him
prynces, prelates, & Barons / knightes / Squyers, & Burgeis of thes
20 Reaume, thought on that it pleased your grace to open vnto us toch-
ing the aduertisment that ye had of the kynge of Sizile, the whiche to help the King of
aduertisment touchid gretely to youre holy cristen feith / the sauacion Sicily,
of your soule / and to the honour of you & of your Reaume. & for
24 to geue you counselt we haue had deliberacion to take aduise to-
gedre, suche as y shaH declare vnto you / offryng to you toward
this conclusion / that we shaH put in auenture oure bodies & part and they will back him
of oure goodes. we knowe wele that ye be created kynge / ye and with their bodies and
28 alle othir, for the defence of the comon wele / & specially for to kepe goods.
& mayntene the feith / and to this cause be ye ioyned & sacred / and
if ye faile to the defence of the feithe whiche is the thinge that
moost serueth to the comon wele, than go ye oute of the termes
32 wherfor ye were create / we knowe also the sorowe of the kynge of
ffraunce, that hath no children but one þat he loste of late tyme /
the dispureaunce also of the kynge of Englond, that hath but one
sone / and ye haue iij., wherfore ye be lesse excusable than any of
36 them, with the grete aide that they offre you, which semyth vs, seeng
your grete worthynesse / the children that ye haue / & the offris
that be made vnto you, by reason with your honour ye may take
noon excuse, but ye may conclude to sende one of my lordes your
40 sones, which that pleasith you / and for to knowe oure aduise, we

his eldest son taking command.
[¹ leaf 22]

conclude alle / that the eldest shold be moost propre, for he is more redy to harneys than any of that othir, & more sad ¹to conduyte a grete entreprise / and if it please you this to do, my lordes alle that here be / haue made you suche offres as y haue seide here-bifore / vndir whos correccioun y was ordeyned & commaunded to declare this vnto you / and nowe alt lieth in your good grace, for, as it pleasith you to commaunde, we are alle redy to accomplisshe."

The King of Scotland

¶ The kynge of Scottes, heryng the wordes of this forsaide knight yn the byhalue of the iij. estates of his land, thought full moche on this matier, for it touchid him right nere, and therefore differred he it / til on the morowe, ij. aftir none / and commaundid at that tyme / eueri man to be ther ayen / thus euery man departed / and the kyng, that neuir coude put this matier out of his mynde, thynkyng yn hym self that it was in maner leide vnto hym by the kyng of ffraunce & of Englond / & sith auised hym by the .iij. estates of his land / & so restid it but at him self ; wherfore hym thought, as a man constreyned by honour, he might not refuse in this viage to sende forth his sone. And then ayen aftir thies consideracions he

thinks of the difficulties of this Sicilian Expedition

wolde argue yn hym self to the contrary / thinkyng, "this armee may not be put on me without grete charge / I am the leest of the .iij. kynges, & the despenses ar like to tourne on me / it behoueth me to take grete hede that I haue a notable aide of eche of them / it behoueth alway that my sone be acompaynyed with people of this land, & that the grettist company come with hym, whiche may not be without grete enpouerisshment vnto this land, wherof y am nowe full sorowfull / And if y shold sende forth myn eldest sone / whiche is the thinge yn this worlde that y best loue / yif he diede, y shold be so sorowfull / that y sholde neuir aftir haue ioie nor rest in my herte / wherfore y wote not wele what y may sey / But y pray the, my creatore, to counsell me aftir thy pleasir, & to myn honoure / "

all night,

thus all nyght stroue he & argued in his mynde / & wist not what wey he might holde / be aroos in the mornyng, & herd his massis with grete deuocioun, recommendyng him and his werkes to god / aftir his massis and dyner dōōn / as fully affermed of that he wolde

and next day

do / wente in-to the chambre wher alle thestates were redy at his comyn. so entred he yn with visage and maner full trist and sorow-full / & at his comyng, and silence commaundid, he spake to his

answers his Estates:

men and suggettes / right hertly thankyng theym of the good wille

[² lf. 22, bk.]

he founde them of towardes hym, ²and preisyng god with good herte, that thestates of his Reaume were of suche & so high prud-

8

12

16

20

24

28

32

36

40

Prince David of Scotland is to head the Sicilian Expedition.

ence, dredyng & louyng god, as he sawe by experience; for euerichon of hem yn his parte offred seruice to oure lorde / wherof he was as ioifult as he might be. And in like wise he sawe, & verely knewe, the grete & naturalt loue that alle they of his blode, with the remenaunt of the .iij. for-saide estates bare vnto hym / yn-as-moche as eche of theym wold, & desired grete honoure of hym & of the Reaume, prayng theym also not to to be abasshed nor ameruailed, though that his manere were perauenture more sobre than it hath ben be-fore tyme, " for this matier goth futt nere me / for many reasons / one is / that some folkes not wele seiyng, perauenture woh sey, ' beholde this presumptuous kynge, the leest of the .iij., that is to wite, of ffraunce & Englond / that of him selue woh enterprise this viage / that the tothir haue futt grete doute to take on hande, whiche haue so many noble lordes of their lynage / wherof they might fult lightly fynde a suffisaunt hede ' / thus the thynge may turne more to charge than to preise. I considre, on that othir side / þat by the two forsaid kynges is ny att the charge leide on me / echon of them witt helpe me / and ye my Cousyns, frendes, & suggettes, counseile me to entreprise this viage / & to sende forth my eldest sone, whiche y loue moost / wherto ye offre youre bodies and goodes to myne aide in this hy matier. and for asmoche, if y had not corage to do it, seeng your grete offers / I might be reputed with alle straungers, & amonge your selue, a man but of litle feith & of slakke corage / and therfore, what-som-euer befalle vnto me therof / either sorowe or pouert, y ought more to put my trust yn you than any othir; wherfore y am determyned & thoroughly concluded, blissyng me with the syne of the crosse, recommaundyng my dede to my blissed creatore / to make my sone Dauid to entreprise this viage / for y haue no sone but hym / but that were to yonge ther-to, & y pray god yeue hym grace to do him suche seruice as may be to his pleasir / and y pray you alle my cousyns, frendes and suggettes, to strecch forth your good willis acordyng to your promyses." Alle the iij. estates, heryng the Answere of the kynge, had grete ioie, vndirstandyng his good wilt, and alle to-gedirs, & eche of them, helde vp his hand, promysyng ¹the kyng seruice with body & goodes. and thus was the matier perfitly concludid / and day taken of the departir at ffeuyrer / and it was the feuyrer aftir the departyng of Le Despuruen. The conclusion thus taken / the messanger of the kynge of Sizile was deliuered, to whom was shewed alt thentent of the kyng of Scottes, with that the kynges of ffraunce & of

he may be blamed for presumption in starting the Expedition;

but as the Kings of France and England, and his own subjects, have all promist their help,

he will let his eldest son David undertake the enterprise.

[¹ leaf 23]

King Ferabras and Prince Philip are orderd to Sicily.

The Sicilian Messenger reports that the Expedition is decided on.

Englond wold do him any aide / Thus the knyght of Sizile depertid fult ioiful out of Scotland, & toke his wey by Englond & be ffraunce, & shewed the ij. kynges aH the conclusion that hath be taken in Scotlond / humbly bisechyng them this holy viage shold not be letted / so hath he promys of both kynges, for no thyng they wolde faile, but trewly performe aH that thei had seid bifore. The messangers deuoir doon as is here rehersed / he toke the way streight to Sizile, & came vnto the kynge / sone aftir the comyng of fferauntes messangere / & tolde the kynge of aH his spede in the forseide matier / ye may wele wite that the Soudan was not with-

The Sultan hears of it,

out his espies in eueri cristen Reaume / wherthorugh he knewe of the conclusion that was taken in Scotland assone or souner than did the kynge of Sizile / and therfore sent he anone a messangere to

and recalls Ferabras's troops.

his brothers folkes that lay bifore fferaunt / commaundyng them to departe thens & to retourne to their garison / for he had herd suche tidynges that he was determyned to haue no sege laide there as yet. and as for the takynge of his brothir / he wolde remedie it when he might, but yit he coulde not / thus alle his brother folkes retourned in-to their garison / and fferaunt in alle haste sente the kynge worde therof / whan the kynge knewe thies tidynges, he sent

Ferant is orderd to send Ferabras, and Prince Philip, to Sicily.

fferaunt worde that he shold puruey for the comynge of kynge fferabras vnto hym, and by suche a day as he apointed him / he wolde sende him a feliship to helpe conuey the kynge the more surely. fferthirmore he commaunded him not to leue behinde him his newe esquyer / of whom he had herde so moche wele reported / & alle the ladies & gentilwomen of the court praied the messangere that he might not be forgoten. Thus went the messangere forth to fferaunt, & shewed him alt his message from the kynge, & from the Quene & hir doughter, & from alle the ladies & gentilwomen of the Court / And withyn litle while aftir, this came to the knowlage

[¹ lf. 23, bk.]

Prince Philip grieves at this, and

of Le Despurueu, whiche desired ouir alle thinges to dwelle ¹in some place of the ffronters / to proue his body in his youthe / and to do that wherfore he was departed fro the kynge his ffadir / feling him self alt hole of his hurtes / and so made a request to his maister /

wants to serve on the frontier.

if it pleasid him, that he might abide with his brothir / for he neuir entendid but to abide vpon the ffronters / ffor / for to be a man of Court now / wold he neuir a departed fro the place fro whens he came. when fferaunt vndirstode his newe esquyer, that thus wolde take his leue of hym / whom he knewe such that noon other might compare with / yif he were sorowfuH, it was no meruaile / & vnnethe

might he holde manere, seyng vnto hym, " A ! Le Despurueu ! haue *Ferant re-*
y brought you from so fer contre, so sone to forsake me ? haue ye *Prince Philip*
drede / that ye shall not fynde fightyng y-now yn this contre / or *to leave him.*
4 elles that y be a man of so pore condicion / that y dar not holde my
fote nere the fire / truly I truste verily to be founde more often
vpon the ennemyes than they shal be that abide in this place / &
that more often, if ye be with me, ye shall se strokes gyuen than yf *He'll get him*
8 ye abode stille here / neuirtheles, if ye be not pleased to abide in *fighting.*
my seruice, telle it me at ones, & y shall do as me thinke good."
The yong gentilman, right shamefast and sorowfull that he sawe his
maister wroth with hym, wenyng not to haue displeased hym for
12 abidyng with his brothir, answerd hym full humbly / " My lord ! y
neuir thought but that ther was more worthynes in you than y
durst thynke to se / but for that cause spake y not to you of myn
abidyng, but for the drede that y had that ye shold not be so often *Prince Philip*
16 at skarmysshes as your brother / for, as men sey, the kynge loues you *apologizes,*
wele / therfore y thought that ye wolde kepe you nere aboute hym /
and ye knowe wele / it is not accostomed, ne reason, that kynges &
prynces, chefteynes of the warre, be allwey on the ffronters / and
20 for this drede y that y shold se but litle war, nor haue the lernyng
yn armes, whiche was the cause of my desire nowe to abide / but,
sir, and y haue displeased you / y beseche you to pardone me, for y
knowe neither kynge nor prynce levyng, as longe as ye haunte the
24 warres, for whom y wolde leue you. y haue so moche sene of *and agrees to*
noblesse yn you / that y am assured y may lerne more in your *Ferant.*
seruise / than y dar enterprise or may here " / fferaunt answerd hym,
" A, my frende ! for lakke of warre [1]ye shall not leue me as long as [¹ leaf 24]
28 y leue / for there is y-nough in this reaume for you & me, & many
moo " / thus fferaunt & his newe seruaunt be accorded. Then came
the day / that the kynge sent his folkes to fferaunt / whom they
founde alle redy in the felde / & kyng ffirabrace with him / than
32 departed he from his brother Olyuer, prayng hym to take good
hede to the place & the ffronters that he had in kepyng / So rode
he forth all a day withoute any interrupcion. ¶ It is to thynke,
ffirabrace folkes dred them of the goyng of their maister, and that
36 he shold be brought to the kyng of Sizile / wherfore they did their *Ferabras's*
diligence to vndirstonde his departyng / & did so muche that they *men plan*
knewe it for certayn that he was departed right wele accompanyed /
than toke they counseill & aduise to-gedir ; & it semyd theym that
40 puissaunce was not so bygge, but that they shold take a shame to

suffre their maister thus to be gon. wherfore they vttirly concluded
to put them yn deuoir to the rescue of hym / the mone shone faire
& clere that night that they departed fro the garison / & they did
so moche by the next mornyng / that they passed fferaunt, and
embusshed theym yn a wode that was ny the same wey that
fferaunt sholde passe / they kepte theym cloos, & made their
wacchis to go vp in-to trees to se aferre whiche wey fferaunt sholde
come; and thei were in nombre xvj.C feightyng men / And with
fferaunt a vj.C or mo of the best men that longed to the kynge of
Sizile, whiche were that nyght wele loggid with fferaunt & kynge
ffirabrace, & made right mery & gretly auised le Despurueu, whiche
thought them of visage, persone, & maner, moche more to be preised
than the messangere had seide, & moche desired they to se hym yn
armes / & so did they souner than they wende. they auised him in
alle his wordes and his demeanyng, & founde him so assured & wise /
that they were ameruailed / this nyght passid forth, & the morñ
came / and fferaunt, that was an ynly wise knyght of warre, saide
to his folkes, "my lordes, if the kynge oure soueray[n] lorde were
prisoner, as he is that we lede / and ye wold do by my counseill, &
we had the puissaunce that oure enemyes haue, ther is no place y
wolde souner put me in deuoir to reskewe hym, than here by / and
yistirday we rode armed & helmed / and as this day y se no man
charge hym with harneys; but y sey for me, y shall arme me as y did
yisterday." some helde [1]opinion he seide wele, & did by his counseill,
& some toke litle hede therto / but le Despurueu was all-wey armed /
for he had no valet to bere his harneys. fferaunt departed fro his
loggyng, the moost part of his folkes armed / & som not, whiche dere
a-bought it / thus rode they forth til they came ny to the wey there
as the embusshementes were leide / many of the yong folkes of the
Court whiche had Grehoundes, trauerst the felde to fynde the hare
or some othir disporte, so longe, that they came on the trakkys of
there enmyes / and anoon tolde fferaunt therof / but he was so ny
that he coude set no remedy to take none othir wey / but taried
still, & put kynge ffirabrace in sure garde / thus put he yn ordyn-
aunce all that he might. on the tothir part / the wacchis of the
enmys that were yn the trees tolde to the embusshementes what
they sawe / & sodeynly they shewed them-selue, & brake their
embusshmentes, and alle at ones ranne on fferaunt & his ffelisship.
and aftir the puissaunce that fferaunt had, he encountrid theym
right mightly / but fynally they might not wele haue endured, ne

Prince Philip fights wondrously, and retakes King Ferabras. 31

had be the grete worthynesse & vertu of Le Despurueu, that did *Prince Philip's valour alone saves Ferant's men.*
so wondrefully in Armes at that day, that eueri man meruailed /
he ouirthrewe men & hors; noon myght withñ-stonde his strokes /
4 so welc was he knowen of his ennemyes that euery man fledde hym /
and as he was feightyng thus amonge his enemyes, they that were
behynde hym, by strength of Armes / they reskewed kynge ffira- *K. Ferabras is rescued,*
brace, and delyuerd hym to xx^ti men / that in alt haste toke the
8 wey toward his place / and fortuned that Le Despurueu, that so
valiauntly fougñt, herde the crye & noise / howe men seide kynge
ffirabrace was reskewed: "se where he goth!" he tourned sodeynly
on that part, & sawe hym ferre on his way / then toke he his hors
12 with the spores, & folowed the kynge yn alt that he might, without *but Prince Philip spurs after him,*
espiyng of any of fferauntes folkes, saue of .vj. that folowed hym.
Le Despurueu hastid him in suche wise, that in a valey he ouirtoke
the kynge, & smote yn amonges them, & did so, that he slewe v. or
16 vj. of them or the tothir vj. coude ouirtake him, whiche, at their
comyng, with the helpe of Le Despurueu, discomfited the Remenaunt.
Le Despurueu toke ageyn his prisoner / & be that tyme bothe their *and retakes him.*
horses were so wery & fortrauailed that they might no ferther / but
20 bothe were fayne to alight a fote, to lete their horses take brethe /
In this meane tyme fferaunt espied that his prisoner was goñ / &
[1]that he had lost his newe seruaunt / if he were sorowfult, it is no [¹ leaf 25]
question, not only for losse of the kynge / but specially for his *Ferant mourns Prince Philip's supposed loss,*
24 seruaunt, by whom god had sent him so faire auentures. thus sorow-
fult, he cursed the houre that he came ther / and wisshed that day
he had be slayne. Alle tho that were yn his company, as litle as they
had knowen le Despurueu, yet for the dedes in armes they had sene
28 hym doñ that day, thought the losse of hym was as grete a sorowe /
as if the Reaume of Sizile had ben vttirly lost / and yn this sorow,
as they were to-gedre biholdyng the wey where-as kynge ffirabrace
wente / they sawe vj. or viij. horsis comyng / than drewe they them
32 to-gedir, wenyng to haue hadde newe to do, & that they had ben
of a newe felishịp to a set on them / than sent they som of their
forriders thiderward / & anone as they came ny them, they knewe
verrily they were of their folkes. than went they to them, and
36 knewe Le Despurueu / that brought ageyn the kyng. than seide *but he soon turns up, with his Prisoner again.*
they to hym, "A, rigñt noble Squyer, flour of honour, ye be wel-
come / for ye haue recomforted this day the moost discomfortable
company that euer was / for by your dedis they haue recouerd such
40 honour and surete that they ar out of alt perile. Blissid be the

wey that ye came on hiderwarde, and the place fro whens ye came!"
Than anon one of them rode ageyn in all haste to fferaunt / and
whan he sawe him, he seide / " My lord, be mery, for yondre is Le
Desparueu all hole & sauf, that by his grete myght & hardynes hath 4
brought ageyn kynge ffirabrace." ye may wele thynke the ioie was
grete thorugh all the company / whan that worde was herd / and

Prince Philip is greeted and kist by Ferant's men.

eueri man presid who might be first with hym. whan fferaunt came
to hym / he toke him in his armes & kist him / and did him suche 8
honour that the pore yong gentilman was gretly abasshet of / than
seide fferaunt vnto him / " that day y firste sawe you, was the moost
happy day that euer y had / And beholde ye nowe whethir y haue
gabbid vnto you / haue ye failed nowe at the begynnyng, of the 12
fyndyng of som auenture with me? had it nedid you now for this
cause to haue biden with my brothir / yif ye so had don / there
had bifallen this day the moost pitous auenture that euer was in
Sizile / that only by your persone is come to good conclusion /" 16

He is so praisd that he feels ashamed.

eueri man seide to Le Desparueu so many goodly wordes of honour /
that he wist not what to Answere / but as a man shame-fast, smote
yn amonge the tothir feliship, for to eschewe such wordes as moche

[¹ lf. 25, bk.]

as he might; so he yeldid kynge ffirabrace his prisoner to ¹the 20
handes of his maister / After the auenture thus befalne, they with
grete ioie departed alle to gedir / and toke their way in right good
ordenaunce; and eueri man seide that fferaunt was right a wise
knyght, for he had tolde them full wele in the morning as was 24

Henceforth they march in safety.

sith befallen. ffro that day forth, fonde they no recountre that dis-
tourbed theym yn their viage / & with-yn litle season they came
thider as the kynge was. bifore their comyng, many were gon bifore
to take vp their loggyng; & also som officers of armes & pur- 28
ceuantes that had be at this iourney, wente in all haste to the
kynge / & tolde hym all the maner & trouth therof / And wite

The King of Sicily,

wele the kynge was as ioifull as he might be / and gretely meruailed
of the grete prowesse that he herd euery day of this yong man, Le 32
Desparueu; & moche he desired to see him, for he thought wele it
was some tokne that god wold recouer him; for the armes that he
herd reported of hym, semyd to hym not to be possible to noon

and all his Court, and the Princess Iolante, long to see Prince Philip.

erthly man / If the kyng were yn this opynyoun / so were alle the 36
knyghtes, squyers, ladies, & gentilwomen / and the faire & good
Iolante, the kynges doughter, that in alle hir werkes was wise,
womanly, & vertuous : whan she herde at any tyme of the honour
of this yong man, she toke meruailous grete pleasir ther-yn / & she 40

King Ferabras is handed over to the King of Sicily.

thought verily that such honour might not be yn a man of smale
birth / and also she wist wele that without grete nurture, & beyng
in high places, he might not knowe the weelis and honoures that
4 he coude / and in hir mynde she wisshed that he had ben of such
corage that he wold haue entreprised alle his armes for hir sake /
hou-be-it she had neuir, daies of hir lif, ben amorous / not as moche
as she enioied the company more of one than of an othir, but as
8 honoure & maner requyred / thus euery man thorugh the towne, as
wel as in þᵉ courte, spake of the worthynesse of Le Despurueu. And
in this meane season fferaunt & his company came vnto the Towne;
& at the comyng, the stretes were so full of folkes that vnnethe he *Ferant and Prince Philip*
12 might passe, for eueri man desired to se hym that had so honorably *have a grand reception*
aquytte hym twies sith he retourned fro Spayne / also euery man *from the townsfolk.*
desired to se his frendes that had be at this last iournay / In like
wise desired they to se kynge ffirabrace / and the tothir prisoners /
16 so did thei Le Despurueu, of whom they had herde so moche wele
reported / thus the houses were alle fornyssht with folkes. And yet
ther was an othir cause / for a grete while they had not sene no
good auenture for the kynge of Sizile, but alle of losis & damages,
20 wherfore this was ¹to them the grettir ioie / thus fferaunt passid [¹ leaf 26]
thorugh the prees with grete peyne, and came to his loggyng / where
as kynge ffirabrace alight, and alle his folkes / and yn alle hast
aredied hym to go to the kynge his maister / and to delyuere hym
24 his prisoner. so wente he forth vnto the kynge, that abode hym in *Ferant takes his prisoner*
the grete halle of his paleis / that was so full of people that euery *King Ferabras to the*
wyndowe and borde was charged / and so were alle the stretes of the *King of Sicily,*
Towne / so that he was a large half houre or he coude passe the
28 prees to come yn to the halle where the kynge was / and at the
laste he came vnto the kynge / and put the kynge his prisoner afore
hym / whom he shewed to the kynge of Sizile / and whan he per-
ceyued Kynge ffirabrace, albe-it he was his prisoner / yit did he him *who does him honour,*
32 such honour that he went toward hym a grete way bareheded, and
toke hym by the hande / kynge ffirabrace seeng him self prisoner,
& at the wille of the kynge of Sizile, did hym grete reuerence, for
at that tyme was he as his sugget / than wente they two hand yn
36 hand vndir the clothe of estate / & than talked the two kynges to-
gedre, and callid fferaunt vnto them / but ouir alle thing / the kynge
of Sizile desired to se Le Despurueu, & behelde ouir alle to knowe *but asks for Prince*
him / but this yong gentilman, that of his condicioun was shamefast *Philip.*
40 & humble, had drawen him in-to the prees behynde moche people /

THREE KINGS' SONS. D

the kynge that yn no wise coude espie hym, seide to fferauut, " where is your newe seruant / why put ye him to no more honour / be that y haue herde sey / he hath deserued as moche honour as any withyn this halle, noon othir excepte / forsothe y desire gretely to se him " / kynge ffirabrace, þat herd the kynge of Sizile thus speke, coude him in his mynde right goode thanke / and saide, " be my feith, he is worthy to haue moche honour / & wold god that y had suche a seruaunt, that helde the lawe y holde, and y wolde take hym for my felaw, daies of my lyf / and partener yn alle that y am worth / & shold be as grete maister of my Reaume as my self, seeng that y haue sene him do / whiche is not credible / y am his prisoner by .ij. tymes / and notwithstandyng, alt the daunger that y am yn, cometh by hym / yet is he the leuyng man that y moost loue / and moost desire the compayny of." The kynge of Sizile commaundid fferaunt to calle him / and so he did / and when he herde him called for / he came forth fro behinde moche of the people / his visage alt rede for shame that so ¹many folkes called him / He came bifore the kynge, & kneld doun, and salewed him as he coude fult wele for alt honour was yn hym / the kynge toke hym by the hande / & made him to rise vp / and bihelde him right ententifly / & the more he behelde him, the more was he ameruailed of hym that excedid alle othir in euery thinge to be preised / then talked the kynge with him / and so did kynge ffirabrace also. and yn alle his wordes they founde him suche, & so wele assured / that they were ameruailed. The kyng of Sizile, & alle they that sawe him, thought / there were moo laudable thinges yn hym than any might reporte / he was gretely lokid on of alle them that were there / and euery man praiede for him that god of his grace sholde longe contynue hym yn honour. withyn litle while, kynge ffirabrace departed from the kynge of Sizile to his loggyng, to his dyner. The kynge of Sizile commaundid fferaunt to " brynge ageyn kynge ffirabrace aftir dyner, & le Despurueu also. and then shalt they se the quene, the ladies & gentilwoman." & thus departed they to their loggyng / Alt that day in euery place was moche speche of the beaute, persone & manere of Le Despurueu. But they that had sene hym in armes seide, that his beaute was not to compare with his worthynesse / and some answerde that than passed he alt the world. The kynge, aftir his grete assemble was departed, went to his dyner / and with hym dynyd the Quene and his doughter. and ye may wele thynke that this dyner tyme, through alt the halle they hadde grete

Prince Philip pledges his Faith to Ferant.   35

speche of Le Despurueu. The quene, & faire and good Iolante hir
doughtir, & alle the ladies & gentilwomen, desired so moche to se
hym, that they thought the dyner right longe, and seide amonge
4 them / "full eurous is fferaunt the Seneshall, to whom god hath sent
this man / by hym is he at this day moche honoured / & the moost
renomed knyght yn this Reaume / If y were kynge, y sholde haue
Le Despurueu of myn house, for he hath noon suche " / On the
8 tothre part, fferaunt dred right sore leste the kynge wold desire his *Ferant fears that the King*
newe seruaunt from hym, whiche was the thing that moost sholde *of Sicily will take Prince*
sorowe hym / and therfore aftir dyner / er he wente to the courte, he *Philip from him;*
toke Le Despurueu alone yn-to his chambre / and seide vnto hym,
12 "my dere frende & my childe, the kynge hath don you to-day grete
honour, wherof y am right glad / for he may not do you to moche,
neuirtheles y drede that by som enuy that reigneth ¹ouir alle, the [¹ leaf 27]
kynge sholde be exorted to take you from me yn-to his hous ; and
16 if ye were yn will now to leue me / it sholde be þᵉ grettist displeasir
and sorowe that myght befalle me / but y knowe wele it happeneth
alday that men leue company for a higher seruice ; hou be it / seeng
that y haue sene in you / y can not Iuge þat ye will so do / for ther
20 is so grete bounte in you. I knewe weel þat ye haue not ben
acompayned here as bilongeth vnto you, and therfore y graunt you *so he gives Philip five or*
fro this day forth to haue v. or vj. men waityng on you / & to take *six waiting-men, and a*
part of my goodes as longe as it pleasith you to be with me, as my *share of his goods.*
24 owne sone sholde, if y had any / and if god send me neuir noon, y
shall make you myn heir, yeldyng thanke to god to haue suche a
successour." Le Despurueu full humbly thankid his maister, &
promysed hym trouthe & seruice to his power, without hauyng
28 thought or wille to seche any othir maister, as longe as he wold
serue / and that his maister shold lyue / and of this, at the request
of fferaunt, promysed him his feith / wherof he was more sure than *Prince Philip promises*
of any obligacion in the worlde / sone aftir departed fferaunt from *Ferant his faith.*
32 his loggyng toward the kynge / & had Le Despurueu with him, that
aboue alle thinges desired to se the kynges doughter, whom of beaute,
bounte, & alle good manere was renomed thorugh the worlde. Wher-
fore he apoynted hym, as goodly as he coude, to go with his maister /
36 & they came euen as the kyng was arisen. and yit were alle the
ladies & gentilwomen there / the prees was not so grete as it was in
the mornyng / and therfore men might more easily se fferaunt & his
company / Le Despurueu, for his grete humbles, was noon of the
40 first, wherwith his maister was no thinge pleased / for to his power

D 2

Prince Philip is introduced to the Princess Iolante.

he wolde fayn haue auau*n*ced hy*m*. The kynge resceyued fferaunt fult gladly / and aftir that he had salewed the kyng he toke forth Le Despurueu by the hande / and brought hym to se the quene, seyng vnto hir, "Madame, here is a gentilman of ffraunce that y brynge you / if his beaute be not resonable, his worthines recompenseth, for by hym and his dedis hath the kyng, the Soudans brother, yn his prisou*n* / for to me ought not the honou*r* to turne therof, but to god & to this gentilman / and therfore, madame, y brynge hym to you / that it might please you*r* grace to haue knowlache of hym" / The quene answerd to fferaunt / "for sothe, Seneshalt, a grete while sawe not y so faire a presente / & y wilt be aqueynted w*ith* hym with right goode [1] wilt / and he is right welcome to me, & y shalt se hym & welcome him more at leiser / if it please god / and y pray you, brynge hym or sende hym often to disporte hym with my daught*er* & the yonge ladies and gentilwomen of the courte / for it behoueth that we assay him in alle poynt*es*, if he be suche amonge ladies & gentilwomen as he is amonge you men / And if he can not wele the manere / y beleue he shalt sone haue lerned / for it is a comon seyyng / that men of warre be not good companyers with ladies & gentilwomen" / Le Despurueu Aunswerd / " Madame, y thanke yo*ur* grace right humbly / and verily sheweth the same / that of the warres y can no thyng / but that my lord, my maister, hath taught me / for neuir yn my lyue was y yn warr*e* but in his company, wheryn men may lerne bothe wele and honou*r* / for y haue herde hym ymagyne & sey yn the euenyng, that hath befalle yn the morow" / fferaunt answerd & saide / "by my feith, sir, if ye be as light to lerne your contenaunce among*es* ladies & gentilwomen as ye haue ben to lerne the crafte of armes, ye shalt yn shorte tyme be a bettir mayster / than they that shalt lerne you; for so farith it by you & me in the warres" / the quene lough, & seide, " y beleue / from hensforth, yn like wise he shalbe bettir welcome than ye" / Aftir thies word*es*, fferaunt made him to rise vp / & brought him to faire Iolante, that Le Despurueu desired so moche to se / he went not with a nay / but with a right good wille / and whan he sawe the grete beaute that was yn hir, he thought that alt that euir he herde speke of hir was no-thing in comparison to that he sawe yn hir / he salewed hir fult humbly, & the faire lady toke hym by the hande & seide, " my right dere frende, ye ar right welcome, & by that / that y se / yo*ur* name is ' Le surnome' ; for ye ar not Le Despurueu of beaute, ne of alle othir condiciou*n*s as y here

sey. Wherfore me thinketh your name is gyuen you with wronge /
and also me semeth that my lord my fadirs warres be a grete dele
bettir puruaide sith your comyng, than bifore / I trowe that god of
his grace hath sent you hider" / this yonge gentilman was so *Prince Philip is abasht at Iolante's beauty.*
ashamed & so supprised with the beaute of this faire lady, that he
wist not what to Aunswere, saue that he seide, "Madame, god
yelde your grace / but trewly y am wers puruaide than my name
can shewe / but what name that pleasith you, y am content to
bere" / the quene & fferaunt lough wele at the wordes ¹of hir [¹ leaf 28]
doughtir / & fro that day forth was he named Le Surnome ; whiche
euery day multiplied, for the more men asaide him at alle pointes,
the more they were assured of hym, & founde him puruaide of alle
thinge / that to a noble man belonged.

This meane tyme, abidyng the comyng of the kyng of Scottes
sone / fferaunt & his felawe abode stille with the kynge, yn
grete ioie, for the tidinges of socours that they abode / and
yn this ceason of fferauntes abidyng, Le Despurueu, that now is
named Surnome, by the kynges doughter / euery day wold go se
the ladies, & in especiall the Quene & hir dougther, on whom all *He visits her daily,*
his mynde restid / and ther was he right ioifully resceyued / and
euery day was preuyd in dauncyng / in songes that the ladies coude *and dances with her.*
thinke were couenable for a noble man to conne; but in euery
thinge he passed alle them that were there / The kynge, for to assaie
him, made Iustis & turneis / & noman did so wele as he yn *He jousts and tourneys,*
rennyng, pleyyng at the pame; in shotyng, & castyng of the barre *plays at tennis, &c., and beats everybody,*
ne founde he not his maister ne his felawe / for yn euery thinge he
passid all othir. Thus past forth the tyme / but it annoyed gretly
Surnome, that ther were no warres ne dedes of armes / for the cause
of his departyng from his fadir was only to do god seruice yn the
warres ayenst the hethen men : thus had he litle ioie, saue only of
the faire and good Iolante, to whom his hert was bounden for euer *but loses his heart to Io-*
without departyng. ¶ Now leue we of a litle, to speke of the *lante.*
kynge of Sizile and alle his courte, & we shalle speke of the armee
of Scottes, hou they did aftir the departyng of þe messangere of
Sizile.

The conclusioun thus taken, as ye haue herde, with the kynge *The King of Scotland*
of Scottes, that knewe thies tidynges, sent to the kynges of
ffraunce and of Englond, how, vpon trust of them / & that
they had aunswerde the knyght of Sizile / that he had concluded
to sende, yn the seruice of god, to the socour of Sizile, Dauid his

38 *The Scotch, English, and French prepare for the Sicilian Expedition.*

<small>asks England and France what help they'll give to Sicily.</small>

eldest sone / albe-it they knewe fuH wele it was not yn his power to fynde ther-to a suffisaunt nombre of folkes / wherfore he praide eche of theym to assertayne hym what aide & socours they wold do to god / to the kynge of Sizile / & to his seide sone / bicause that 4 vpon this he might take auise / & shewed theym vttirly that without their aide he helde his conclusion noon / ¶ Notable

<small>[¹ lf. 28, bk.]</small> knyghtes & ¹messangers went to the two kynges. ¶ Now was this Viage of Dauid spradde & pubblisshed thorugh aH Scotland / 8

<small>The Scotch youth are eager to follow Prince David,</small>

wherof Dauid & aHe the yonge lordes & knyghtes of the land were gladder than euer they were yn their lyue / seyng amonges them that they were moche bounden to god / that in the floure of theire youthe had yeuen them this auenture. Dauyd was a goodly yonge 12 man, of like age to Surnome, wele condicioned, as to a kynges sone bilonged / and wele shewed it / as hereaftir ye may here / there was no thynge so noious vnto him as his long abidyng / and to the kynge his fader was no thyng so sorowfuH as his sones goyng / for 16 it was the day of the worlde þat he drad moost / and so he had cause, for it was fuH longe or he sawe hym ageyn / In this ceason of abidyng worde fro the kynges of ffraunce & Englond / he made

<small>and a large Expedition is prepared.</small>

aHe his prouisions & ordenaunces for his sone / so wele and so honour- 20 ably / that ther was neuer non suche seyn bifore in Scotland / In like wise aHe the princes & Barons abielde them, & made to abile their sones, to go in this armee / whiche they desired to do sone / seyng the conclusion taken / many auncyente knyghtes there were 24 also, affermed & concluded to auenture their lyues in this Viage, & thought them wele eurous to make their last viage in so high a seruice bothe for body & soule. ¶ The messangers spedde them so that euery man came there his charge was / he that came to the 28 kynge of ffraunce, did his message right wele, & foryate no thyng what Aunswere he had yeuen to the knyght of Sizile / In trust wherof his maister was determyned to sende his sone, and ellis not / The kynge of ffraunce, remembryng for trouthe what wordes he 32 had to the knyght of Sizile, wolde yn no wise for his honour

<small>The King of France promises 10,000 men.</small>

contrary them ; and therfore, by good deliberacion of counselt, ordeyned to sende his Constable with the nombre of .x. M! men, certifiyng him that at such day as the kynge of Scottes had taken / 36 ther shold be yn his parte no faile / Thus departed the messanger of Scotland, that was honorably resceyued, & had grete yiftes. And now returne we to hym that went yn-to England / that semblably in substaunce declared his charge, as the tothir had done 40

in ffraunce, the kynge of Englond, heryng the wordes of the
messanger, sawe wele that, and he sente not socours as he promysed,
vpon him sholde reste the charge, and so concluded to sende his
4 Admyralt of Englond / and with him the nombre of [1]vj. M! men /
promisyng on his feith / that such day as þe kyng of Scottes had
taken, shold not be failed by hym / thus delyuerd he the messanger,
and honorably rewarded hym.   and thus .ij. Messangers sped them
8 so wele, yn shorte tyme they came ageyn vnto the kynge their
maister, to whom they shewed hou they had spedde / Whan he
herd thies tidinges, he perceyued wele ther was no lettyng for his
eldist sone / than ordeyned he with alt diligence his apparaile, & so
12 did euery man yn his parte / & so wele quitte them that at the day
they had set / there was noon vnredy / and eche of the kynges
kepte his promys.   Then was it a meruailous thinge to se, & a
faire / the iij. companyes to-gedir / that for the honour of the
16 kynge of Scottes helde them only vndir the obeisaunce of his sone
Dauyd.   ¶ Wele knewe Le Surnome, that the kynge his ffader sent
som folkes to thies socours; wherfore he was in grete sorowe lest
any of them shold knowe him, for be his wille he wolde not be
20 knowen.   ¶ Now cometh the day of assemble of the puissaunce of
thies iij. kynges / and alle were at the porte Deon, yn Scotland.
the kynge of Scottes conveied his sone thider / and aftir that eueri
mannes harneis was shipped / they toke their leue of the kynge,
24 whiche vnnethe might speke to them, and in especiatt to his sone /
but whan he toke his leue, felle yn a swone / so that men were fayn
to bere hym yn-to a chambre, so araied / that he semed rather ded
than alyue.   Alle they that abode & sawe their frendes go, had
28 suche sorowe that they coude not comfort the kynge / for they were
alle comfortles / they that wente made litle sorowe, but only to se
the hevynesse that their frendes toke for theym.   The kynge hath
committed his sone to the aduise of therle douglas & of the Erle
32 Busshaunt, that were wise knyghtes, & connyng yn the warres, &
had seide to them bifore their departyng / "my frendes and cousyns,
y put yn your handes the thinge in the worlde y loue moost / &
commaunde him to the kepyng of almyghti god, & sende hym forth
36 with you" / and more might he not sey vnto theym.   whan eueri
man was to shippe / and the Sailes & ankers wounde vp, they had
good wynde / that brought hem sone from the port / and alle the
people that were a lond commaundid them to the kepyng of oure
40 lord / and there was euery day a seuenyght aftir their departir

The King of England guarantees 6000.
[1 leaf 29]

The three Hosts are under Prince David of Scotland,

and embark from Port Dean in Scotland.

David's advisers are Lords Douglas and Bushant.

4

generall processione thorugh all the Reaume. Alas! this grete & notable armee did litle profit to cristendome / wherof was grete pite and damage / but it is to thinke that god doth all for the best / for perauenture they [1]that went yn his seruice went not as they ought; but I remitte all that to the knowlage of god. [*Illumin.: siege by ships.*]

Off the departyng of this grete & high armee was the Soudan playnly enfourmed / & yn like wise the kynge of Sizile / but of all the reaume of Sizile was not one with the armee. The Soudan, in eueri parte of the land that was yn his handes, had folkes to here tidynges / and helde him and his power on the feldes nygh the portes, where as he thought they might aryue; so withyn litle while came certayne worde to hym, that men sy the cristen navee comyng to take lond at the port of Gayette / the Soudan, heryng thies tidynges, drewe thider with alle his puissaunce, & brought his ordenaunce with hym, & ranged hym & his people vpon the ryuage, and leide his gonnes & his coluerynes to diffende & distourbe the cristen mennys landyng / vpon the tothirside, Dauid of Scotlond, with all his company, approched the port, & perceyued the enmys redy to deffende their landyng; and yn as moche as it was late, & that they knewe not the port, they toke councell to ly at ancre til on the morowe, that they might se bettir what they had to do: So did they as ye haue herde / and at that tyme was the wedir faire and [2]calme, & thorugh alle the cristen navee they made to blowe trompettes, claryons & taberynes, & alle maner of mynstrallcie, so that it semed wele a place of ioie / their baners & penouns set out fleyng with the wynde, so that they that were on land might se them by the bright sonne / & thought it was a riche & a wele ffournyssht navee. Oure good cristen men thought longe, that they might not set vpon the Sarasynes that night. In the hoste of the Turkes souned they all night grete taberynes / that it semid bettir Helle than any othir thinge. Aftir all this done, Dauyd of Scotland sent for the Constable of ffraunce & the Admyrall of Englond / & the moost part of notable knyghtes & Squyers, prayng them to take aduise & councell what were best to be done / aftir many wordes & demaundes, the conclusion of the councell was this / that men shold take .xx^{ti} or xxx^{ti} Galiettes, of the lightest that were in the Navee, & that they shold be wele & strongly garnyssht with artrye & serpentynes, and alle other abilementes that were behoffult / & that they shold go costyng the lond / to se where were best londyng; and in this wise might they se

somwhat the maner of their enemyes / And also that in eueri
galiette sholde be some notable knyghtes and squyers wele accom-
payned, suche as were connyng & expert yn armes / this councelt
4 was admytted / and euery captayne that had yn charge to ordeyne
his folkes, did it with all diligence / So euery man was redy at the *The galliettes*
houre that he was apointed / & the Galiettes wele puruaide for / & *of the Christians*
full of folkes / But ye may wele thinke that euery man went not
8 that wold, for euery man had desire to auenture him in that high
seruice / whan they were assembled, they departed & sprad in many
placis / approchyng the aryuail. The Soudan, seyng this company, *reconnoitre,*
drew towardes them, wenyng veryly that they had come to take
12 londe / wherfore he ranged his folkes vpone the aryuail as ny the
water as they myght, for to defende the cristen mennys londyng;
where he did foly, for the Galiettes approched them so nye / that
they drewe all at ones withyn the shotte of their ordenaunce, &
16 were withyn ij. stones caste to theym / for the Galiettes & bargettes
drew but litle depnesse / & at this first encountre were many *and shoot*
turkes slayn, & many grete lordes of theym ; for the moost noble *many Turks.*
alwey desired to be formest / that day bare the turkes grete damage /
20 & with litle losse the cristen folkes retourned ageyn to their grete
vessels, that lay at ancre without the port / ¹whiche had seyne all [¹ lf. so, bk.]
that they had done on lond / and whan they came, they had grete
laude and thanke, for they had so honorably aquitte them þat day.
24 Dauyd of Scotland / the Constable of ffraunce, the Amyralt of
Englond, sende for their folkes to come to the shippe that Dauid
was yn / for to telle what they had seyne oñ lond, and hou they
did for the grete shotte that came among hem, and hou they sup-
28 posed that they alle might londe / and thus they answerd alle *They report*
generally, that yif the grete vesselles might haue come as nere as *to Prince David and*
the litle / it sholde haue be a light thinge to take lond / but they *his Council,*
sawe wele it was not possible for theym to come so nere / wherefore
32 it was nedefult to take good aduise, ffor the company of the thre
kynges that ther was / was not lightly to be auentured, for the
losse of them might turne to ouir grete hurte to alt cristendome /
Dauid and alle the tothir lordes, heryng this reporte, concluded that
36 euery man shold take aduise of this matier / & on the morowe, in *who resolve*
the point of the day, that eueri man shold here masse / and forwith *on a consultation next day.*
aftir meete ther ageyn / & sey ther advise, such as they shalt haue
remembred that night / this was done, & eueri man wente to soper
40 and to reste. ¶ Nowe shalt we retourne to þe Soudan & his

folkes, that gretely meruailed of the maner of oure cristen folkes /
for moche people had they lost by them / and aftir the departyng of
the Galiettes, the Soudan sent for alle his Capteynes, to take auise
what was best to do / either to lete the cristen men to take lond / 4
or to resiste theym / they sawe clerely that yif the cristen men⋅
contynued yn that they had done the day before / he might no
thyng wynne, but alwey lose / so he praied eche of them trewly to
counseile him, & say what was to be done / and aftir thies wordes 8
he asked auise at one that him thought most sad to counseile in
suche cas / & this knyght was named Baltasar / whiche alt his
tyme had vsed his lif in warres / as wele on cristen as on hethen /
the whiche Baltasar, aftir many excuses made, leyng the charge on 12
them þat were wiser than he / seyng that it was full vnsittyng for
hym to speke bifore suche as there were / & whan he sawe he
might not be excused, he seid in this manere / "sir, sauyng your
pleasir and correccion, ye haue a feble choyse of me / but sith it 16
pleasith you that y shalt speke, & may not be excused, y shalt sey
vn¹dir correccion as me thinketh / ye haue sene the maner of the
cristen to-day / what Damage they haue done to you & youre folkes /
whiche is more than folkes put you yn knowlage of / ye se wele 20
that alt their desir is to take lond ther as we be ; wherof y meruaile,
for it were more profitable ellis where for them / and therfore y
suppose that they haue non of Sizile with them / and so they wote
not where to seche their port but here / wherfore me thinketh it 24
were good this night to make pittes ther as they sholde londe,
whiche sholde be wele garnysshed with ordenaunce, and that they
shold be made yn suche wise that eche of them might defende
othir / And also that ther might be made grete trenches, that ther 28
might be grete nombre of people hid theryn / and that your grete
armee drewe them a-bakke the draught of an arowblast, and there
shewed them. I suppose verily whan the cristen shalt se that / they
wold come in many placis to take lond / perauenture alle the puis- 32
saunce of them / and if they come ones withyn gonne shotte, y
suppose that fewe of their vessels, or noon, shal escape vndrowned /
and for this that y haue seide of my opinion, alwey with correccion,
me thinketh ther shold be apointed moche people, wele puruaide of 36
vitaile til to-morowe yn the mornynge, to go yn hande al night
with this werke / and yif eueri man do his deuoir, y trow it wol
not dure half the night ; and as for my part, y wol begyn, if ye be
plesed. and if myn advise be simple, y beseche your grace / & alle 40

that here be, of pardon, for if y coude bettir / bettir y wold sey, and
offre me to the best counsell" / Aftir thies wordes / the Soudan
asketh forth alle othir folowyng / hou they thought. and he that
4 spake nexte, seide / "sir, ye haue herde thaduise of Baltasar / that *All the other Captains*
alt his tyme hath haunted the warres / and for the spede of this *agree.*
matier, to myn aduise ye may no bettir be adressed / wherfore,
without holdyng of longe speche fro pointe to pointe, y can no
8 bettir say / than y haue herd him say ; wherfore y offre my self &
all my folkes with all diligence toward the perfourmyng ther-of /
if it so please you." whan thies two had endid their reasons /
the Soudan asked ferther / and euery man was of thopinion of
12 Balthasar / offryng them self and alle their folkes to all that
pleased the Soudan to commaunde / this counsell was sone
taken & concluded / and they that shold do the dili¹gence [¹ lf. 31, bk.]
were ordeyned, and to euery man deliuerd their charge, whiche *The pits and trenches are*
16 was done bifore day / and so wele accomplesshed that no man *dug and maud.*
coude amende it / for it was not so wele deuised / but it was
perfourmed.

YE haue herde wele hou the cristen men had apoynted the
20 moost noble men to be yn Dauyd shipe yn the mornynge
be tymes / to take aduise what was to be done. at the houre *At Prince David's*
apointed they came, & went to a counsell / and than spake Erle *Council,*
Douglas for his maister / seyng, "faire lordes, ye knowe at oure
24 departyng yister euen, howe euery man sholde take remembraunce
of this grete matier. Wherfore, my lorde that here is, wolde full
fayne knowe your auises / what is to be done, for he knoweth wele
amonges you alle, prynces & Barons, ye haue this night full ofte
28 awaked to stodie aduise yn this high werke, where-yn we be / In
whiche we may wynne the glory of heuen / the honour and renome
of the worlde / and aquyte vs of the charge þat is youen vnto vs.
So praieth you, my lorde that here is / that it plese you to counseile
32 hym / and he is redy to execute it to his power. The kynge his
fadir hath ordeyned hym ther-to / and for that cause sent him
hider" / aftir tho wordes, Dauyd hym self praide them the same /
and than he bisought the Constable of ffraunce to speke first / for
36 he was moost noble man of the company, and not werst puruaide of
good aduise / it was no meruaile, for he was one of the chief of the *the Constable of France*
Reaume of ffraunce. Then spake he, & seide / "y meruaile moche, *advises*
my lorde, of so wise a kynge as is the kynge your fadir, that he
40 hath sent you hider yn this grete & noble company, without

44 The Constable of France and Admiral of England advise Delay.

hauyng one only man of that same reaume that ye shold aryue yn. vndir correccion / me semeth it a grete defaute / for as longe as oure enemyes wille / we shalle take no londe here / seyng the Soudan & alle his puissaunce bifore vs, and we not knowyng the londyng, whereby we haue neither Wisdam nor policce to helpe vs / also the kynge of Sizile is not aduertised of oure comyng / wherfore y wote not what to counseile you / but best, me thinketh, it were to sende vnto the kynge of Sizile, and byde stille here til theire comynge ageyn / But ther is o sore point / they that shalle go, knowe not the way / ne where they shalle fynde hym / but y make no doute, if they may haue grace to come to hym / the kynge shall purvay for them to be conduyted surely y-nough / I can se noon other wey but this / for the more y thinke on it / the more straunge me semys the matier / wherfore y can not wele geue you counseill, ¹but biseche youre Lordship to axe ferther of them that haue sene more than I. ffor often tyme they that haue grettist charges be not moost wise / & so farith it by me / but as for my parte, y am redy to obeie you / and do you seruise as is commaundid me / and to bileue the counseile of wise & noble men, bettir knowing suche matiers than y, wherof many may lightly be founde in this notable company." Dauid vndirstode wele that the Constable was yn displeasir, by cause they had noon ther of the Reaume of Sizile that might conduyte them / and so he askid forth the Amirall of Inglondes auise, whiche in alle poyntes folowed the Constable of ffraunce / & shewed more sad matier to be troubled than did the Constable / and spake as he that was not pleased, leyyng grete charge to them that had the conduyte of the armee² / and Dauid of Scotland askid ferther, but he fonde noon that coude take a ferme purpose. Thus as they were yn argumentes, without any conclusione takyng, they that were in the somer Castells & toppis of the shippis / that might easely se alle them that were a londe, perceyued verrily that the Soudan and alle his armee was withdrawen more than the draught of an arowe; & anoon they tolde thies tidynges to dauyd / & to alle theym that were with hime, whiche forthwith went vp on the shippes / an sawe it was trewe that they had seide / Som of them seid the Soudan did this for to haue bataile, & to haue the cristen men at lesse defence / & som seide that he withdrewe him for the grete losse he had yisterday with the gonnes & shotte of cristen men / whiche he wolde no more abide.

² ? MS. ariuee.

alle they that were there, seide that they withdrewe them for they
might not wele feight so ny the water, seyng the smalle vessells so
wele furnyssht / Than they concluded to go thider ageyn / and it
4 was ordeyned that they shold go, that went the day a-fore, with
many moo yn their company / so than was the houre apointed / &
to euery man deliuerd the charge of such feliship as shold go at
their conduyte / whan the houre came, alle men went to their ves- *The Christians man*
8 sells / and in especiall, grete nombre of yong knyghtes & Squyers, *their small vessels, and*
moo than had done the day a-fore / & whan they were assembled / *advance.*
they spredde their vessells as they had done the day bifore. Of
the tothir parte / grete nombre of Turkes came out of their pauylions
12 toward them, makyng semblaunt to defende the londe;· they that
were withyn the barges & Galiettes, in alt haste nyhed the ¹Londe, [¹ lf. 32, bk.]
& then feyned the turkes to withdraw them, for the grete shote of *The Turks make a feignd*
oure cristen men / this seyng, they of the Galiettes approched so *retreat;*
16 nye that they might a lepte to þe londe if they had wolde; & so
they had done, if it had not be defendid fro them / the turkes that
were yn the trenches & in the pittes, that were so wel made that
their shot was alt a longe the see side fro place to place, & was so
20 wele garnyssht that no thinge failed; and whan they sawe the
barges & Galiettes so ny, that they might no nerre with-out
londyng, then lepe they out of their trenches / with so horrible a *their men in the trenches*
noise & cry, as though it had ben alle the ennemys of helle; & alt *leap out and fire.*
24 at ones shotte with gonnes, serpentynes & culuerynes, arblastes,
crosbowes; & alle suche ordenaunce as they had / they lete go at
ones; and whan the turke herde this noise, he made to caste vp a
cry & a noise amonge his folkes, & drewe thiderward in suche
28 maner that alle our folkes were a-ferde; & not without cause / for
many of their barges were a londe, & had fewe gonnes or serpen-
tynes to defende them self with / and they were araied in suche
wise / that they were almost destroied / for the moost part of them
32 withyn / were so hurte that they might not helpe them self / the
remenaunt durst not shewe them, for the grete shot that came on
them / moreouir, ther were at this first encontryng .iij. or iiij. *Three or four Christian*
galiettes & barges drowned / wheryn many a notable knight & *gallies and barges are*
36 squier endid their lyues / It is not to questioune / þat our folkes *sunk, and many men*
þat were in þe grete Nauee, & might se þis grete infortune / but *kild.*
they had asmoche sorowe as þey might bere / for yn þis litle
Nauee was þe flour & þe choise of alle þeir yong chiuallry / full
40 feyne wold þey at þat tyme a bene a londe to a uentured their lyues

yn the helpe and rescuse of their frendes / but for alle their discomfort / it might now be noon other. The turkes did their deuoir to destroie the cristen / and the cristen put payne to saue them self / without makyng any othir warres, the moost part of them came ageyn to the grete Navee, Wherof were hurt without nombre / & many of them dyde that were hurt with the gonnes & serpentynes / whan all this was endid / they tolde of their losse / hou viij. of their smallest vessells were drowned, wherof neuir a man escope, beside all the remenaunt that were hurte / this day hath done asmoche harme to þe cristen men as sholde a done a grete bataile, for suche as were of hy & grete corage, that wolde auenture them / the moost part was dede. [1]There was the sorowe & complaint that eueri man made for his frende / aswele for the hurte as for the dede / whiche were to longe to reherce. ¶ I shalt leue of this sorowe, for the writyng therof annoieth me / and I retourne to the Soudan & his company / that make grete ioie this night / thinkyng that for a bigynnyng this was a faire auenture / and knewe wele by them self of the night a-fore / ynne what discomfort the cristen men were / and gretely honoure they The knyght that hadde yeuen them this conseile. that nyght concludid they to tary there stille, til the cristen Navee was withdrawen, for the grete losse & sorow that they had / this nyght was yn the cristen Navee no counseill nor conclusion taken, for euery man had y-nough to do, to visite his frende / there is no sorow nor mysfortune but it most passe. So on the morowe Dauyd assembled his counseill; and aftir that he had made the compleyntes & lamentyng of them he had loste, to their nyest frendes / he praied them euerichon to take this auenture yn pacience, & to shewe their best counseill in this matier / & for to reherce the opinions of eueri man, it shold be to longe, I shalt go to the conclusion, that was this / they apointed two notable yonge knyghtes, hardy and wise of their age, and wele aduised, & ordeyned them to take that night a Galee / and more than ij. leegis from the Soudans puissaunce thei sholde londe / & put them in deuoir to take som maner of persone walkyng yn the feldes, whiche sholde teche them the wey to the kynge of Sizile. whan this was apointed / they leide the charge of the message on thies two knyghtes, whiche were bothe of Scotland, whiche charge was no thinge elles but that they shold telle by mouthe, what auenture was befalle to the cristen Navee / and all for lakke that they had no man of that countre that coude conduyte them / and that they wolde

The Scotch Spies meet an artful old heathen Woman. 47

abide ther / the messangers / xiiij. daies / and if thei retourne not
withyn that time / they wolde departe / for they had no lenger
vitaile. Thus departed the two knyghtes / and euery man praide
4 them to do wele their deuoir; so they went to their vessells, &
slepte there til it was night / than toke they their course toward a The two
grete wode / that semed a two leegis from the Soudans hoste / then Scotch knights land,
they toke vnto them vitaile for ij. or iij. dayes, & armed hem
8 lightly, & toke theire sheldes and their swerdes / and eche sware to
abide by other yn alle auen¹tures; & wele might eche of them trust [¹ lf. 33, bk.]
othir, for they were cosyn germyns, comen of the best lynage yn
Scotland, as of Barons / and of their age of them self moost renomed.
12 So moche did they that, vnperceyued or knowen of any persone,
they came to the forseide wode. this forest was ful longe, and but and get to a wood.
litle wey fro thens was the place fro whens kynge ffirabrace de-
partid whan he was taken / and that forest endured to the playne of
16 Tapyr / that Olyuer, fferauntes brother, had yn gouernaunce. Now
ar thies ij. knyghtes londid, and made their praiers to almyghti god
to be their guyde, and conduyte hem from alle them that wold hurte
them / then they wilke forth thorugh the forest til it was day / &
20 when it was day, they perceyued a grete hy wey, that was moche
vsyd & betyn with horsis / it was a wey that went to a Toure of
kyng ffirabrace / & assone as they might / they leste² this hy wey /
and toke a more wilde wey in-to the foreste / alwey costeyng by
24 the same wey, to the entent to mete with some laborer that might
auertise them where they were / so long they went til they came
out of the forest / and were almost at the Towne of ffounde / where They come near Fondé,
a grete garison was of the Turkes / and they dred to come yn any
28 toune til they knewe more / and withdrewe them ayen in-to the
forest / they had gone but a while, but they mette an olde woman / and meet an old woman,
that bare a fagot on hir hede of stikkes, that she hadde gedird yn
the wode / and whan she perceyued thies knyghtes, she knewe
32 anoon be their abilment that they were not of the turkes, & she
dred hir moche, & seide vnto them in such langage as they might
wele vndirstonde / "my lordes, preised be ihesu criste / that y
haue founde you here, for y se wele ye be cristen / & forsothe so am who pretends to be a Christian.
36 I / and for that y wote not that ye knowe this contre / y wol aduise
you to be ware / for on that honde is a grete garison of the Turkys
folkes." and this seide she, for she thought they had sene the
place, by cause they sholde haue the more affiaunce yn hir / when

² ? for lefte.

the knyghtes herde her speke / they wende wele she seide trouthe, and came the more out of the wode to speke more to hir / and askid whiche was the nexte place that hilde of the kynge of Sizile / she seide it was but .iiij. myle thens / and that a knyght had it in gouernaunce, that was called Olyuer, whiche was Brother vnto the Seneshall of Sizile; & she seide that but a litil while syne / the Soudans brothir, kynge ffirabrace, was taken prisoner bifore the same place / the ij. knyghtes were ioifull of thies ¹tidynges, & praiede the woman that she wold bringe hem thider / she made semblaunt of haltyng, as she might not wele go / for there was no thinge she drede more than to come yn to that place / for she was knowen ther for the worste & the moost vntrewe that yn hir tyme lyued / then asked they hir, what wey they myght holde / and she tolde hem the trouthe, & shewede hem whiche wey they sholde take / and that shold not faile them til they came withyn a bow-shot of the place / than bitoke they hir vnto god / and helde forth that wey aswele as they might. & whan they were out of hir sight / she leide doune hir fagot / and ranne yn suche wise toward the garison of the turkes, that she semed not lame / for vnnethe an horse might ouirtake hir; so fast she ranne / that by than she came to the place, she might vnnethe speke / and whan she was brethed, she called the Captayne & tolde him all that she had founde, & hou she thought they were not of the Reaume of Sizile; & hou she had counseiled them / for she dempte they were of the cristen armee / that is nowe come, "and if ye wille, they may not escape you, for y shall brynge you where y lefte hem" / whan the Captayne herde this olde woman / he callid his folkes, & made hir to reherce the tale ayen bifore them; & so she did, & seide verily they had no horses, but wente a fote, & drewe toward Olyuers place / wherto they might not come but by ij. passages / thenne apointed he xx^{ti} of the garisone to go forth in ij. partes to the two passages that they thought thies ij. knyghtes sholde passe by / and sent forth othir .x. with this olde woman, to wite if they might fynde them nere ther she lefte them / Thies ij. cristen knyghtes, that sawe this olde woman renne thus whan she was departed fro them / and that she was not lame as she had seide / knewe full wele what hir entent was / & wherfore she ranne so fast toward the Sarasyns / wherfore, as wise knyghtes of warre, they drewe them ferther yn-to the wode / yn-to the thikkest therof / costeyng alwey as the woman had taught them / so that they came neither yn hy wey

nor path / but costeyde forth as streight as they coude, towardes the
place / And for the turkes, that y haue tolde you rode to the ij.
passagis / they toke no grete hede to the reporte of this olde
woman / but seide amonges them, [1] "oure Captayne is wele occupied [1 lf. 34, bk.]
to geue any credence to the seyng of this olde woman / that is wors
than the blak deuell of helle; it may as wele be that she doth this The old
for the harme of vs, as for the hurte of othir / it is not good to woman's report is pooh-poohd.
trust to moche yn hir sorowe / haue he that hastith hym ouir faste
for her wordes / it is goode we auise vs wele a-fore / for Olyuers
folkes be men of grete vertu and worthynesse / and if we approche
their place, y suppose we shall not retourne without debate" / with
suche wordes rode they forth al easely, so longe til one of the x.
that were to-gedir, perceyued the ij. knyghtes comyng out of the
wode, & toke the wey to Olyuers place / whiche was not fer fro
them. & when the turkes perceyued hem, they spored aftir them The 2 Scotch Knights are attackt by Turks.
in all that they myght / the two knyghtes vndirstode wele that they
were enemys, & fled toward the ffortresse / but they were so nere
them / that they ouirtoke them withyn lesse than a bow-shotte to the
toune & ffortresse / & whan they sawe they might no ferther, they
put on their helmys / and aredied hem to their defence, & made a
syne to them of the place for helpe, & set them self ayenst a tre,
& defendid them ayenst all .x. The wacche of the place, that sawe
wele all this, sende worde to Olyuer herof in all haste, whiche
came vp anone on the wallis, & sawe wele alle the feeldes aboute /
that there was no moo but they, & that they were so nere his place /
wherfore he had no drede to make his folkes issu out on them / &
anone they came to the socours of thies ij. knyghtes, that wele and Oliver sends his men to
manfully faught / & be than had slayne ij. or iij. turkes / & made succour the 2 Scotch
suche way aboute them / that their enemyes durst not wele approche Knights,
them. the turkes perceyued þe comyng-out of þem of the place,
and durst not abide them / but anoñ fled streight toward the wode,
but ther was noon that folowed hem / for assone as Olyuers folkes
came to the ij. knyghtes, they taryed stille with them / and brought who are then
them yn-to the toune to their maister, that resceyued them with brought safe to the fort-
grete ioie whan he knewe what folkes they were / and askid ress.
them of their tidynges / whan the knyghtes sawe Olyuere, they
thankid god of his grace / that had brought them yn-to his handes;
and than they tolde him all the pitous & sorowfull auenture that
was falle vnto the cristen the day bifore their departyng / the dis-
comfort of Dauid, the kynge of Scottes sone / & of alle the Prynces

THREE KINGS' SONS.   E

of ffraunce, Englond and Scotland, that were there / & ¹hou they
wist not where they were / nor herde no worde fro the kynge of
Sizile, wherof they thought grete meruaile / seyng that he was
assertayned of their comyng / of tyme & houre of their departyng /
and neuir had sente one only man vnto them / wherfore they toke
grete displeasir / and were gretly annoied towardes him, & had
sente them / vpon their retourne within xv. Dayes / or ellis to go
their wey / and tary no lenger / Olyuer excused the kynge as moche
as he might / for he sawe wele it was nede / & that the cristen had
cause of displeasir / So made he the knyghtes all the chere that he
coude, & promysed to conduyte them to the kyng of Sizile, that
was but ij. dayes iournay thens, of whiche kynge we wol speke
nowe, for we haue lefte of hym a grete while.

The kynge of Sizile, knowyng verily the Armee made by the
iij. kynges, assembled the thre estates of his lond, and
helde a grete counseilt, to take aduise hou he might con-
duyte & gouerne him, the ceason he abode the comyng of the
cristen armee / eueri man counsciled hym to reise alle the power of
his lond, a litle bifore suche tyme as the cristen armee shold arryue /
accordyng to this auise he did / and sent for alle maner abile men
of warre / & anoon without any delay they came vnto him /
arraied and accompanyed as wele as they might / thenne shewed he
vnto them / the hope & comfort that he had, to haue socour of the
cristen men / and the kyng was then wele accompanyed aftir the
pouerte of his Reaume / and the grete losse that had fallyn ther-
to / & for they of the reaume had moche leuer dye / than to con-
tynue yn suche case as they had bene a grete while / for this cause
came alle maner of folkes / eueri man for his parte aswele abiled and
accompanyed as they might / In like wise the kynge of Hungry,
that ioyned to the reaume of Sizile, hadde arredied him & alle his
power, to mete with the cristen men at their londyng / accompanyed
with the kynge of Sizile, trustyng at that day to se the warres
endid / Thus the kynge of Hungry, wele acompanyed, abode eueri
day to here tidynges of the cristen / but noon he herd / whiche was
a grete defaute yn alle partyes / For lakke of sendyng eche of them
to othir, grete harme befille, wherof was grete pite. The kyng of
Sizile, abidyng tidynges, was asserteyned by his Capteynes that the
Soudan had assembled alle his people, ²as they vndirstode by suche
of his folkes as were taken prisoners / and that he purposed to
encountre the cristen armee, whiche was ny the costes, as he vndir-

stode. The kynge, knowyng for certayn thies tidynges from many places, toke the felde with alle his folkes, a thre leegis from the Soudan on that on side of hym / but his puissaunce was not to
4 dele with the Soudan and his hoste / & than toke he counseilt what was to be done yn this matier; and they auised him to ley seege to a place that was named fosses, whiche was but iiij. myle fro the porte where-as the turke lay. This sholde be but for a
8 maner to holde his peple to-gedir til the londyng of the cristen armee / & to thentent to cause the Soudan drawe thiderwarde til the cristen might londe / for he entendid to hoolde no seege ther / for and the Soudan came / he wolde withdrawe him / for he was not
12 able to dele with him / thus was the conclusion taken / and as yn maner of a seege, loggid him and his folkes bifore the place, where he was the same tyme that the ij. knyghtes came to Olyuer, whan he promysed them to conduyte hem to the kynge in ij. dayes.
16 ¶ On the morowe fult erly, whan the ij. knyghtes were wele restid at their ease, Olyuere puruaide for them .ij. good horsis / & conveied them so wele that he brought them to the kynge / and with the lesse peyne he might do so, for alle the hethen men were with the
20 Soudan / saue only they of the garisons, whiche were not right wele furnyssht with folke, as it shewed wele by the place that the kynge of Sizile lay bifore / thus as the ij. knyghtes and their guydes rode / they questioned of the kynge of Sizile & his puissaunce / and
24 Olyuers folkes tolde hem the grete paynes, hardnesse, mysery, & pouerte, this pore Reaume had endured / and than they tolde hem / hou, bi-fore the comyng of the cristen armee / a man like an Aungel yn beaute, to seynt George in worthynesse, was come vnto them, &
28 sith hys comyng, they had neuir but good auenture / and alle their dedes & emprises were come to good conclusion / and tolde them of the ij. first good auentures that fell sodeynly at his first comyng, and tolde alt the maner hou they fell / and that sith his commyng,
32 one Sizilion was worth vj. turkes, and byfore, vj. of them were not worthe one turke / and that nowe the turkes might not endure ayenst them / of thies tidynges were the ij. knyghtes wele comforted / and desired no more of god, ¹but that their company were
36 ones assembled with the kynge of Sizile / And for to knowe more of this yong man that was newe come in-to Sizile / they asked his name / "for sothe," seide their guyde, "whan he came hider, his name was Le Desparueu; but for that euer man hath sene yn him
40 so moche wele & noblesse / the ladies of the courte haue named him

Sidenotes: While waiting, the Sicilians and Hungarians besiege Fosses. Oliver brings the 2 Scotch Knights to the King of Sicily, and they are told of the wonderful acts of Prince Philip.

[¹ leaf 36]

Le Surnome ; for they sawe him yn no thinge dispurueid that longid to honour / thus now his name is Surnome. And if ye wilt knowe him, it nedith not to desire any man to shewe him you, but beholde the moost faire and amyable, and the moost likly of the 4 kynges armee / and that is he, and by this ye may lightly knowe hym" / The ij. knyghtes of Scotland rode forth aH ioifully, hering thies tidynges, & had grete meruaile that yn the persone of one man might be so grete cause of preise, desiryng moche to se him / 8 so longe they rode, that they approched the kynge of Siziles hoste / and at their welcomyng, there was right a grete assaute at the place / and they alight as folke of right high corage, and went streight to the saute / & fonde ther many pavis throwen to the erthe / and eche 12 of them toke one, & went to the wallis, beholdyng who did best / & they sawe, by force of defense, that the saute began to waxe lesse / & many folkes to withdrawe them / for there were many of the cristen woundid & sore hurte / but at the laste, they sawe at o toure 16 one of the kynge of Siziles parte that valiauntly fought, and for no thing wolde descende, but rather was maister of that toure / but he had noon erthly helpe / wherfore he made a syne to his company that they sholde retourne / hou-be-it ther were fult fewe þat drewe 20 thiderward / for euery man helde hym vttirly destroied with-oute remedy. men might se wele a-fer that he was sore assailed / but meruailously he defendid him / so that noon durst abide a stroke of his hande. he was so hy a-lofte that nedid to drede, neither gonne 24 shot, ne stone cast / nor no hurt they might do him, saue only with strokes / and the turkes dred his strokes so moche, that they durst not abide him ; thus, as half taken, was he vpon this toure, & sy hym self at a mischief / wherfore he made synes to the people, geuyng 28 them corage to come ageyn / thies ij. forsaide knyghtes of Scotland had be their but a while, when they herd cry, " Le Surnome is lost / but if he haue socour / whiche sholde be the grettist hurt that euir befelt to the reaume of Sizile ;" & anoon they knewe [1]wele that it 32 was the same valiaunt squyer of whom they haue herde speke, whiche stode yn auenture for lakke of socour. than toke they ij. a laddir, and drew them toward the toure / anoon aftir them came many moo folkes, but they were the first, be a good while, that went 36 vpon the laddir / the saute began on alle parties more huger and more sore than it had ben bifore / thies ij. knyghtes of Scotland did aH their payne to come vp / & to make them to be knowen of Surnome, as wele as of them of the hoste. wherto they did aH the 40

diligence that any noble men might do / & many tymes were put
doune of the ladders / & many tymes remounted ayen. Surnome, *Prince Philip*
seyng the good wille of them, thought, with the helpe of god, to
4 make them better wey / & so betoke him-self to god & blessid him /
& auaunced hym-self amonge the turkes that were on the walles
a-boute the toure, delyng them suche lyuerey, that many he slewe /
and the remenaunt fled bifore hym / and so made he the two *and the two Scotch*
8 knyghtes of Scotland, and many othir, to come vp on the walles / *Knights drive the*
the turkes drewe them to the market place, sore discomfit. the *Turks from the walls;*
kynge & his folkes entred yn-to the toune by the gates that were
opynd vnto them by them that had wonne the wallis. the defence
12 that the turkes made yn the market place ayenst the kynges folkes
auailed not; for, with the helpe of Le Surnome, alle were slayne /
thus was the towne wonne without any grete losse or damage to the *and Fosses is won.*
cristen men / and it was bothe faire & stronge. Thies tidinges came
16 anoon to knowlage of the Soudan / wherof he was right sorowfull,
& knewe wele ther was to hym a right grete losse / & impossible to
him to recouer so many good men as he had slayn there. And
thies ij. knyghtes of Scotland were gretly ameruailed of þat they *The 2 Scotch Knights*
20 had sene that day, yn the persone of Surnome, more than they had *wonder at Prince*
herd sey / then desired they moche to accomplissh theire charge *Philip's prowess.*
that they had to the kynge / and also to se Le Surnome vnarmed,
and that þey might be aqueynted with hym / assone as they myght,
24 they founde vp them that had conduyte them, whiche they sente
to the kynge / to certifie him that ij. of the seruauntes of Dauyd of
Scotland were come to him / fro the saide Dauyd, desiryng moche to
speke with the kynge / seyng that hir message was hasty. The
28 kynge, hou-be-it that his folkes were yet alle out of aray, & that he
wist not where noon of his coun[1]seill were logged, yn asmoche as [1 leaf 37]
the towne was newly wonne / wherfore euery man was loggid without
an herbeiour, he sent them worde that withyn ij. houres he wold
32 sende for them / and commaunded them that had conduyte them, to
holde hem company vnto that tyme / and that they shold put them
yn deuoir to do them all the chere and ease they coude / The
kynge of Sizile, aftir that he was wele loggid, & his folkes, and
36 made gret slaughter, & wanne grete good, he made to seche where
they of his counseill were logged, & sent for them to come to hym;
and than sent he for the knyghtes of Scotland / that, as ye may wele *They are sent for by*
thinke, had not chaungid their abilementes / for their somers were *the King of Sicily.*
40 not ther / they came to the kynge, their visages grete and swolne of

The Harm that the King of Sicily has done his Allies.

The 2 Scotch Knights tell the King of Sicily

the strokes that they had resceyued, & salued him right honorably, as knyghtes of honour that had be right wele acostomed to do suche thinges / yeldyng thankes to god of the grete and good fortune / that he had that day / geuyng hym a grete commendacion and preise / seyng that the place that he had wonne at this tyme, was not conquerable without the grete grace of god, and worthinesse of his persone & of his noble chyualrie / aftir this, fro Dauyd of Scotland,

that the Expedition of his Allies have waited at Gaeta,

the prynces & lordes of the cristen Armee þat at that tyme were yn the see bifore the port of Gaiette / made they semblable recommendacion, seyyng to the kynge / that for to do seruyse to Ihesu criste / to hym, & also to his Reaume, this grete and mighti armee was sent fro the iij. kynges, of ffraunce, of Englond & Scotlande, of the whiche Armee, Dauyd, the kynge of Scottes eldest sone, is chief / and he and alle the prynces and Barons of his company meruaile, yn-asmoche as ye were assertayned of the Armee by their propre

and not had one message from him,

messangers / and of the day of their departyng / and yit haue they not one only messanger fro you / nor your auertisement hou they shold be demeaned, nor haue not yn their company one man of this Reaume ; whiche thinge gretly abasshith them / that so mighti a kynge, so porely hath condite so grete an acte / wherethorugh hath folowed moche harme & shame to the cristen men / And there they

so that the flower of their army has perisht.
[¹ lf. 37, bk.]

tolde of the grete ynfortune that felle to the Armee the day bifore their departyng / and enformed the kynge that the flour of chiualre of the cristen armee was fult ny lost that day, ¹and so many of them were slayne / that it was grete pite to reherce : this sore annoied them, and so ought it to the kynge yn whos seruice they came / seyyng ferther, that if they had not right sone tidynges from the kyng, that it was not possible for them to abide there / for this infortunat day caused grete displeasir amonges them / so þat

He must therefore send to them soon.

Dauid had right grete peyne to kepe them stille / for whiche cause they fult humbly requyred the kynge to be hastily spedde, for such was their charge. The kyng of Sizile, heryng thies wordes & tidynges that the ij. knightes had tolde him, hou-be-it this day had be right ioifult to hym of the takyng of this stronge towne / yit was he sore troubled yn his corage, & seide / " they shold be answerd & delyuerd the nexte morowe," for he desired moche to se this hy and noble company / to the whiche he was as moche beholden as he might be / " and y beleue verily that ther is the flour & choice of chiualrie / for yn you, faire lordes, hath be shewed this day grete noblesse / and if alle your company be such / it may be called the

4

8

12

16

20

24

28

32

36

40

flour of chiularie of the worlde / for ye haue made you more to be *The King of Sicily praises the 2 Scotch Knights.*
knowen this day in this company, bothe of the worthy men and of
cowardes / than they that haue ben moche lenger here / y leue full
4 wele your visages be vnknowen to cowardes, but the abilementes of
your bakkes might wele y-nough be knowen of alle them that were
behinde you. with them y was / & therfore y knowe your abilement
wele / y leue / he that was yn the toure knowe your visages bettir
8 than y do / for ye shewed them vnto him / that at that tyme had
ful grete nede of socours." The knyghtes thanked the kynge full
humbly, that for so litle deserte yaue them so grete honour, &
seide / "that he allone that was yn the toure, to their conceite was
12 cause of the good auenture that day; & it semed them / that he *They praise Prince Philip,*
allone suffised y-nough for half them that were with-yn, for ther
was noon that durste abide his strokes." As they were yn this
talkyng, Heraunt the Seneshall, & Surnome his seruaunt came yn
16 to þe kynge / & assone as þe ij. Scottyshe knightes sawe Le Sur-
nome come yn / by the report þat they had of them þat had con-
duyte them / þey wist for trouth it was þe same / for, so goodly a
man ne saw þey neuir. & þan thought þey þat it was he þat
20 was on þe toure, & for the vois that þey had herde amonges the
people that cried "helpe Surnome þat is on þe toure" / þey
thought certeynly þat the name that the [1]Ladies had geuyn hym, [¹ leaf 38]
was more propre for hym than the first name / for god and nature
24 had highly puruaiede for him. Assone as the kynge sawe hym yn
the Chambre, he came to hym / & embraced hym / & seide to the
knyghtes of Scotland, "knowe ye this man?" / that one answerd *who is intro-duced to them by the King. They call him the Nonpareil.*
anone & seide / "for sothe, sir, yea; and y sey for trouthe that he
28 is Le nounpareil that euir y sawe or herde speke of. and god of his
grace long contynue hym, for by the name that renneth on hym
now he is vnarmed, we knowe hym; and by his dedes and prowesse
whan he was armed to-day, we iuged it shold be he also / and I wote
32 wele, whan our maister, Dauid of Scotland, shall here that we haue
sene yn hym, he shall put hym yn grete peyne to haue his
acqueyntaunce / for we knowe certaynly that the gretest desire that
he hath, is / to haue acqueyntaunce with Valiaunt folkes / and knowe
36 wele that his body, his power, and his goodes shalbe as redy this
gentilmannys, as his oune." Le Surnome thanked them alle shame- *He thanks them.*
fastly of the honour that they gaue hym / prayng god that the
hundreth part of this that they seide, might be yn hym / for he
40 knewe full wele that this preise came of their goodnesse / for an ilt

hert deyneth not to preyse anothir. " I sey this, for that this day, ye
that were vnknowen, haue made to be knowyn yn eche of you, yn
one houre / more than this is yn any of this company ; and for
sothe y haue to day knowen you more be sight than any man yn 4
this hoste / and the kynge that here is / ought to thanke god & you
of his good auenture." Yf y shold reherce the wordes of honoure
that were bitwene Le Surnome & them, y sholde haue to moche to
do / but e[ue]richon to his power honoured his party. ¶ Aftir this 8
talkyng, the kynge made to conduyte the scottissh knyghtes to their
loggyng, & commaundid them to be honourably serued, and wente
him self to his counseilt to wite hou he shold do to the cristen
Armee / & there were they longe debatyng this matier / And at last 12
they were of acorde to sende notable folkes to Dauyd of Scotland,
to the prynces & Barons of his company / desiryng them that they
shold departe fro thens, & drawe to a-nothir porte, that was, Le
toure de gretuz / and there esily & without any perile they might 16
londe. albe-it that the port was som what more daungerous, yit were
it not so grete auenture for them the londyng ther / and they
thought, if the cristen Armee were [1]onys Londid, sone aftir the
turkes sholde haue more than y-nough to do. The knyghtes that 20
sholde do this message, were ordeyned that night, whiche on the
morowe by tymes entreprised the viage with right good wilt. The
Scottisshe knyghtes were sent for / and the kynge of Sizile seide
vnto theym yn this wise / " my frendes, and right wise Valiaunt 24
knyghtes! y haue herde the credence that by you was sent me fro
my good cosyn, Dauyd of Scotland / and my good frendes, alle othir
princes and lordes ther / yn the whiche ye haue right notably
declared the mysery that they haue suffred for the honour of oure 28
blissed creatore / and for the socours of this pore and desolat
Reaume / whiche is to me right soroufult to here rehersid. and for
to make myn excuse, y knewe verily by my folkes that y had sent
to the iij. kynges, ther answere / and what tyme the Armee shold 32
departe / but neuir sith, by them nor noon of them, had y neuir
tidynges, by letteres nor othirwise / and for that ye knowe wele / the
thynges chaunge often yn so hy matiers / y wist not what to thinke,
for y supposed verily to be assertayned fro them of their comyng / 36
which, and y had knowen it, had not be conduyte as it is now / but
tho thinges that god wolt haue suffred, may not now be amendid /
therfore remytte we alle thinge to the wilt of god / And to go to the
conclusion of the surpluis of this matier, to puruey the best that 40

may be doñ, y haue ordeyned iiij. knyghtes of my folkes, that *4 Sicilian Knights* *guide the 2 Scotch ones back*
knowe best the conduyte of thies marches / and they shal put them
in deuoir to brynge you ayen to your maister / & declare vnto hym
4 suche conclusions as y haue taken with my counseilt / whiche to
their power they shalt helpe to execute / and shall not departe fro
hym til he and y be to-gedre ; & so ye may puruay to departe whan
it pleasith you / and they shall be redy to accompanye you" / whan
8 the scottissh knyghtes had herd the kynge, they were right wele
content of his Answere, and toke their leue of the kynge / whiche
gaue eche of them a courser, and othir grete giftes ; and thus they
departed / and iiij. knyghtes of Sizile with them, whiche conduyte
12 them so wele, that they brought them to their maister ij. dayes *to the Allies.*
bifore the terme that he had set to his seruauntes. and at their
comyng, it is no question if ther were ioie thorugh alt the company,
for they wende neuir to haue sene the houre of their retourne. And
16 after their comyng was knowen, ¹and that they had brought iiij. [¹ leaf 39]
knyghtes of Sizile with theym, the prees was grete a-boute theym /
as wele of the frendes of thies ij. knyghtes, as othir that helde them
half lost / & were right ioifull that they had accomplisshed their *They are joyfully welcomd,*
20 charge, to their grete honour. & eueri man desired to knowe of their
tidynges ; but, as good & right wise knightes, they tolde nothinge til
they had spoken with their maister / and assone as they might,
they went vnto hym, & lefte the knyghtes of Sizile accompanyed
24 with many a noble man / til tyme they knewe the pleasir of their
maister / what tyme they shold bring the knyghtes of Sizile
vnto hym.

And aftir their comyng vnto hym / there had they a lawde,
28 honour & thanke that they so valiauntly had accomplissht the charge *and thankt.*
he had geuyn them. than tolde they hym hou they had spedde, and
that .iiij. knyghtes of Sizile were come with them to enforme hym
of alt the kynges entent / and to abide stille with hym til their
32 londyng. Of thies tidinges was Dauid right glad, and alle they in
his company / and anoon sende forth ayen thies .ij. knyghtes, with
many othir notable men in their company, to fecche them of Sizile.
And anoon they came ayen / and brought thies iiij. knyghtes with *The Sicilian Knights*
36 them, whiche fult humbly salued Dauid & alle the lordes of his *are introduced to Prince David.*
company / yn recommendyng the kynge, their maister, to them, &
to alle the noble chyualrie & company that was yn this armee / they
were resceyued right ioifully of Dauyd, and of all the lordes that
40 were present / they performed their charge, so as ye haue herde

before, that the kynge gaue them at their departyng / & offred them self to the accomplishment therof / and to helpe to conduyte them without departyng fro them / til the kynge & they were mette with the grace of god / Aftir their credence herd / they were ledde to an 4 othir faire vessell, wele accompanyed with knyghtes & squiers. and the counsell abode stille to-gedir, to take aduise vpon this message, what was to be done / and so they concludded. In-asmoche as the kynge of Sizile had sente thies knyghtes to conduyte them / that 8 on the morowe alle the maisters shold be warnyde to aredye them forward, and on the next [1]day be-tymes to put them yn the garde & conduyte of thies knyghtes of Sizile that the kynge had sente them / Alas, fortune! whan a man weneth to be moost sure, than 12 is he nere his daungere; for sone aftir this apointement and this grete ioie, there befelle suche infortune that it was grete Damage to all cristendome, as ye shall anoon here / this counsell, takyn, the knyghtes of Sizile were sent for / and tolde them the conclusion 16 that was taken amonge the lordes / wherof they were wele content, and thought the conclusion good. than euery man departed, and brought the knyghtes of Sizile to their loggyng, and did them all the honour and chere that men myght do yn suche cas. Dauid made 20 his knyghtes that he had sente yn-to Sizile, to suppe with hym that nyght, to telle hym and the Constable of ffraunce, & the Admyrall of Englond of their tidynges, bothe of their departyng & of their demeanyng, and of all the manere of the contre / than the two 24 knyghtes tolde hem suche tidynges as they knewe, and of the olde woman / yn what wise she wolde a betraide theym / and hou they escope, and were reskowed by fferauntes brother / and hou he made them to be conduyte then in alle haste to the kynge of Sizile, 28 whom they founde assautyng right a faire towne / & wanne it. than they tolde the noblesse of Surnome, and all the honour they hadde herde of hym, and all that they had sene hym do / & what honour he put them to bifore the kynge / and hou he was the moost 32 amyable persone that euir they sawe, daies of their lif / and they wende that nature coude not, nor neuir sholde, make no suche / And so moche they seide of hym, that alle the lordes that were there / and alle othir, had grete meruaile; and if the knyghtes that tolde it had 36 not ben of their age the moost renomed of sadnesse & trouthe yn the cristen Armee / they coude not haue bileued them / for suche worthynes, bounte, & beaute, semyd them ympossible to be yn one persone. Also the knyghtes seide of the kynge of Sizile moche 40

A tremendous Storm breaks over the Allied Fleet.

honour / and tolde yn what maner he excused hym, wherof alle the lordes that were there thought them self coulpable, seyyng, "verily that they did ille, þat they had not sente one to hym bifore the departyng of the armee fro Scotland, for to haue had som of his folkes to be conduyte by. Nowe was alle thinge yn suche cas that it was past remedy" / wherfore they praied god that the remenaunt of their viage might be [1]bettir conduyte, and more to their honour and profite / Than tolde they hem that, "by the noblesse of Le Surnome / the hardynesse of alle them of Sizile was redoubled / for where .vj. of the Turkes haue put to discomfiture .xx[ti]. Sezilions & moo / at this day it is the contrarie; for it faileth not, but vj. Sizilions are worth xx[ti] turkes / and they thynke verily / that, and they myght ones ioyne with the turkes, they sholde lightly wynne the ouir hand of them." The iiij. knyghtes of Sizile suppid yn a nother vessell, rehersyng ther all the wynnyng of the towne, and the manere of the ij. knyghtes / and howe they were knowen for their prowes; & reported grete honour of them / and seide vnto hem that accompanyed them / "if alle ye be such as they .ij. are / I wote wele the turkes shalle not longe abide you." Of this tidynges were alle they ioifulle that herde hem, and coude the ij. knyghtes right grete thanke, that so wele aquytte them / and so did they to the knyghtes of Sizile / that so honorably reported them. Aftir soper, eueri man drew hym to his loggyng / for to be vp on the morow betymes, for to redye hem to departe the next day / thus eueri man went to his vessell. Nowe I pray god conduyte them / for this nyght toward the point of day befell them a meruailous harde fortune, as ye shalle here folowynge.

B Etwene midnyght and the point of the day, grete wynde & tempest aros vpone the see, yn such wise that the shippes tombled as they shold alle to-breke; and at the point of the day the tempest was grettir than bifore / and the wawes came with such violence, that eueri wawe came in-to the shippes, and ouir them an C. galons of water at ones / oure goode cristen men, seyng this huge tempest, fell on their knees with their handes ioyned toward the heuen / bisechyng god of mercy, rehercyng vnto hym that they were departed out of their contre & possessions to do hym [2]seruice, & had also forsaken fadir & modir, wif & childe, only for his seruice, bisechyng hym to geue hem that grace / that they might wele retourne ayen yn-to their contrees. At that tyme was the noise so grete a-monge the Nauee, that the Soudan & alle his

The Allies confess that they ought to have warnd the King of Sicily of their coming.

[1 leaf 40]

The 4 Sicilian Knights praise the 2 Scotch Knights.

A tremendous tempest rises.

The Allied fleet pray God for mercy.

[2 lf. 40, bk.]

company were full ioifult / for they might wele here them / and a myle beyonde that he was. It is to thinke, that of this grete and hidious tempest they were gretely reioised / trustyng it sholde do grete hurt to the cristen armee / and so it did / for this tempest contynued til the sonne risyng / and brought them to suche necessite that they cutte their cables & drew vp their sailes, and put them alle in the auenture of god / many shippes were dryuen forth with the wynde / some caste hider and thider with the wa[w]es / that had neither saile ne maste / nor noman so hardy that durst conduyte the steerne; som of the shippes russet to-gedir, that they alle to-brake; & some drawe forth, waityng but dethe. The Erle douglas, that was in Dauid vessell, made the moost pitous compleyntes that any man might make; for he sawe wele by the shippes that perisshed & drowned afore hym / and also by othir that he sawe dryue forth with the wynde, som without either saile or maste / that alt was yn auenture to be drowned / than seide he thus / that alle might here that were aboute hym / "A! ffortune male-eurus / I thought me highly honoured to haue in my conduyte the eldest sone of my souerayn lorde, yn so grete a seruice as the seruice of god / nowe se I wele, that to god pleasith neither his seruice nor myn / but rather we must dye / and ende oure lyues wrecchidly / and of þat dethe þat yn this world y moost dredde. A! my creatour! I pray the resceyue the sowles of my maister and of vs alle yn this company, yn-to thy glorie / and knowe wele, that for the[1] we are in this cas, and for doyng vnto the, seruice / we are come to oure dethe" / Such wordes and compleintes made the Erle Douglas, that was a full wise and a worthy knyght / and yit was that vessel stille at ancre, and so was noon of the company but they / they thought with euery wawe the vessell sholde alt to-breke / "& than," seide the maryners, "it behoueth to put vs in the auenture of god." the yonge Dauyd, seyng this dolorous fortune, was agreable to cutte the cables / and anone as they were cutte, the vessell smote a londe streight before the Soudan / and brake all on peces / and so ther escope noon, but alle were drowned saue Dauyd and Erle douglas, and vj. othir persones, that with helpe of boordes droof [2]to Londe, whiche was ther ny / then had the Turke of his cruelte com-maundid, that if any of fortune came a-lyue to londe / that they sholde sle them without raunsome / and whane his people sawe this yonge Dauyd, they came to sle hym / and that, sawe the Erle

[1] the = thi

Douglas, and sterte bifore hym / to diffende hym / but his helpe
auailed not / for anoon he was slayne at his maisters fete / and so
were alle they that came with hym / saue hym self / and he, seyng
4 hym in this daunger, withdrewe hym, and set his bakke ayenst a
litle rokke was ther / trustyng to diffende his lif / and that it shold *Prince David*
be dere boughte to som of them that wolde sle hym / & than he *defends himself,*
thought his dethe sholde be the more easy / and that eueri noble
8 man of honour wolde haue the more pyte of his dethe / so put he
hym vttirly yn the handes of god / and leyde so aboute hym that
noman durst approche hym / for he slewe of them many. The *and kills many Turks.*
Soudan, that saw the armes that he did / yn his hert had grete
12 despite / and spake a-lowde / " what! shall o. cristen man discomfort this armee / if there were any noble man amonges you, he shold
endure but litle while " / he had a sone of the age of xx^{ti} or .xxiiij^{ti}
yere, that behelde all this, & had grete pite of this yonge lorde of *The Sultan's*
16 Scotland, that so manly diffendid hym / and meued with suche *son, Prince Orcays, pities Prince David,*
pite / ayenst the will of his fadir, he went to hym, brekyng the
prees / & made eueri man to withdrawe fro hym / and sithe seide
vnto hym / " my frende, thou seest clerely that thy strength may
20 not auaile the / & that thou stryuest and feightist without reason /
but yelde the to me with thy fre wille / and I shall brynge the to
the Soudan, and pray hym for the." whan pore Dauid herd thies
wordes, he was not of a grete while so glad as aftir the auenture
24 that god had sent hym / for he knewe wele that he had spake to
hym / was a lorde of grete estate / bothe by his aray / and by the
obeisaunce that alle men did vnto hym / and thus he answerd hym,
" My Lorde, ye se yn what cas y am / if I feight in diffendyng my
28 lif, noman blame me, for I haue sene your folkes take litle pite oñ
any of vs / alas! what may vj. pore persones do ayenst alle your
company, whiche were fallen yn your mercy / & humbly asked
your grace & mercy / and, sauf I. allone, they are alle slayne / many
32 folkes shalle calle this rather rigour & tiranny than any honour /
but of the offre that ye haue made me, right humbly, my lorde, I
thanke you / and I. yelde me to you / here is my swerde" / whiche *who gives up his sword to*
he delyuered hym / & seide, " In you is my lif and dethe, whiche, *him.*
36 ^{1}had not be the trust of youre assuraunce, y wolde a done my [^{1} lf. 41, bk.]
peyne a litle lenger to diffende / so demeane ye me as it pleasith
you." And this yonge sone of the Soudone, named Orcays, assured
hym on his feith. and aftir that, was noon so hardy that durst
40 approche hym / thus was yonge Dauyd takyn / & brought by

Orcays bifore his fader / whiche made hym take of his helme / and sawe hym, of visage and body, of right excellent beaute / and saide to his sone, "ye wol nedely take this man prisoner / but it is bettir lete hym dye than lyue, without he wol bileue as we do / for he is 4 meruailously shapen to do armes, as ye haue sene hym proued by experience / and if ye be so content / me thinketh best / that men delyuer the worlde of hym lightly" / this yonge Orcays, heryng his fadir, was yn grete sorow and displeasir / & thought yn him self 8 that he shold sle hym also with his prisoner / and seide vnto his fader. "My Lord, the first prisoner that euer was taken with my handes y haue brought bifore you; the payne that y had yn takyng hym was not grete / without any stroke he put his trust yn me / 12 where noman durst come ny hym / & leue not / that yn one man be the power to destroie this company / wherfore ye nede not to haue no drede of hym / but ye may do with hym & me your pleasir / for y thinke not he shalt die without me / seyng the feith that I haue 16 promysed hym; and if any othir than ye lay hand on hym, he may be sure to repente it, for y shall diffende hym to my power while y haue any lif" / and thies wordes seide Orcays so vigorously, that his visage wex al rede. All this vndirstode wele, this yonge Dauyd, 20 with visage assured / as he that abode the dethe / without hauyng any regarde to his lif, seide to the Soudan yn this wise / "Sir, y holde me wele ewred of the wordes I haue herde you sey of me / & be ye assured, yf y die, y shall die with ioie to thynke for whos sake 24 it is / for of my lif y rekke full litle / if it please my creatour, y haue lyued y-nough / sith this day y haue sene so many a notable man die befor me / and y haue no will to leue their company / for y am wele assertayned that be this houre their dethe is to them right 28 ioifull / I am yolden to this lorde bifore you vpone his feith / y wote not who he is / but forthwith y aquyte hym therof, & pardone hym and you also my dethe / prayng to our lorde, at my dethe to resceyue my soule." The Soudan, heryng his sone speke, seyng 32 hym vtturly wroth, had pite of him / and all-be-it he was [1]right hard / yn corage ayenst alle cristen / yet had he pite also of Dauyd / that so hardyly spake, & with so stable manere, abidyng dethe with suche corage / that to beholde, he was all recomforted / and so he 36 answerd his sone, not geuyng hym no surete of his prisoners lif / bade him lede his prisoner where he wolde, so he were kepte sure / " and y shall take aduise here-on / and shall speke with you / and y doute not, aftir ye haue herde me, ye shall be content of that / that 40

I wolt do" / Thus this Orcays sent forth his prisoner; but for drede
that men sholde do hym any hurte, he kepte hym all that nyght yn
his chambre, without departyng fro hym, for he knewe the cruelte
of his fadir such that, & he might gete him at large / he wolde
make hym to be slayne / and thenne wolde he laugh ther-ate / as
though a had made kyl a dog / or som othir vnthrifty beste / and
for thies doutes kepte he contynuelly his prisoner with hym / and *The Turkish Prince*
as a bridde is assottid on hir make / so was Orcays of Dauyd. *Orcays is captivated with Prince David the Christian.*
¶ Aftir this grete tempest was thus befallen vnto the cristen
Navee / ye may thinke welle / that the vessells helde not alt one
wey / for som arryued by infortune amonges the sarasynes / wherof
12 som were kepte as prisoners / and some were put to pore ocupa-
cions, as to kepe shepe & bestes / for they solde the cristene men as *Some Christians are sold like chattels and treated like dogs by the Turks.*
they wolde selle catelle / and they that had bought theym, bete
theym euery day like dogges, and they did not wele that / that they
16 had yn charge / the tothir vesselles to whiche god wold extende his
grace / aryued / som yn ffraunce, som yn Englond / som in Scot-
land / many aryued yn othir cristen reaumes / wherby the sorow-
fulle tidynges were sone spredde thorough-out alle cristendome / and
20 sone came to the knowlage of the kynges of ffraunce, of Englond
and of Scottes / that were hugely sorowfulle of that ynfortune / and
eche of theym made grete enquerre aftir their frendes & seruauntes /
but noon ther was that coude assertayne theym what folkes were
24 saued or loste / eueri man trusted his frende were sauf, their hertes
desired it so moche. The kynge of ffraunce vndirstode verily that *The Kings of France, England, and Scotland grieve over the losses of their Expedition.*
the moost parte of his folkes shold retourne / so did the kynge of
Englond and the kynge of Scottes / that euery day herkened for
28 tidynges of his sone, þat he loued asmoche as any fadir might do
his childe / and trusted moche yn the wisdam and conduyte of the
goode Erle Douglas / that had the gouernaunce aboute hym / A
grete while thought he that he herde no tidynges of them .ij., for
32 ¹there were come many othir / & of the reaume of Scotland were [¹ lf. 42, bk.]
not loste past .vj. shippes / the Erle Bussaunt was sauf, & many
othir notable men of Scotland / the grete losse was in Dauyd
vessell, for it is to thinke that yn his vessell was many a notable
36 man. Of Englond came ageyn many / bothe the Admyralt / and
the moost parte of the noble men that went forth, but som were
loste. Of the reaume of ffraunce came ageyn many / but the goode
Constable abode / men wist not whedir he was drowned or takyne.
40 ffor final conclusioun, eueri man of this thre reaumes trusted wele

that their frendes were sauf. Aftir the retourne of hem that were come ageyne, y can thinke the iiij^th parte of this arme was myssed, of such as were takyn, & suche as were drowned / tho that the kynge of Sizile had sent to Dauyd were saued / as for the two 4 knyghtes that had been with the kyng in message / y wote ner whethir they were saued or not / for y fynde no more of theym.

The King of Sicily reproaches himself as partly the cause of his Allies' loss.

YE shalle retourne to the kynge of Sizile, that fulle sone was assertayned of this ynfortune, wherof he was so sorowfull 8 that noman might recomfort hym / and iuged him self yn party the cause of this auenture; &, as a man enraged with sorowe, cursed the houre of his birthe / & wisshed hym ded / sith thorugh his defaute & negligence, so many notable prynces & lordes were 12 perisshed and dede of so lamentable a dethe / and seide / "y wote wele / and y had aquytte me to them as y shold / they had bene a londe / & noon of all this ynfortune had happed; but wele y wote, the turkes shold sone a be destroied / and this londe set yn a perfit 16 reste / But nowe sheweth wele god / that y am not to hym agreable / and that I haue done some synne that displeasith hym" / ye may thinke that yif the kynge of Sizile had such wordes / that

The Three Kings think this

eche of the iij. kynges, [of] ffraunce, Englond, & of Scotland were of 20 semblable condicioun, thynkynge yn hem self / that the seruise that they did to god was not to him agreable / for by their owne corage they knewe wele they had done this seruise more for veynglory, and to haue a renome, than for the loue of god / and therfore they 24

judgment of God deservd.

thought the iugement of god, and his stroke, resonable / thus their owne conscience iuged. The kyng of Scottes compleyned hym / "Alas! y haue sent my sone, for that the kynges of ffraunce & of Englond put it on me / & for myn honoure y durst not refuse it / 28

[¹ leaf 43]

and yf y had not dred shame, he had ben yit stille with ¹me / at his departyng y had suche sorowe that noman might comforte me / and for thies thinges, y wote wele y haue displeasid god / and haue not done as did Abraham by Isaac his sone / y offred not seruise to 32 god of my childe / but y offred to the worlde, & for drede to haue

The King of Scots says that God has refused the service of the Allies.

had shame / god that is iuste / and that knoweth the condicions of man and their thought, hath refused this seruise, as he did the sacrifice that Caym did / and he hath good right / but myn owne 36 sone, that with my trespas might no thyng do / wente with so grete corage & desire, that me semeth / god ought to haue pite on hym. As for my self, I crye god mercy / & beseche hym to haue pite on my childe / where-som-euir he be" / and thus yn secrete 40

England, France, and Scotland lament their Loss in Sicily.

place the pore kynge of Scottes made his compleinte, wepyng alwey
& prayng to oure lord for his sone / The kyng of Englond, on his *The King of England*
party, remembred also / how longe he had taried to sende socour to
4 the kynge of Sizile / and yit had noon sende hym, if he might by
any meanes a left of / and so he sende more for drede of shame
than for the loue of god / and yit he felte himself ferther coulpable,
for asmoche as he had leide the charge to the kynge of Scottes to
8 sende forth his sone / whiche was so goodly a yong man / and now
is lost thorugh his counsell / and yit he did it to thentent but to
cause the armee to breke / and for this / he thought wele god was
displeased with hym / and of right hath refused his seruise. The
12 kynge of fraunce had sent his armee yn the company of Dauyd / *and the King of France*
alle to a nothir entente than the .ij. kynges did / for he dred, if he *reproach themselves*
sent hem not forth, that god wolde be displeased with hym / for at *as to the Sicilian Expedition.*
such tymes as his sone had often meued hym with the same, & he
16 wold not enclyne to his request, god suffrid him to lese his sone /
whereof he toke suche sorowe that he neuir recouered to that he
was a-fore / and therfore lest god wolde take vengeaunce on hym,
& aftir his dethe vpone his reaume, that was fulle like to be lefte
20 withoute heire / he did to god his seruise / wherfore he knewe wele
yn hym self / that he had done this seruise to god, more fore drede
than for loue / and therfore he thought that god was not pleased.
Thus thies iiij. kynges that ye haue herde of, eche of theym leide
24 grete charge to them self of the sorowfull auenture. But ouir alle *But the King of Scotland*
othir, the kynge of Scottes made grete sorowe, and alle his reaume, *grieves most for the loss*
for yonge Dauyd ; and so did alle the iij. reaumes / for the grete *of his son.*
vertues yn hym, eueri man perfitly loued hym / and thought it was
28 to importable a losse. Thies [1] thre reaumes aforeseide / were yn [¹ lf. 43, bk.]
compleyntes & wepyng, & in especiall for their frendes, that were
not retourned ayen yn-to their contrees / neuirtheles, eueri man
trusted that they were aryued in some othir lande / or takyn
32 prisoners / and that they shold here tidynges of them / and many
contynued yn this hope duryng their lyues, & in especiall women,
suche as myssed their husbondes, that neuir sawe theym aftir / and
some ther were / that in litle while were recomforted with the
36 retourne of their frendes / the fortune of this world is not like to
euery body / But nowe y shall leue of this sorowe, that was made
thorugh all thies reaumes / & retourne to the kyng of Sizile, that, *The King of Sicily*
aftir the destruccion of the cristen armee, was discomforted out of
40 mesure / neuirles, he perceyued, as a wise Prynce, that no discomfort

The King of Sicily holds a Council on what is to be done.

tells his Council

might remedy hym / wherupone he shewed his wisdom, and put aH his trust yn god / and assembled his grete counseH, seyng vnto them in this wise. ¶ "My frendes, eche of you is assertayned of this pitous auenture that is befallen vnto oure socours / yn the 4 which were so many princes and Lordes, that came to vs from iij. reaumes / þat most might helpe vs / and it is to suppose that of them we gete no more helpe / and y holde this company, or the most part therof, loste, whiche kan not be without grete hurte, 8 losse, & sorowe to the iij. kynges and reaumes / and therfore it

that his father, the King of Spain, won't help them;

behoueth vs to take hede to oure self / I haue often sent vnto my fadir, the kynge of Spayne, and we can haue no socour; thens this reaume is yn grete auenture, but god of his grete mercy helpe / and 12 sith it is so / we haue the more nede diligently to beholde what is to do / than euir we had / for oure hope of othir nowe is failed vs / lete vs do oure self what we may / for othir comfort may we not

but they must take heart.

abide / My frendes, I pray eche of you to take good corage / & be 16 content to obeie and abide the wille of oure lorde / & to take suche part yn pacience, as he wol sende / and y sey for me, that haue more to lese than any of you / y shalt comfort me yn god, and yn the helpe of you, my trewe frendes / and yn your good counselt, 20

He will give his all for his folk.

whiche y wol vse, and be redy to auenture my body, my lif, & my good amonges you, requiryng you alle, & eche of you, to yeue me counselt, comfort and helpe / & to auise shortly what y haue to do." Thus the kynge of Sizile spake to his folkes, with teres trikelyng 24 downe on his visage, whiche caused alle them that herde hym to

[¹ leaf 44]

haue grete ¹pite and wille to helpe to diffende his reaume. And they Aunswerde hym: "sir, to holde longe counselt is not profitable, for it behoueth you shortly to conclude; for ye may thinke 28 wele that the Soudan is enhaunced yn suche pride by the destruccion of thies cristene folkes, that hym thinketh the sonne and the sterres shold honoure hym / and that no thinge sholde holde

They say the Sultan will attack them at once.

party ayenst hym / wherfore it is to suppose that he wol come yn 32 aH haste vpone you / ye be not of might to abide hym, seyng their corage is redoubled / & your folkes be amated and alle yn discomfort for this pitous auenture / wherfore y kan not thinke be no meanes how ye may abide hym / but me semeth it is best to take auise of 36 suche as pleaseth you / & that the matier be shortly concluded, for the cas requireth it." The kynge perceyued that the knightes seide trouthe, & asked ferther this knyght was the first that spake, & answerd without tariyng, for him semed that it was tyme, and 40

seide yn this manere / " sir, the cause y presume to speke, is, for the
matier requireth such haste; neuirtheles, lete eueri man sey, in
dischargyng of his honour & trouthe / the best auise that he can /
4 but me semeth / if the thurke knowe you here / he wol come to
besege you; and withoute any faile, if he haue good counsell, he
wol do so / & if he so do / & ye abide him, ye haue no vitaile for
your armee, wherfore ye may not longe holde party ayenst hym /
8 & as for feightyng / y haue seide myn aduise / seyng his folkes so
moche yn comfort, & youres yn dispeire / But me thinketh that yn *Ferant advises the King to leave 2000 men in this towne, that is right stronge & wele furnysshed with orden- himself to aunce, ye may leue a ij. Mł of good men / and a good Captayne, or Naples.*
12 ij. of the moost notable of your armee / And your self, to-night or to
morowe at the point of the day, to departe to Naplis, where-as the
quene is, with alle the remenaunt of your company / whiche hath at
this houre, y dare sey, right grete sorowe yn hir herte; and if the
16 turke came bifore hir, she is yit right febly acompayned. and yf
ye go thider, ye may so wele puruay you, & so wele furnyssh the
towne with men, ordenaunce & vitaile, that if the turke come
bifore you he shall more lose than wynne / for the lenger he lith
20 ther / the more shal he spende of his good and lese of his men, &
shall haue asmoch of youres at his goyng / as he had the first day
he came. And nowe lete vs nomore trust on rescue / but put oure
only truste yn god / and y trust he shall helpe [1] vs bettir than we [¹ lf. 44, bk.]
24 can thinke / a[n]d therfore lete not oure hertis faile vs for noon
y[n]-fortune that is fallen yit / for he may socour vs whan it pleasit
hym" / The knyght that spake thies wordes, was fferaunt the
Senesshall, that gladly was herkenyd of alle folkes / & gaue grete
28 corage to eche of theym / Aftir thies wordes, the kynge askid alle the
remenaunt of lordes, knyghtes and squyers, of their aduise; and yn *The rest of the Council agree.* conclusioun they were of the opinion of fferaunt / & preised gretly
his wit & counsell / seiyng that it was tyme nowe to leue of alle
32 sorowe & lamentacion for any fortune that was befalle / & to put
alle thynge yn foryetyng / sauf only to pray god for the soules of
suche as haue lost their lyues yn thies viage, and eueri man to calle
vnto hym a desirous corage & good wille to auise to the defence &
36 kepynge of the reaume. And they in alle poyntes concluded &
folowed the opinion of fferaunt / The kynge, heryng thies wordes,
was right gretely recomforted & reioised of the corage that his
owne suggettes yaue hym / and ordeyned fferaunt to abide yn this
40 place accompanyed with ij. Mł men, suche as he wolde chese / and

68   *Ferant (with Prince Philip) commands the Garrison of Size.*

So Ferant is made Captain,

chooses 2000 men (with Prince Philip),

and places his artillery.

The King starts for Naples.

[¹ leaf 45]

The Sultan is fild with pride,

and boasts of the favour of his Gods.

made hym Capteyn of them all*e*. fferaunt refused not, but rathir / with good herte & noble corage, right gladly toke on hym the abidyng & garde of that place / and right lightly chase oute the nombre of ij. M̄t; and eche of theym bode w*ith* hym with right 4 good wil̄t / for the grete wisdam & noble þ*a*t was yn hym / whan Le Surnome knewe that his maister abode, ther was no thinge coude make hym so glad / for he thought wele to se this towne biseged / whiche he had neuir sene to-fore, trustyng euery day to 8 do armes, whiche was the thynge he moost desired / and thought hym self wele fortuned to be yn seruyse with suche a maister as fferaunt was.   thus al̄l the nyght fferaunt leide & establisshed his ordenaunce yn the moost propre plac*es* / wher-of he was right wele 12 p*ur*uaide / And at the pointe of day came to the kynge, that than was at masse, and redy to departe / & so he toke his leue of hym and of all*e* his company, certifiyng hym that he shold kepe that place to his power / and not departe therfro but acordyng to his 16 trouthe & his pore hono*ur* / Aftir masse, the kynge toke his leue to departe, of fferaunt and all*e* his company, prayng them ful̄l hertly that eche of them wold peyne hym to do wele, and to obeie fferaunt their Capteyne / whiche he had lefte ther as his ¹lieuten*au*nt, p*ro*- 20 mysyng hem alle that, in obeyng fferaunt, he wolde con hem asmoche thanke, or more, than if it were to his owne p*er*sone.   Thus depa*r*ted he fro them / takyng the² wey streight to the place where as the quene was, & his doughter / and al̄l this while he was in 24 grete thought & drede ; neuirtheles he comforted hym in al̄lmighti god, in whom was al̄l his truste.   fferaunt abode stille in the place / and be than the sonne was vp, he had delyue*r*ed eue*r*y man his charge, suche as he thought them moost meete vnto / ¶ Now shalle 28 we retou*r*ne to the turke, that was on the see side, in suche pride that almoost noman durst approche hym, & wende wele to be kynge of al̄l the worlde / and that his renome sholde sprede ferthir than euir did Alisaundres.   The night aftir the p*er*dici*o*n of the 32 cristen Navee, he made him to be serued more rially than euir he was bifore / and al̄l that day abode yn his loggyng, for the fortune endured til̄l it was nere noone / so aftir soper he sent for his folkes, to take a conclusion of his depa*r*tyng, & seide vnto them : " Sires, 36 ye se wele the grace and myracle that oure godd*es* haue shewed for vs this day / ye haue sene that, in t*ur*nyng of an hande / the grete pride of the cristen is ouirthrowen / and ye may wele thinke that

² MS. they.

the kynge of Sizile and alle his folkes shalle now lese corage, know-
yng the myracles of oure goddes; and their hardynesse shalt falle &
mynyssh / and contrary therto, I trust oures shalt encrease / for we
4 may clerely se that oure goddes wolle helpe vs / & we may be called
of slak corage, & vnhappy / if we wynne not yn short tyme the
remanaunt of this reaume, that is full ny all oures. And it be- *The Sultan says they*
houeth vs to put peyne to the rescuse of my brother, the kynge of *must rescue his brother,*
8 Peerce / that y suppose haue grete sorowe yn his herte, that he was *the King of Persia,*
not here this day / to se the miracle that oure goddes haue shewed
for vs / wherfore lete vs put our deuoir to accomplisshe the reme-
naunt that oure goddes haue so wele begonne" / and eueri man
12 concludid that it was tyme nowe to put hem in deuoir, and alle
accorded yn one, that the Turke, with all his grete might, shold
ley sege to the towne of Size / that was wonne but late by his *and besiege Size.*
enemys / and he sholde wynne it as lightly ayen / & they thought
16 wele that there was noon that durst abide the auenture ther,
without the kynge were there him self; and if he were there, they
wold trust sone to haue hym / to this conclusion helde they,
¹trustyng that yn that place, nor yn noon othir, shold they fynde [¹ lf. 45, bk.]
20 noon that might endure ayenst hem / for they thought alle their
enemyes were discoraged / and they auised the turke to abide ther
ij. or iij. daies, to thentent that he & alle his folkes might departe *The Turks dawdle for 2*
at their ease and leiser / whiche turned hem rather to hurte than *or 3 days,*
24 auantage / for their abidyng was to fferaunt & his folkes gretly
auailable / for yn that tyme thei fortified their towne bigger than *while Ferant strengthens*
euir it was / for there was neither knyght ne squier but labored *Size.*
right diligently ther-yn / who had sene the labour that Surnome
28 toke / and knowyng what he was, wold a merueled / for like as he
past them alle yn armes / paste he them alle in labour / and that he
did it with so good wille that alle men had ioie to beholde hym /
Thus in litle while they were so wele fortified & assured, that they
32 thought right longe of the Turkes comynge.   [*Illumin.: knights, poor men.*]

Ow came the day that the turke had apointed to departe.
ye knowe wele that it is a grete daies iourney to departe
with suche a company / he went that day but a leege and a
36 half fro thens as he lay / and sent some of his fore-riders to her-
kene tidynges of the kynge of Sizile & his company / and they toke
some of the pore folkes fulle ny the garison of fferaunt / by whom *The Turks hear that the*
they knewe for certayne that the kynge of Sizile was departed, and *King of Sicily has gone,*
40 had lefte a grete garisone yn the place that he had wonne; & they

purposed to kepe it, & defende it ayenst the Turke & his power / and they tolde hem also / that as for the mysfortune of the cristen men þat were drowned yn the see / the hardynes & wille of the Sizilions was no thyng mynysshed, but rather encreased, for they sawe wele they had noon othir comfort but god, and with his helpe they purposed to defende them self and their goodes to their [¹]power / his knyghtes retourned ayen þat night yn-to the turkes hoste, where they reported as they had herde & founde, & brought the pore folkes that they had takyn, by-fore the turke / that herde hem speke, and fonde yn them the same that his foreriders tolde hym; wherfore he purposed on the morowe to be loggid but a litle leege from the place that he purposed to ley sege to. That night Orcays felle in questionyng with his prisoner, & askid him his name, & of what blode he was descendid / and what he purposed to do / shewyng hym that by reason he ought to turne to their feithe, seyng the gre[te] miracles that their goddes had shewed / with many moo wordes / whiche were to longe to reherce / but in conclusion he seide vnto hym / that pouerte shold not lette hym to be of their creaunce / for if it were his pleasir to be so / he shold be most yn fauour aboute hym of alle othir.   Dauid answerd hym / and of his grete bounte right humbly thanked hym / and if his wille were to turne to othir creaunce than his predecessours had alwey holden, the grete loue & honour of hym that hath saued his lif / shold rather make hym to enclyne ther-to, than any othir thinge / but he was determyned yn his feithe to dye / for to suffre as grete martirdome as was possible any man to endure / wherfore he bisought him to speke no more ther-of, for it sholde be in veyn / but humbly beseching hym from thensforth to helpe hym / for yn his contre he was a gentilman / but at this houre he trowed there lyued not a porer nor a more redeles / and as for his name, it was Athys / and trustid that his fadir & moder were lyuyng, which were of full little power to helpe hym, or to brynge hym oute of thies daungers.   whan Orcays herd hym thus sey, he had grete pite of hym / & askid him if he had any maister / or whedir his maister were dede / Athis answerd hym / "the same to whom y obeied, was slayne euyn at my fete there as y landid / wherof grete sorowe befelle me, & me thought it grete cruelte / for he wold a yelde him to the Soudone / that, aftir his takyng, might a done with him what he wolde / as ye may do with me whan it pleasith you / that of your grete bounte haue saued me vnto this tyme."   Orcays was right sorowfull that

he might not turne his prisonere to his beleue / and sawe wele that
their company might not longe contynue, whiche greued hym right
sore / for moche he loued hym, for that he ¹sawe hym bothe amy-
4 able, wise, and worthi / and bithought hym self hou he might saue
hym / for he knewe wele / that with them might he not abide
without holdyng their lawe / or ellis dye / and he knewe wele that
his fader desired gretely his dethe / & so he remembred hym of a
8 good costom that was amonges them, whiche was alwey kepte
amonges notable princes, and by that he was verily assertayned to
saue his prisoners lif / The costom was this / than whan the sone
of a kynge or of a grete prynce had taken a prisoner, and the first
12 that euir he toke yn his lif, what-som-euir he were worth / if he
were not the chiefteyne of the warres / he shold horse hym &
harneyse hym honorably, and geue hym a C. scutes / and make
him to be surely conduyte vnto his parties / & thus thought he to
16 do by his prisoner / for he knewe wele his fadir might not lette hym
ther-of / for, and he did it, shold be to hym an ouir grete reproche /
In this thought went he to his fadir, and seide vnto hym / "My
lorde, ye knowe wel that by the pite y had of a cristen gentilman
20 the tothir day, at the fortune that befelle them, y toke hym with
my handes prisoner / and saued his lif / wherof ye wolde a done me
grete wronge / yf ye had put him to dethe, contrary to my promys &
assuraunce / whiche had be to grete a shame, if my first feith that
24 euir y yaue yn armes, sholde a be so shamefulli broke / wherfore if
y² were soroufull & somwhat greued yn my mynde, ye ought to
take no displeasir / for y knowe wele what the costom ys of alle
reaumes here a-boute / & also of your self and of your predecessours /
28 that whan they haue ben in suche cas, they haue delyuered hir first
prisoners / & y am remembred for certayne that ye haue done the
same yn your tyme / and y trust verrily that ye wilt in no thing
amenysshe me / & that ye haue noon othir entent / but that y may
32 & shalt do / as they of the lyne fro whens y came haue done bifore
me / that is, to geue leue to my prisoner / and to araie hym as y
ought / with this / to make hym to be surely conduyte vnto the
cristen folkes ; and hereof humbly y beseche you /" The Turke
36 herynge his sone speke yn suche wise, coude hym yn his herte full
grete thanke / & knewe wele that, by reason & honour, his request
might not be denyed / albe-it that of this delyueraunce his hert yaue
hym right ille, for-asmoche as he had sene hym do so moche yn

² MS. ye.

Prince David decides to go to Ferant, besiegd in Size.

The Sultan agrees.
[1 leaf 47]
armes. Neuir[1]theles he agreed to the request of his sone / and bade hym yet assay to conuerte the cristen man vnto their lawe. His sone saide / þat so he had done / but in no wise he wold be agreable therto. Thus departed he from his fadir / & wente to his 4

Prince Orcays tells Prince David, and asks him where he'll go.
prisoner, and tolde him alle howe he had downe with his fadir / and that a conclusion was takyn that he shold departe on the morowe, wherfore he wold wite whider he wolde go / either to the kynge of Sizile or elliswhere / for whider that euir he wolde / he wolde 8 puruay him to be surely conduyte / and tolde hym that on the morowe they alle sholde departe to ley sege to a cristen place, that but litle bifore was conquered on his fadir / and tolde him hou it was not stronge, wherfore it might no while be kepte ayenst hem. 12 when Athis herde thies tidynges, that ther was a cristen place so nygh, that sone sholde be biseged / yif he were glad, it is no demaunde / and aftir the thankynges that he made vn-to Orcays his maister / as right wise & wele aduised, & as he that coude all 16

David says, to Size,
honour / he saide vnto hym / that for no thynge wolde he go ferthir than to the next place, not shewyng no semblaunt that it was of any desire to be yn the warres, but for drede to be ferre conduyte / and for periles that might ensue therof / and he enquerid 20 of Orcays who was withyn that place / he answerd, "that it was

and its commaunder, Ferant.
one fferaunt, the Seneshall of Sizile, that was there" / Assone as Athis herde hym named / he knewe wele that it was the same with whom the Valiaunt man dwelled, that he had herde so moche speke 24 of / and if his wille were bifore to go vnto that place / it was more now by a C. part / Orcays his maister, of good wille counseiled hym to the contrary, seyng / "my frende, this place may not endure ayenst oure power / and if ye taken wit-yn it / y know, my lord, 28 my fadir is such a man that all the worlde may not saue you / wherfore y counseile you to drawe to som other parte / and drede not, but y shalt se you to be surely conduyte." But for no thynge that Orcays coude sey / coude he meve Athis from his opinion, 32

So Prince Orcays equips David,
wherof he was right sory. Then he yaue hym the best hors that he had, and the harneys that he was armyd yn hym-self / whiche was at that tyme as good & as faire as any might be / and yaue him an C. floreyns / & concluded that on the morow, when they 36

[2 lf. 47, bk.]
came to their loggynges, [2]he wolde sende hym surely conduyte to

and tells the Sultan all about it.
the towne. Than tolde he his fadir thentent of his prisoner / by the whiche purpose he ymagyned more & more, that yn this man shold be right grete honour and corageous wille / nertheles, sith he 40

Prince David is handed over to Ferant by Turkish Heralds.

had promysed his sone, he wolde not breke his promes, but was
agreable to that his sone had ordeyned / and on the morowe they
departed, and came withyn litle while to the towne / and than
4 Orcais called his prisoner, and saide vnto hym / "Athis, my
frende, the tyme is come now of oure departyng / but, & my com- *Prince Or-*
pany were asmoche desired of you / as youres is of me / it sholde *cays is loth to part with*
be harde to make the departyng / nertheles, y had leuer we sholde *Prince David.*
8 departe, than my fadir shold put you to dethe / se yondir the cristene
towne that my fadir entendith to ley sege to / but y pray you, go
not thider / & y vndirtake ye shalt be saufly brought whidir euir
ye wilt ellis / but y know wele, and ye go thider, ye may neuir
12 departe thens withoute dethe." Athis answerd then, & seide, "my
lorde, y betake me vnto the garde of hym that hath brought me
here; and sith that it pleasith you to do me this grace, to yeue me
leue, I beseche you that y may be conduyte to yondir place" /
16 Orcays toke him forth with him, & brought him to his fadir / to
take his leue of him, all armed as he was. The turke was at that
tyme out of his tente, acompanyed with many prynces / he sawe
his sone bryngyng his prisoner, & seide to theym / " se, my sone,
20 how grete desire he hath to delyuer this man / and he hath right /
but all-wey my herte yeueth me ilt ther-of" / and some of theym *The Sultan's heart mis-*
seide / "my lord, what may o man do by his delyueraunce / litle *gives him.*
harme may growe ther-of" / and at this wordes approched Orcays /
24 and seide vnto his fadir, all smylyng / " my lorde, y haue brought
you this cristen to take his leue / thus abiled as ye se / & yif I
might haue bettir apoynted hym, y wolde with all my herte." The
prisoner alight, & toke his leue at the Turke & alle the company
28 that was ther / & humbly thanked Orcays his maister / prayng god
to yeue him grace to do some seruise to his pleasir, sauyng his
feith / and thus departed he, acompayned with many herowdes of *But David is taken to*
armes purceuauntes, that brought hym to the barres where fferaunt *Size, where Ferant is.*
32 was, & desired to speke with him / & saide vnto hym in this wise,
"My lorde! Orcais, sone to the Turke, oure souerayn lord, at this
last auenture that befelle vpone the cristen by a vessell that brake,
¹some of theym came to Londe, amonge whiche this was one / & [¹ leaf 48]
36 taken by the handes of the said Orcais; & mo was ther not saued /
And yn asmoche as this is his first prise, that by reason & for his
honour he wolt not withholde / he hath sende hym you hider yn
suche cas as ye se hym / certifiyng you, that from hensforth he hath
40 done his deuoir / if any mo fal yn his handes." fferaunt, heryng

the heraudes speke, knewe wele that yn suche cas euery prynce or grete estate doth the same, and seide vnto the heraudes / " Orcais, your maister, hath done his deuoir / & hath right wele, and honorably aquyte hym. and nowe may ye withdrawe you whan it pleast you"; and commaundid wyne, & made them drynke, and did them all the chere that he coude / and askid them whedir þey shold sone be biseged / the heraudes answerd / " ye may se grete liklihodes." & more seide they not / for at that tyme they were seruauntes committed, aswele for on part as for othir, saue for their feith / Aftir the departyng of the heraudes, Athis entird yn-to the towne / ther was none acostomed so moche to honour and chere to straungers as Le Surnome; and he made him to be brought to his loggyng / & made him to be vnarmed & wele loggid / & wente to se him / and whan he saw him vnarmed / he saw him so goodly a man & so personable, and yn alle his wordes so wele assured, that he had grete ioie of hym / thus eueri thinge sekith his semblable / for he that was a kynges sone had grete fauour & loue to the kynge of Scottes sone / and suche loue felt bitwene them, that alwey aftir endured / and he loggid him with himself / and parted with him such goode as he had / and neuir varied they yn wille or opinion / neuirtheles Athys alwey put hym to grete honour, & concludid verily yn his herte, that neuir to no man wolde he discouere what he was, but tolde euery man that he was a pore gentilmannes sone of Scotlande. that night he was brought to fferaunt / whiche questioned him of the manere of takyng of hym / and the fortune that was befallen them yn the see / & he tolde him all the trouthe / and he askid hym specialy of the knyghtes of Sizile that the kyng had sente / & he seide he knewe not what was befalle of them / than were they sore bemoned of fferaunt and all his company / for they were full notable men / than praide they hym to telle them the trouthe of his takyng / and so he did / sauyng of his owne noblesse, he [1]spake not / but seide / " had not be the grace of god that he was taken by the turkes sone, he had be put to dethe as alle othir were, for there was none that escape a lyue but he " / eueri man that herde him reherce his auenture, thought he had grete fortune / and thought he might not faile to be a man of right grete honour. fferaunt was right ioifull of hym / and also that Surnome hadde takyne hym yn-to his company / wherof he coude him right goode thanke. the night came / and euery man drewe hym to reste aftir the Vacche was set / and yn the morowe betymes, euery man aroos, and herde masse /

[1 lf. 48, bk.]

Ferant, Prince Philip, and Prince David sally out of Size. 75

and armed hem / for they knewe wele / that day the sege sholde come / wherfore they were alle redy to abide suche fortune as sholde befalle them / for they knewe wele that the Turke had sworne to take that place with assaute / and to do by them as the kynge of Siziles folkes did by his / but god of his grace had othirwise puruaide / for a grete parte of his pride was abated bifore that place. ¶ Now came the day, and the hoste of the turkes, with grete sowne & noise of taberynes & beaumes / they departed at sonne risyng in iij. bataills right wel ordeyned / and diuided theym selfe yn thre parties, and delyuered the charge of the tone partie to Orcais his sone / and the tothir to his Constable / and the iij^{de}. to him self / and thus alle raungid & set, euery to the place that he sholde abide yn for that day / for they durst not come ny for gunnes / but they thought, whan the night was derke, to come nere / & to establissh their sege / fferaunt, seyng the conduyte of his enemyes, had the yates shut, without suffryng any man to go oute, & made no semblaunt of warre, for this cause / that the turke & his hoste sholde haue more hardynes to come nere ; and so did they / euery man came to his place apointed, & did their deuoir to dresse vp their loggynges, whiche were a good wey a-sundir / for eche of the iij. bataills were loggid by them self. The Turke, seyng no semblaunce of warre of them yn the towne / toke suche a company as pleasid hym, and went to his sone / to se the maner of his loggyng & of his gouernaunce. fferaunt, espiyng hym ther / whiche was a man of meruailous witte & prowesse, seide to his folkes / " Me semeth / seyng the besynesse that oure enemys haue to logge them / and that we be loggid at auauntage, we ought to visite them, and to go se them a litle ner / for it semeth than that here is nobody / but they shalle haue knowlage that there is " / euery ¹man that herde this seyng was anoon horsed. And fferaunt ordeyned / that ther shold go yn his company but .v. C. ; & an othir feliship sholde be redy to releue them, if nede were / and at that yate they roode oute, he ordeyned an othir felisihip with grete ordenaunce of smale gownes / that if cas be / that they were dryuen to the yates ayen / as it might full wele happen them / with the grete company / that their enemyes had, that then they shold leuelle & shote alle at ones / lest their enemyes shold come to ny / And longe bifore was no towne bettir garnysshed than that was. This ordenaunce thus made / the yates were opende / and they wente out at that yate that was bifore Orcays / and the first that went oute was Surnome,

The Turks advance in 3 battalions.

Ferant keeps his men in reserve.

The Sultan goes to see his son's encampment.

[¹ leaf 49]

Ferant leaves 500 men at the gate, with cannon,

and sallies out, with Prince Philip

and Prince David. & Athys, that grete desire had to folowe hym, & to se the meruailes yn Armes þat he hade herde speke of hym. so rode they forth as fast as their horses might renne / tilt they came to their enemys / *They kill many Turks.* at their first comyng, they slewe many / and mightly set vpon the 4 Turke, that was come thider to se his sone / but he and the moost part of his company withdrewe them aswele as they might / whiche, as ye knowe wele, might not be done without grete losse & damage to the Turke & his company / for there were moo slayn of them by 8 double / than they were that assailed them / the crie aroos on alle *More Turkish troops come up, and drive the Christians back.* parties, and euery man assembled and drewe to the Turke & his sone / & than were they so bigge, that by force they made oure folkes to withdrawe to the remenaunt of their company that helde 12 them to-gedir / Orcays, that was yonge & corageous, came byfore alle othir / and knewe anoon his prisoner that was with Surnome, whiche ij. were the laste that withdrewe them / he ranne so ny that they ioyned to-gedir. Surnome, seyng his felawe in daungrre, 16 cam for to socoure hym / but there were so many folowyng Orcais / that, had not their good maister fferaunt a bene, they had neuir retourned yn-to the towne / but he, seyng his ij. seruauntes in suche daunger amonges so grete a nombre of the turkes, with alle his feli- 20 ship, at ones encountird them so vigorously, that he made them to *Prince David takes Prince Orcays prisoner.* withdrawe more than the draught of an arowe. In this recountre was takyn Orcais by the handes of Athis / and many moo prisoners were ther takyne without nombre. The Turke sawe & knewe for 24 trouthe his sone to be takyn / with the handes of hym that the night afore he had delyuered / the crie & the noise was so grete yn the turkes hoste, that he might not haue herde a thondre, & they [¹ lf. 49, bk.] resorted ayen ¹so fast / that by force they made the cristen to with- 28 *The Turks press on to the gates of Size,* drawe ayen yn-to the towne / that were folowed vnto the yatis, which were sone closed / and anoon alle the ordenaunce & Arthery were shotte at ones amonges their enemyes / whiche were so thikke assembled, þer might not faile to be hurte & slayne many of them / 32 *and are thrown into disorder by the Christian fire, which destroys many of them.* whiche brought them alle out of aray / for there were so many slayne & hurte, that it was meruaile / for they stynted not, but leide on them with ordenaunce so sore / that the turkes wist not what to do / fferaunt seyng them alle out of aray, made the yates to be 36 opened ayen, & made a newe scarmysh on theym a foote / at whiche tyme he did grete hurte to the turke and his folkes / that neuir sith were they so hardy to come so ny the towne. The cristen did so moche that they retourned pesibly ayen to the towne. & there 40

were that day so many prisoners taken, þat men might not knowe
one fro an othir / But Athis knewe full wele his prisoner / and
what he had done for hym / and knewe wele also that it shold not
4 ly yn his power to delyuer hym / and he were ones knowen. wher-
fore, of fre and honorable corage, he brought hym oute of the towne
by an othir yate / and seide vnto hym, "Orcais! ye haue saued my *Prince David*
lif / and it is reason therfore that I deliuere you now, & soone, or
8 elles shall it neuir lye in my power. I can no bettir arme you than
ye be / nor bettir horse you / wherfore y gene your hors & your
harneys, that is myn be right. I pray god to conduyte you oute of
alle daungers / and now, saue your self, for it is tyme." Thus lete *quietly lets Prince Orcays*
12 he his prisoner go so couertly, that noman perceyued it / and came *escape,*
ageyn yn-to the towne, where he founde his felawe Surnome, that
was full sory that he wist not where he was / and whan he sawe
hym come, he made him grete chere / and askid hym where his
16 prisoner was / and he seide, that at the last encountryng / he was *and lies to Prince Philip*
slayn. Surnome bileued hym wele y-nough / for there were many *about it.*
slayn, aswele prisoners as othir. ¶ Now retourne y to the Turke,
that, aftir this auenture that was full damageous vnto hym, he
20 lefte good gardes yn his sones hoste, and wente ayen hym self vnto
his tentes, where he was serued with many knyghtes & squyers /
that all that while had kepte stille his loggyng / and at his comyng,
askid hym tidynges; & he tolde them the dolorous fortune that this
24 day was befallen hym / as to haue lost his sone, & grete part of his
people / and of the [1]best / wherof he named grete nombre of hy and [¹ leaf 50]
noble estates and valiaunt knyghtes / after this he seide to theym,
"ye sawe wele that my herte coude not assente to the delyueraunce *The Sultan bemoans the*
28 of my sones prisoner / and it was not without a resone, for y sawe *capture of his son;*
hym this day take my sone prisoner; and aftir he had ones con-
quered hym, he wold not leue hym nor fauour hym, for y sawe
hym lede hym towarde the towne / and yit y know not whedir at
32 the last encountre my sone were slayne or not / or if he be yn the
towne / nor how it is with hym." & amonge, thies wordes he seide
to them / that "there was neuir houre sith y sawe this cristen man
first / but that my herte tolde me that by hym I sholde haue grete
36 damage; and so tolde y my sone alwey / and now hath he founde it."

As they were in this talkyng, euery man makyng doule, came
a man vnto the pauylion, and seide vnto the Turke / "sir, *but then hears tidings*
my lorde your sone, ys sauf / for as me thought y sawe him *of his safety.*
40 come alone from the towne" / The turke went out / and by then

his sone was almoost at him / whiche a-light assone as he sawe hym / & came to hym, & comforted hym aswele as he coude, aftir his grete daungere / the Turke seide, " my sone, this auenture that ye haue had to day, & y had ben bileued, had not befallen you / 4 for yn this partie ye are cause of oure losse / for whan ye were takyne, to haue rescowed you, this grete hurte is befalle me" /

Prince Orcays tells the Sultan.

" truly, sir," quoth Orcays, " that y haue done, y holde for no grete dede / for the sone of a mighti kynge hath delyuerd a felaw that 8 he knew not / which hath not ben scars, nor of so pore corage / but that he hath wele to his knowlage delyuerd the sone of the grettist kynge that leuyth" / Than tolde he his fadir the maner of Athis /

how Prince David set him free.

and the wordes that he had seide / and how he had delyuerd hym 12 frely / & had put him self in iubarde of his lif, if it were knowen ;
" thus haue y do no thyng for hym, yn regarde to that he hath done for me " / the Turke, heryng his sone reherse the grete bounte of

The Sultan fears Prince David,

Athis, more & more in corage dredde hym, and seide / " yn a man of 16 pore condicion ne might be so grete vertu ; and alwey more & more me thinketh he shold do vs harme. Nertheles, what-som-euir befalle, he is a man of hy & noble corage " / than comforted he him aswele as he might / aftir this sharpe fortune & annoy, seyng the 20

and strengthens his own force.
[¹ lf. 50, bk.]

recouerir of his sone, he made to fortifie his sege, and made stronge wacche / for he sawe wele ¹that he had to do with valiaunt folkes. Nowe shal we leue to speke of the sege / and of alle the warres of Sizile, & retourne to speke of the kynges sone of Englond, that 24 conduyte thus, as ye shall here.

Prince Humphrey of England

IT is trouthe, that, as ye haue herde, the kynge of Englond had a sone named Humfray, faire, wise, and right wele condicioned / for as y haue seide you here-to-fore / the kynges made their 28 children yn youthe to be norisshed by notable folkes & wele condicioned / This yonge Humfray, aftir the discomfiture and harde

laments the Allies' losses in Sicily ;

auenture that the cristen had vpon the see yn Sizile / helde the reaume as lost, wherof he had as grete sorowe yn parte, as alle his 32 frendes had ben destroied / and thought wele that the cristen put hem not yn suche deuoir as they shold / and many tymes he seide to his fadir / that " it was grete pite to se thus cristendome

but the King, his father, will not let him go there.

destroied " / The kynge anoon vndirstode wele for what entente he 36 seide it / but for no thinge wolde he sende him forth / he toke ensaumple of the kynge of Scottes, that was yn suche sorowe for his sone, of whom he coude here no worde, that noman might reconforte hym ; and therfore the pore Humfray lost his tyme to 40

Lord Warwick's Son reproaches Prince Humphrey for his Dulness. 79

speke therof / and whan he sy he might haue non othir comfort of
his fadir / he remembred hou the kynge of ffraunce had loste his
sone / & thought he wolde secretly breke with the feliship that
4 were aboute him / as the sones of grete prynces and othir grete
lordes / that in their youthe had be norisshed with hym / and if he
might fynde any of his accorde / he wold departe from his fadir, &
drawe to Sizile; for he thought wele / and he were ones there / and
8 his fadir knewe ther-of, that for no thyng he wold leue hym yn
daunger / but rather sende thider folkes to acompany him / whiche
might be grete socour and helpe to the kynge of Sizile / and in this
thought was he longe tyme or he durst discouer it pleynly to any of
12 his seruauntes. So fortuned, vpone a day he stode at a wyndowe,
passyng trist & pensif / and the Erle of warwikes eldest sone was
there / that long tyme of youthe had be brought vp with hym / so
he came to him and seide, "my lorde! sauyng your displeasir, me
16 thinketh that now of late y haue sene you more pensif & malyn-
colious than euir ye were before / and as me ought yn this wise, y
shewe you the trouthe, that many folkes withdrawe them out of
this courte / and be right sorowfull to se you in this cas; [1]for by
20 youre Lustynes, & Liberalite & frendly manere, eueri man desired to
yeue you attendaunce, and to be acompanyed aboute your persone /
and now they se you of right mate & heuy chere / and if they
come aboute you, ye make vnto them full litle countenaunce, or
24 noon, whiche they haue not ben acostomed to; Wherfore they haue
the grettir meruaile / and thus departe they all abassed and sorow-
fulle, to remember how ye ar turned so ferre from that they lefte
you / and there is noon that moost desire to do you seruise, but
28 that they are annoyed to se you so / ye knowe wele, my lorde, y say
trouthe / for here were many noble men that were right glad to do
you seruyse at their owne coste & charge that nowe be departed.
And this courte is sore amenyssed of noble men / and alle by you / I
32 biseche you, my lorde, pardone me of thies thynges y haue shewed
you / for y can yn no wise hide fro you / that haue brought me vp /
any thinge that y se or here, that shold be to your charge, or
amenyssyng of your grete loos & renome / that of your age hath
36 largely be spred thorugh the worlde" / Thus yong Humfray / hering
thies wordes of this yong sone of warwik / knewe wele that of good
herte, & feithfull loue & seruise, he seide thies vnto hym / and
thought wele he seide trouthe; and forthwith the teres felle from
40 his yen / wherby this yonge gentilman perceyued wele that his

[right margin:] Prince Humphrey resolves to start for Sicily, if he can find friends to go with him.

The Earl of Warwick's son reproaches Prince Humphrey for his melancholy, [1 leaf 51]

which has driven young nobles from Court.

This makes Humphrey weep.

maister might not wele speke / the sorow strayned so sore his
herte / than seide he / "my lorde! y se wele that there is som
thinge yn your herte that sore annoieth you / or displeasith you /
and .I. wote not whethir ye haue or wilt discouer it to any aboute

Lord Warwick's son says he'll risk his life to help Prince Humphrey.
you / but y sey for me, if y knewe any thyng that were to your
annoy or displeasir / and it were possible my seruise to remedy it /
y shal auenture my body and lif to accomplisshe it / neuirtheles y
desire to knowe of youre secretes no ferthir than pleasith you y
sholde knowe / but whan my seruyse may please you ye shalt fynde
it redy, without any Demaunde reseruyng / all-only the kyng, & my
pore lorde, my fadir." whan Humfray had herde his seruaunt &
kynnesman thus sey vnto hym / and offrid his body and goodes for
him / thought wele yn him self that he might trust hym, & seide

Humphrey then tells him
vnto him, "ye haue be norissht vp with me / and y trust certainly
that my wele, myn honour, and preferment, ye wolde as moche as
any man that longith to my fadir or me; and for this y am con-
cluded yn my thought to [1]discouer vnto you myn entent / and

[1 lf. 51, bk.]
notwithstandynge ye haue be brought vp with me of childehode /
and that y haue alwey loued you wele, yit wolt y haue an othe of
you / and what othe y shalt sey you / if that y shalt disclose vnto
you, please you not / nor that ye will assente and agree ther-to /
that neuir, daies of your lif, it shall be opend or disclosed by you /
and this shalt ye promyse me" / and he answerd him / "my lorde,
y wolt wele / for y had leuir dy than euir y shold discouer thinge
that ye commaunde me to kepe" / and here on yaue his trouthe /

that the peril of the King of Sicily
and then he shewid his sorowe in this wise / ¶ "It is so that ye
haue, dyuerse tymes & many, herde speke of the right grete pite &
destruccion / that euery day befalleth to the kynge of Sizile / that
is a kynge of full grete honour, whiche is a grete amenysshment to
all cristendome, & shame to alle cristen kynges that haue their

and his lovely daughter,
reaumes in pees / and he hath a daughter, of whom the renome of
al honour is spred through all the worlde / and the kynge, hir
fadir, might spred haue pees / if he wolde mary hir among the myscreauntes / but he had leuer dy / and þe destruccion of hym & of
his doughtir bothe / than euir, daies of his lif, he wold consent
ther-to / ye may wele se that this cometh of a stable herte / grete

which danger his Allies have not relievd him from,
drede & loue of god / ye knowe the socours that by the kynge of
ffraunce / my lorde,[2] my fadir / and the kynge of Scottes, hath be
done to him / whiche no thing hath profite him / but to him a grete

---

[2] MS. my lorde my lorde.

Prince Humphrey of England discloses his Plan to help Sicily.

hurte / for his folkes are gretly discoraged ther-by / for, as y vndir-
stonde, bifore this comyng, one of them was worth .vj. turkes / and
nowe y se noman that dressith to any socours of the seide kynge /
4 but they thinke they haue done y-nough. I haue many tymes *I've talkt to my Father,*
moued my lorde my fadir, heryn, that litle hede takith to my
wordes, but rathir thinkith my speche ys chyldissh & folie / *and he thinks me silly.*
thus for certayn y holde this good kynge / his fair doughtir and his
8 reaume, lost / and for that me thinkith that euery noble man sholde
be sorowfull of so grete a losse / y can in no wise make good chere /
and this is the principall cause of my sorowe / And y thynke werrily
if y might gete thider / the noble suggettes & seruauntes of this
12 reaume shold can me no maugre / and wolde god that euery man
wold employ hym therto / and that the kynge were agreable to
sende me yn this viage / but that wol he not, for no thyng, y knowe
for cer¹tayne / notwithstandyng all my speche vnto hym / & also [¹ leaf 52]
16 the grete losse that but late is fallen to them that were sent to the
socours / But y shall telle you more playnly myn entente, suche *But I mean*
promyse as ye haue made me / for ye be one of them that y haue
most affiaunce yn / and also y knowe you wele assured, and wise y-
20 nough to conduyte an² hy matier, if it please you / wherfore y pray
with all my herte in especiall, that ye will assente to my desire
with-oute breking it / and helpe me to execute it / and here nowe
what y haue thought / I knowe wele, as y haue seide, that for
24 no thinge, my lorde, nor alle they of his reaume, fro the grettist
estate to the porest degre, ne wol not consente that y shold departe
so ferre fro them / but all that shall not restrayne me / if y may
haue the power, & any that will helpe to conduyte me in this
28 werke, y shalt departe oute of this reaume right honestly acom- *to go to Sicily.*
payned, not as a kynge, but as a knyght / and for this y haue goode
y-nough, & garnyssht wele y-nough / And y wold that "yn the name
of som othir than of me, at som port in this reaume, fer fro this *I want some one to engage*
32 towne, a good ship were ordeyned, wele tak-lee & vitailed, whiche *a Ship,*
sholde alwey be redy to departe / without houre or tyme apoynted /
and abide there oure comyng ; and yn the meane tyme, to ij. or iij.
of my specialle seruauntes & kynnesmen, & othir that haue be
36 norisshed vp with me / vpon an othe y shall discouer myn entente /
& y trust that at leste y shall be acompayned with xvj. or a xx^ti. *and then I, with 16 or 20*
noble men / and euery man, one seruaunt with him / and at suche *noblemen,*
tyme as all shalt be redy / y shalt depart at euen out of this towne,

² MS. and

THREE KINGS' SONS.   G

that by the mornyng, if y be myssed / y shalbe to fer to be ouirtaken
or we come to the port / and then wolt y streight to shipe / and
go vnto the Reaume of Sizile / and whan y am onys ther / y shalt
lete my lorde, my fadir, haue knowlage therof / and what causes haue   4
meued me / and y am sure whan thoos tidynges come to his know-
lage / he, and alle they of his reame, wol be right wele content to
sende suche company vnto me as may be for his honour / whiche
shalbe a grete recomforte to the reaume of Sizile / and þis be cause   8
of my goyng ; & by þis may I trust to wynne the loue of god, and
honour / without hauyng shame ; but this can y, nor may, do with-
out helpe / wherfore, myn owne cousyn & frende, I pray you tell
me, heryn as ye thinke " / This yong sone of [1] warwik heryng his 12
maister thus speke, was not so yong / but that he thought yn his
corage, that this mocion came of grete honour and gentilnes of herte.
and thus he answerd hym / " my lorde, this matier that ye meue,
procedith of an hy & noble corage / a[n]d also the mater is right grete / 16
and y alone, & but yonge / & notwithstandyng, your wordes gretly
reioise me / yit dare y geue you noon other counsell than this that
y shalt sey / ye haue of yong men, thankid be god, that of their
age be right wise & discrete, & that will be trewe vnto you as longe 20
as god woll geue them lif / ye may calle vn-to you iij. or iiij. of
them that ye thinke be moost propre to guyde this mater / and if
it please you, y wolbe with them / and what-so-euer shalt then be
concluded / and ye commaunde me to execute it, y shalt do my   24
deuoir to the vtterist of my power / and thinke neuir, sir / that,
daies of my lif, this that it hath pleased you to seye to me, shall be
opende by me to no lyuyng creature / for y knowe wele the grete
affectione, trust, and fauour, that ye shewede me, discoueryng this   28
matier that is most secrete in your herte / wherof, right humbly y
thanke your good grace / and as for my body, & alle the goodes that
y haue, if my pore company may plese you, aftir ye haue takyn a
ferme conclusion, [I] shall be redy to do you seruise as long as my   32
lif may endure " / his maister thankid him right hertily / & thought
his auise good / and on the morow full erly was steryng, sent for
suche as he wold haue / to whom he had grettist affiaunce / and
without long taryng, to abregge the matier / yn like wise as he had 36
broken to the erle of warrewikes sone, of his entente / so did he to
them that he had sent for / whiche, anoon as they herde his pleasir,
thought the matier right straunge / and seide vnto him / " that yf
they shold acompany hym yn this matier, they knewe for certayne   40

Prince Humphrey of England prepares to start for Sicily.

that they durst neuir retourne to this reaume ayen / for the kynge
his fadir / and that their owne fadirs wolde be the first that sholde
destroie them" / and also they seide, "my lorde, whan ye come to
4 the age of more knowlage, & haue children, as my lorde your fadir
hath / ye wolde neuir haue loue ne fauour vnto vs / but thinke
that we shold be as agreable to beguyle you of your children, as we
sholde be nowe agreable to beguyle my lord your fadir, of you,
8 where-thorugh ye shold haue vs alwey yn hate / & mystrust" /
But no[t]withstandyng alle thies wordes, he seide to them / "my [1 leaf 53]
frendes, doute ¹not but, in conclusion, this matier shalbe reputed to but he
youre Honour and preise / bothe of my lorde my fadir, and of alle arguments,
12 your frendes / for whan they here where we shalt be, there shalt be
fewe yn this londe, þat haue any sone of age to bere armes / but
that they shall wille they were with vs / and as for me, y shold be
the moost wrecche yn erthe / if ye that haue fadirs & modirs, kynne
16 & frendes / and grete possessions yn this reaume / which ye shold
leue for the loue of me, if y sholde hate you / god neuir be pleased
to geue me lif so longe / but shortly to ende it / ffor if god geue vs
grace to acheue & brynge our entirprise to good conclusion / y
20 shold be full vntrewe & right vnkynde / if euer y failed any of you,
daies of my lif" / many wordes were amonges them / but at last alle and at last
to-gedir concludid to do & accomplissh the pleasir of their maister / all agree to do as he wishes.
not yn so grete nombre as they wolde haue had, for fere it sholde
24 be knowen and discouerd / But now euery man toke his charge,
some to ordeyne a ship & the vitailyng / some to puruay good Some get the ship, others
horsis / and to brynge them to suche secrete places where as they
might be dayly coursed & renne; som puruaide for gold & siluer & procure money,
28 for harneys, and som for aray / so that ther lakked no thynge to
noon of them / but that they were alle puruaide of euery thyng
longing vnto them for a grete while / Aftir this, was eueri thing
puruaide and so wele guyded / that by the day they apoynted / alle and by the day appointed
32 thynge was redy ther, without knowyng of any persone saue of all is ready.
them that delt ther-with. ¶ Now fro this day forth was Humfray
of bettir chere then he had ben longe before, wherof eueri man had
grete ioie, for they had ben yn sore discomfort for his sadnes / but
36 no man durst make no questione. The tyme approched of his
departyng; he made iustis & turneys, and assembled his ladies and
gentilwomen / & did so moche, that alle folkes than had more ioie of
him than euir they had / thus beloued of the kynge & of alle the
40 iij. estates of the reaume, departid this yonge gentilman out of his

84 *Prince Humphrey starts. The King and Queen of England sorrow.*

<small>One midnight Prince Humphrey leaves his Father's house, and goes to his ship.
[1 lf. 53, bk.]</small> fadirs house aboute midnight / so secretly that he was vnperceyued / and rode so that night, that it was not possible to ouirtake him / thus, wit*h*oute makyng lenger tale, he came to the port ther as the ship abode him / and they that had the charge therof / and assone 4 as he came ther / he & his fe¹Liship in alle Haste possible entrid ther-yn, whic*h*, whan they were there, were yn nombre xviij.

<small>They set sail.</small> per*s*ones / of gentilmen and other. then made they to pulle vp the saile, & were wit*h*yn litle while withoute sig*h*t of the londe. 8

¶ Now goth Humfray and his company / god by his grace con-
<small>The King of England is</small> duyte them / for they be fult ferre from their entent. The kynge of Englond, on the morowe that his sone was depa*r*ted, herde thorugh his court grete noise & murmo*u*r, & askid what it mig*h*t be; but 12 noon ther was that wold or durst telle it hym / neuirtheles at laste he most knowe it / and so came his counseH to enfo*u*rme hym ther-of, and seide vnto him / "sir, it behoueth that ye knowe wherfore we are come to you / to-day be comen vnto vs many of the se*r*uaunt*e*s 16 of my lord*es* youre sone / that for certayn knowe not where he is /
<small>told that the Prince's room is empty:</small> for they haue ben at his chambre, & founde it open / and he not ther-yn / his chambrelayn yn like wise, & suche as were moost a-boute hym / nor wote not where they are / for the s*er*uaunt*es* of 20 diuerse of them be come to vs & sey that they haue lost their maistres / thus for drede that it shold falle vnto you as it did to the kynge of ffraunce, we be come to enforme you ther-of / assone as we mysse hym / for we wote not yif ye knowe where he is or no." 24
<small>so he knows his son has gone to Sicily.</small> The kynge of Englond, heryng this, knewe anoon for certayne that his sone was goon / and thought wele that he had takyn the wey to Sizile / consideryng the wordes that he at diuerse tymes had seide vnto him / and then he made dilige*n*tly to seche thorugh alt 28 his reaume / and whan he sawe that he might haue no tidyng*es* of hym / he determyned to sende notable folkes yn-to Sizile / for to knowe and enquere if any tidyng*es* might be had ther of hym / It
<small>The King grieves greatly.</small> is to thinke / that the kynge was yn grete sorowe / & not wit*h*out 32 cause / for he had no moo sonys; and if he had sorowe, ye may wele thinke þ*a*t þe quene & hir ij. doug*h*ters were not wit*h*oute / for they had suche sorow that alle folke had grete pite of them / this sorowe was not alone yn the kynges court / but the fadirs & moders, kynne 36 & frendes of the yonge lordes that were gone wit*h* hym had their parte yn like wise / & so had the surpluis of alle the reaume, & had grete drede lest the losse were wit*h*out recouerir / as that of ffraunce had ben. ¶ Now shaH we leue of this grete sorowe that they made, 40

Prince Humphrey's Ship is captured, and he imprisond. 85

& not wit*h*oute cause / for moche trouble had they that thus [1]were [¹ leaf 54]
departid / and ye shalt here the manere Howe. ¶ Whan Humfray
and his folke*s* were in the see wit*h*oute the sight of any Londe of
4 the reaume of Englond, they toke their wey towarde Sizile / and Prince Humphrey sails
had connyng*e* maryners to conduyte them, & faire wedir at wille / towards Sicily.
so that wit*h*yn litle while they might haue aryued in Sizile, ne had
ben the fortune & tempest of the see, that neuir is sure / ffor on a A tempest rises;
8 day bifelle grete tempest in the see / so that the vesselt that they
were yn was many tymes yn daunger to be p*er*isshed / yn-so-moche
that the maryners coude no remedy, but alt only yn the handes of
god, & lete the vesshelt dryue wit*h* the wawes and the wynde, the ship drives;
12 whedir as god wold conduyte it. Humfray and alle his company
were in orisons and praier wit*h* grete deuoc*i*on, hauyng no hope but
of dethe / and yn the meane while one of the maryners p*er*ceyued
londe that they were ny vnto / but he knewe not the contre, for he
16 had neuir be ther / so he wente to Humfray / and to the maister
maryner / and tolde it theym / whiche made grete ïoie / for when
they were so ny the londe, the tempest was not so rageous as it had
ben in the playne see / sone aftir they aryued at londe wit*h*out any they land at a Turkish
20 hurte / and it was nye a grete towne that helde of the turke that town, are robd,
was in Sizile / and they went oute yn vessells & bote*s*, & came to
this shipe / and founde it garnyssht wit*h* cristen men / and when
they sawe thies yonge folkes, and the good that was wit*h* them, they
24 were right ioiefult, and br*o*ught their prise to the towne, and depa*r*ted
their botee / and for it thought them a cas of nouelte / they sente and given
p*r*esente*s* to their neighbores of the cristen prisoners, so that they away as prisoners.
lefte wit*h* them but ij., wherof that one was Humfray / and thus
28 was thys company disseuerd / Humfray was put yn a derke prisone, Prince Humphrey is put
and his felawe wit*h* hym / whiche sone aftir died / and he abode in a dungeon.
ther alt alone, where he endured moche payne & trouble / alle othir
than he wende to fynde whan he departed oute of Englond / and
32 pitously he complayned him to god / besechyng hym humbly that
this payne & prison that he was yn / might stande for part of his
purgatory / for he wende neuir to escaped thens / but oure lorde,
that knewe the cause of his depa*r*tyng / and that he was abandoned
36 for his seruise, put him not yn foryetyng / but sone aftir holpe to
his delyuera*u*nce / [2]as ye shalt here / but nowe he was stille kepte [² lf. 54, bk.]
there, to thentent to p*r*esente the turke with, at his retou*r*ne. The
kynge, his fadir, had sente yn-to Sizile vij. or viij. of his folkes
40 aftir his depa*r*tyng / & whan they were retou*r*ned / and tolde that

The King of France, on his Deathbed, appoints a Regent.

The King of England's envoys can hear no tidings of Humphrey in Sicily.

thorugh alle the reaume of Sizile they had enquered & sought / but for certayne, yn that region had not be seyne no ship / sith the losse of the cristen armee, that was sent for their socours. & they certified for trouthe, that ther Humfray nor his company was not / The kynge of Englond, heryng thies tidynges, helde his sone as loste /

The King of England mourns the loss of his Son.

and than his sorow redoubled, but it might not be amendid / and all his lif he contynued wepyng & teeres / and seide to suche as were a-boute hym / " Alas! ye may se iij. reaumes full desolate! the kynge of ffraunce & y haue loste oure ij. sones / and wote not how the kynge of Scottes hath lost his also / but he hath more recomforte than we two / for his sone died knyghtly yn the seruise of god / and yet hath his fadir ij. sones alyue, which is a grete recouerir to his reaume / & noon of vs two haue noon heire male / and y here sey the kynge of ffraunce lith seke in his bedde, without any remedy of his lif / whiche is comen to hym of sorow / of which is grete pite, and withoute faile he seide trouthe / for aftir the departyng of his sone, hadde he neuir ioie."

The King of France, before dying of grief for the loss of his son, Prince Philip,

As the kynge of Englond seide / and as ye haue rehersid here tofore, The kynge of ffraunce, sith the departyng of his seide sone, enioied neuir day of helthe / in so moche that withyn ij. yere aftir, he departed oute of this worlde / and bifore his dethe, made to come bifore him his wif and his brother, the Duc de Burgoigne / and seide vnto them in this wise / " My wif and my brother / y perceyue wele y most dye / whiche is the thynge y haue moche desired / and as ye knowe wele y had a sone a ij. yere syne, and wote not yet / whethir he be a-lyue or not / to whom ye, my wif, be moder / and ye, my brother, be vncle / y haue loued you naturally as my brother / and ye haue done me grete seruyse and honour, wherof y thonke you, and pray you to contynue your kinde and naturall loue vnto me aftir my dethe / and to my sone, if he be a-lyue / and if he be not / y may haue no grettir ioie than to wite you kynge aftir my dethe / for to you

appoints his brother, [¹ leaf 55] the Duke of Burgundy, Regent of France, and King after 9 years.

sholde the reaume falle as rightfull enheritoure / wherfore y wolde that ye ¹shold be regent and gouernour of this reaume by the space of vij. yere / and yn caas be that my sone come not / and that terme passed / I wol that ye be crowned and sacred kynge / for the abidyng is long y-nough of ix yere / and y trust that ye will thus do / and so y pray you promyse me / for the goodes of the reaume be as wele youres, as Regent / as if ye were crowned kynge; and so shall ye leese nomore for the tyme, but only the name of the kynge." The

Duc of Burgoigne, that was full wyse, worthy, and a passing good
man, was knelyng afore the kynge his brother, heryng him thus
speke, of right feruent loue, and of right stronge and soroufull
herte, wepte so sore / that he might vnnethe speke a worde / but as
he might speke, he promysed him trewly to perfourme his desire &
commaundement / Aftir alle this, and that the goode kynge of
ffraunce had serchid his conscience wisely and deuoutly, he yelde *The King of France dies,*
his soule to god, and was entered as to a kynge perteyneth, and his
ordynaunce doone & accomplisshed, as he had diuised. And his
Brothir, the Duc of Bourgoigne, was made Regent of ffraunce / and *and the Duke of Burgundy*
helde entierly, and accomplissid, alle that he had promysed his *becomes Regent.*
brother, withoute contraryyng of any thinge / and had noon othir
wille ne desire, but that his Nevewe sholde come ayen / for he hadde
neither wif ne childe, and he was noon of the moost yonge, wher-
fore he was determyned yn himself neuir to marye. He helde the
reaume, as long as he had the gouernaunce, yn good Iustice, pees &
tranquillite. ¶ It is tyme to be stille a litle of this matier, and
retourne to the sege that the Turke had set bifore fferaunt and his
company.

Longe tyme endured they bifore the Towne without any
wynnyng / & euery day there was som sawte or scarmyssh, *Ferant and the Chris-*
and alwey profitable for them withyn / and so moche yn *tians make daily sallies*
armes did Le Surnome and Athis / that of alle othir they bare the *against the Turks,*
name / for their dedes were, as who seith, yncredible; and so wele
did Athis / that sawe Le Surnome, ther was noon to compare with
hym / wherof le Surnome was as glad as he might be / and loued
his honour asmoche as his owne / and he shewed wele he was not
enuyous / for whan they were withdrawen from any scarmyssh, he
wolde so ioifully reherce of Athis, his felawe / that alle men ¹Had [¹ lf. 55, bk.]
grete pleasir to here him / whiche alway passed hym, & was werry
mirrour and ensample to alle othir / Thes sege dured fulle longe / and
many tymes sent fferaunt to the kynge of Sizile, that he sholde *and tell the King of*
haue no drede for them / nor put himself yn noon auenture / for it *Sicily that they are all*
neded not / for they had gret plente of vitaile for more than a yere / *right.*
and whan they most nedes leue the place / they wolde departe to
the a nother of their enemyes, maugre them alle / and thus the
kynge of Sizile, in trust of feraunt, abode the auenture that god
wolde sende / and often made his folkes to ride to the Turkys hoste /
to distourbe their vitaille / whiche aquytte them right wele / and
did grete damage to the Turkes, and made them right wery /

88 A Christian Messenger is captured by the Turks.

ffynally they loste moo of their folkes before that place then they had done of all the while that they were yn Sizile / and yit were they neuir the nere of the place / On a day befelle that fferaunt had sent a letter to the kynge his maister / yn suche wise as ye haue 4 herde before / the messanger was not so wise as othir had be, nor coude not þe weies so wele / so was he taken with the Turkes meyne / & brought bifore him yn-to his Tente. the Turke toke him aparte, & suche of his counsell as pleased him / and made to 8 woide the remenaunt / for that he wold not the messangere shold be openly herde / lest he shold sey any thing / that shold discorage them / & whan all folkes were wided, the Turke asked hym certeinly of his tydynges / And he tolde hym suche as he knewe, with- 12 out hidyng of any thyng / yn embandonyng his lif, if it were founde othir wise / he seide that they withyn dred not the Turke and alle his power / but were rathir glad than sory of his beyng ther / for they wist for trouthe, that it was grete charge to hym / and that he 16 shold alwey lese more than wynne / and yn the meane tyme the kynge of Sizile shold fortifie his Reaume, and be daily releued with newe folkes / so that his puissaunce shalle alwey encresse. The Turke asked the messanger if he had any letters / and he seide 20 "ye" / as he that durst not deny it / and forthwith toke theym hym / the Turke opend them, and founde them aftir suche forme as ye haue herde before this. whan the messangere had be wele enquered / and answerde and seide like as he knewe / whiche was 24 alwey to the honoure [1]of the cristen: then was He delyuerd to one that shold kepe him wele and surely / the Turke abode stille with his counsell / and they diuised many thinges to-gedre of thies matier / & they thought wele they loste tyme / and therfore toke 28 they this conclusione / that on the morowe the Turke sholde assemble alle his counselle / and the Capteynes / and seid to them that were there with hym / that they shold auise them wele that night of this grete matier, & on the morow to shewe him their best 32 aduise & counselle / Thus departed they, and euery man to his loggyng / til on the morow the Turke sende for them / many tymes and often were they awakid by them withyn / whiche had noon othir delite nor pleasir but to trauaile them, to the annoie of the 36 turkes / and that shewde wele Le Surnome, and Athis his felowe, þat, alle the while he was withyn the place, chaungid not his harneys that Orcais had yeuen him / wherby he was wele knowen; and also he shewde it full ny them many tymes, to their grete damage / 40

Sidenotes:
A letter of Feraut's,
and his messenger, are taken to the Sultan,
who is told that they don't at all fear him.
[¹ leaf 56]
The Sultan calls a Council to discuss the slow progress of the siege,
and the damage that Prince Philip and Prince David do the Turks.

for the Turke wolde often tyme sey / "se there my sones prisonere! here may ye se the profit of his delyueraunce / my herte gaf me neuir othir wise / he is the flour & choise of alle them wit*h*yn / one
4 reserued / that dothe vs meruailous grete hurt / by them ij. is alle the losse we haue." Now this night passid / on the morowe came the Turkes counselle to hym, and alle the Capteynes he had sent for, and the Turke declared the matier him self / yn this wise, seyng
8 vnto them / "ffaire lordes, it is nigh the space of a yere sith we leide the sege bifore this place / wheryn it semeth me to be as ferre from hawyng it as the first day we came here / the damages that we haue had, aswele of them wit*h*out the place, as of them wit*h*yn / be
12 wit*h*out nombre / for we haue lost here, of the best of oure company / & yit if it appered that we might haue it be length of tyme, y sholde holde my peyne wele emploied ; but we cannot, as fer as y se / this night passed, was taken by my folkes one of their
16 messangers, beryng letters to their kynge / whiche, yn the p*r*esence of diuerse suche as be here p*r*esent, y haue examyned, & founde him trewe, seyng aftir the content of his letters / whiche letters, se here yn my hande / & y wolle they be redde yn p*r*esence of you
20 ¹alle, because ye may auise what is to do / and that ye may counselle me to my hono*u*r / and so y pray you do" / thies letters, were opende and redde by a Secretary of the Turkes / and were of such matier as ye haue herd to-fore / and aftir they were redde, he seide
24 ayen vnto them / "ye se the termys, and how the matier stond*es* ; I p*er*ceyue that, sethe oure comyng yn-to this reaume, oure tyme hath not gretly emploied / neuirtheles, or y sholde departe wit*h* shame / y had leuer dye / and if we wolle any moo folk*es*, we nede
28 but to sende for them / but me semeth that we be y-nough, bothe for theym wit*h*yn & for them wit*h*out, In-asmoche as we haue ben so long vnfoughtēn wit*h* / Also the harde ceason of wynter ap- procheth / and it shold be fult ilt for any oure folk*es* to labor in-to
32 this cuntre frome so fer, and also it shold be fulle grete charge & dispence / and fulle harde for vs to gete vitaile / for the kynge of Sizile diffendith it vs daily yn alle that he may / Now, alle thies thing*es* considered, I haue assembled you alle, to haue yo*u*r good
36 aduise and counselle, whether it be behofult for vs to sende for moo people or not / So I pray you that eche of you counselle me aswele as ye can." Aftir that he had seide thies word*es* / there were many of theym that eche behelde othir / and thought wele yn their
40 mynde that the Turke was wery that the sege endured so longe /

The Sultan tells his Council that their year's siege has been of no use.

[¹ lf. 56, bk.]

He has Ferant's letter read to them,

says Winter is coming on,

and asks their advice.

wherof they were glad, for it sore annoied theim, their beyng there
so longe / In asmoche as they sawe be no meane to be nerre the
wynnyng of the place than thei were the first day they came ther /
and daily sith had they hadde grete losse and damage, aswell doon
by theym with̸yn the place as by theym with̸out / they had lost
many of their next frendes and of the moost worthy of their com-

Some think the siege shouldn't be raisd. pany / Some other preised moche the Turke their maister / and
thought if he reised the sege / it shold be to his shame / and yet
they sawe wele he lost his tyme, and had grete charge aboute
nought / wherof they abassht theym moche / And in especialt, how
the kynge of Sizile but litle a-fore had wonne that towne with
assaute / and hou they had biden there so longe space / & coude
not gete it; but moche preysed they them of with̸yn, of wisdome &
worthynesse, thinkyng that they passed alle other that they had

[¹ leaf 57]
All are sad. seen in their tyme. Thus euery man thought of the be¹synesse
that belonged to the Tourke, that sawe this company alle sadde and
pensif / knewe wele that there was cause / and thought that he had
ouir lightly leide sege there / seyng the puissaunce that his enemyes
had / that night & day aboute the Sege, were in suche diligence and
trauaile, that they vnnethe of the host mighte haue any slepe / for
they were nightly distourbed of their reste, either by them with̸yn
or by them with̸out ; so seid he to his folkes : " I pray you remembre
wele thies matiers, for it nedith to take good aduise ; for our abidyng
here is fulle noious and dangerous / & oure departyng shold be
shamefult / Neuirtheles, it semeth me one of thies ij. we most nedes
take ; but it behoueth vs to thinke what were the best meane we
coude fynde / yestir even, aftir the takyng of fferauntes messanger,
some of you were here with me / and I pray to bethinke you what
were best / I was not aduised than to assemble you alle, as y haue
now done / and for this cause y shalt aske first of them that were
than with me / for that y know wele they haue had bettir leiser of

The Sultan calls on one of his most trusted Councillors. remembraunce than the remenaunt that be here " / Than asked he
the aduise of one of his moost preuy counsellours / and that, as he
trusted, toke his matiers moost to herte / And was, as aftir his lawe,
a right a notable and a wise knyght / the whiche, by the com-
maundement of his maister, refused not to sey his aduise, whiche
was this / " Sir, it is trouthe that yestir euen ye commaundid
diuers of vs to remembre on this matier, & so y suppose we haue,
euery man on his party / and as for me, y haue so thought on it
that y slepte no slepe this night / and the more y thinke on it / the

The Turkish Council advise a Truce with the Christians. 91

more me semeth it is harde and doutefull / Also your self haue
opened the difficultees any man may sey in this matier, aswele of
thabidyng as of goyng, and haue seide wele, as me semeth, that in
4 noon of those ij. is neither honour nor profit / and it behoueth to
auise som meane, as ye seide, to kepe your honour, and to eschewe
the contrary / fforsothe my thought hath ben this night, and is yet /
Vpon this meane with correccion / biseching you humbly, if y say
8 not wele, to pardone me. And this is the meane that moost may *This Councillor advises [1 lf. 57, bk.]*
be with your honour, as me semeth / if any meane may be founde
to take trews for a yere bitwene your Enemy and you / [1] And than *a Truce for a year with the Christians;*
by honour may ye reise the seege / And this tyme hangyng, ye may
12 leue garrisons in this Reaume / and retourne your self this wynter
in-to your owne Reaume, for it is long sith ye were there / and
than may ye make a newe reise, bothe of people & tresour, and
than in the newe ceason, whan the grounde is replenyssed with
16 corne & gresse, than may ye come with grettir power than euir ye *and then a fresh attack with more men;*
did / for it is no doute of / whan your people and sogettes se your
grete desire and good entent, they wille helpe you more than euir
they did / ye haue sene wele the deuoir that your Enemyes haue
20 made to haue socoure / and yet haue noon had / ner noon, y beleue,
shalle haue, for if any they shold haue had, ye may thinke weel,
seyng the long seege that ye haue holden, they shold haue had it
by this / wherfore it is to be thought that, if they be weel re-
24 membred heron, they wol be right glad of this trews / ffor they
wille thinke that, in that meane ceason, they shalle mowe haue some
helpe of the cristen / and at the last assemble, his estates to take
aduise of the guiding of his reaume. The maner hou men might *the way to get the Truce should be further discust.*
28 come to this trews, is not yet by me wel aduised / but if it please
you to conclude to this aduise, men may remembre the maner how /
and come hider to you ageyn aftir dyner / euery man to sey his
aduise / Sir, suche is myn aduise at this tyme. I knowe no bettir,
32 albeit that I am redy to be confourmed to theym that y shalt here,
yif bettir counsell which right lightly may be done" / The Turke,
hering his knight and right trusty Counseller thus speke, toke his
wordes right agreably / for he sawe wele that by, other meanes, with
36 his honour might he not departe / a[n]d his abidyng was right
damageable / He asked than of many other their aduise / and, for
to aberge [so] the matier, euerichon folowed the same that the knyght *The rest of the Council agree.*
had seide / And saide that he was fulle wise / for the departyng of
40 the Turke was not possible by noon othir meane without dishonour /

7 *

and dred moche that they might not gete the trews w*ith* their honou*r* & pleasir. The Turke, that saw this conclusion yn nombre of opinions, & alle one / saide to them / "yet of the maner hou this trews might be / we nor noon of you haue spoken / wherfore y woll 4 that, at iij. aft*er* non, eeche of you be here p*r*esent / and that the meane while ye remembre eche on*e* his p*ar*ty, how y may entre yn this matier to my honou*r*, wit*h*out shewing of any semblaunt of drede; and if the ¹meane might be founde, that it might be half by 8 their Request." Thus eueri man dep*ar*ted til after dyner / and at the houre of iij. assembled there agein / and there shewed many resons and opinions / but hard it was, as they thought, to fynde hou this matier shold not come of the Turke, for they coude espie no 12 drede yn their Enemyes. whan the Turke, that moche desired to haue this thinge accomplissht, entred in-to his Tente / where as they alle were, & vnto hym did their dewte; & wha*n* he was set in his chaier, he made them alle to sitte downe / & than he asked of 16 him that most pleased him, thauise of how he was remembred of this matier / that they were dep*ar*ted on / And this was one of his Capteynes, a passing wise man of werre / whiche answerd him in this maner / "Sir, ye shal ful porely be aduertised by me / for that 20 y haue litle knowlage in so high thing*es* / but sith that it pleasith you that y say in this matier what y haue thought and diuised, whiche is to litle effecte in regarde of that / that thies notable knyght*es* herby shall*e* say / Natherles, y shall shewe as y haue 24 thought, sith that ye be concluded to the trews, if ye may haue it / & wolde it were by the desire of yo*ur* Enemyes, or at the lest half by their Request, whiche is an hard thinge to be done / for ye se not yn them no maner liklyhood touching this matier / If we had 28 any pr*i*soners, notable folkes, outher of them wit*h*out or of them wit*h*yn / then were it litle maistrie to fynde the meanes by their oune request & labou*r* / but that will not be / for we haue no suche. A nothir wey there is / wit*h*yn the place there is many noble and 32 wise lordes, knyght*es* and squiers of those whiche be pr*i*soners ther / And y can thinke they haue so many pr*i*soners there, that they wold w*ith* good will be delyuerd of som of them, for spendyng of their vitaile. Thus may ye sende vnto them for delyueraunce 36 of som of them, And in suche wise may the pr*i*soners them self entre in langage w*ith* their maistirs, as it were of their owne mocion*e*, for their delyueraunce / And thus, me thinketh, they may playnly touche of this matier to fferaunt, whiche, if he will, may 40

The Turkish Council suggest Ways of making a Truce. 93

surely breke this matier, and bring it to conclusion with the kynge
his maister / And y can thinke, seyng the grete reason that they
haue, & be closed yn this towne, they haue not had [1]their ease in [¹ lf. 58, bk.]
4 alle thinge; and whan the saide fferaunt shall se a meane of youre
departyng, to his honour, he woll be right glad to brynge it to that
conclusion / for his honour shalt be wele saued by this meane. An
other way also, vndir your correccion: It is longe sith that kynge Or, as King
8 fferabrace of Perce, that hath ben prisoner yn the handes of the Ferabras of Persia is
kynge of Sizile, your enemy / and yet hath there ben no speche of prisoner in Sicily, the
his raunsome / ffor that ye trusted alway to recouer hym by
strength, whiche, as me semeth, ye are fulle fer fro / ye may sende, Sultan can
12 if it please you, to the kynge of Sizile, desiryng him to put him to propose to ransom him,
finaunce / and if he wille entende ther-to / than shalle ye haue a
good colour to sende of your folkes vnto the kynge your brother,
whiche may be aduertised by them to breke this matier vnto the
16 kynge of Sizile, for a meane of his delyueraunce; and if he wille
entende therto, ye may make a desire vnto him to haue a sauf- and ask for a safe conduct
condite, for ij. or iij. notable knyghtes of youre house to go speke for Envoys to see him,
with youre brother for his delyueraunce / And by them may your
20 brother be weel aduertised in euery thinge touchyng this matier /
And thus semeth me, by one of thies two weies ye may not faile /
but this mocion may be made as though ye knewe no thing therof / and let him
And that for the loue of youre brothir and of othir prisoners / and broach the Truce.
24 at their grete request, ye shalle be enclynable to this trews, whiche
is, as ye shalle make semblaunt, right contrary to your pleasir. I can,
as for my parte, noon othir thing deuise / yf y bettir coude, y
wolde right gladly shewe it vnto you, and to my lordes that here be /
28 yn whom y wote wele ye shalle fynde sadder aduise than yn me / I
durst not refuse to sey myn opinion, sith that it pleased you so to
ordeyne and commaunde me." Thus endid he his aduise. And
the Turke asked forth of the remenaunt of his counselle that were /
32 hou it thought them of this matier / so were there many other
meanes & mocions made amonges them / but, in conclusion, the
Turke liked best the two first waies that his knight had meued / The Sultan resolves to
and saide that he coude not thinke by that / that he knewe yn
36 fferaunt, that he wold, be any cause or meane, haue a trews bitwene
hym and the kynge his maister, without that he might se it more
the profit & honour of his maister / than for his owne allegeaunce
and ease / And ther[2]fore toke he this conclusion, to sende for a [² leaf 59] ask for a
40 sauffcondite, that his folkes might speke with ffirabras his brother / safe-conduct,

94 *The Turks' Proposal to ransom King Ferabras is laid before the King.*

and by hym this matier to be opende / This conclusion was taken,
and sends a proposal to the King of Sicily, and letters sent to the kyng of Sizile by two kynges of armes / In whiche letters was conteyned the loue that by naturalt reason that he aught to his brother, the kynge of Perce, whiche at that tyme 4 was his prisoner / and had ben a grete while / and right fayn wolde *to ransom his brother, the King of Persia.* he haue hym ageyn / if by any fynaunce he might haue him / And for this, if his wille were to put him to fynaunce, the Turke his brother wolde sone purvey for his delyueraunce, In asmoche as he 8 was taken in his quarelle & seruise / And for to procede in this matier, the Turke requyred to haue sauffcondite for iij. or iiij. notable knyghtes, of whom he sent the names yn his letters / Thus *The Turkish messengers reach Naples.* were the letters delyuerd forth / and they sped theim so weel that 12 in litle while they came to Naples, where as the kynge of Sizile was / and sone were they condited by noble folkes yn-to the place where the kynge was / and anoone was it tolde the kynge that suche folkes were comen vnto hym from the Turke. the kynge 16 made them be brought vnto him, where they founde him wele accompanyed. the kynges of armes presented their letteres / and *The King of Sicily* the kynge of Sizile resceyued them, and redde theim, and sith asked thofficers of armes if they had any othir thing in charge / 20 and they tolde their charge / whiche was suche yn substaunce as the letters specified. & whan he hadde hird alle their message, the kynge made them to be condite to their loggyng, and ther to be wele acompanyed with alle the chere that men might make them. 24 *assembles his Council, and shows them the Sultan's letters.* on the morow aftir, he assembled his folkes of counselle, and many of his Capteynes that were there with them, to whom he shewed the letters that the Turke had sent hym / and the credence of the letters / wherupone he asked their counselt & aduise yn this matier / 28 and wold here it debated and concluded before him self / So there *He appoints one advocate to argue for the ransom, and another against it.* were ij. notable men bifore him to do this / that one ordeyned to susteyne the delyueraunce of his prisoner / and the tothir to contrary it / He that susteyneth the deliueraunce, shewed to the kynge 32 that this deliueraunce was profitable for hym, and the reasons why / [¹ lf. 59, bk.] sayng that his body was not ofte ¹in daunger / the delyueraunce of kynge ffirabrace not helpe but to him / for ther was noon othir like vnto him / also he was surely acompanyed / and of a long tyme 36 had not ben gretly annoied / and of liklyhood his strength sholde rather encre[se] than empeyre. And the Turkes might was daily dymynysshed and gretly damaged / wherfore him thought this deliueraunce was moost profitable to the kyng / for with his 40

The Sicilian Council advise that Ferant be consulted.

raunsone sholde he be of more power to damage his enemyes / The tothir knyght, hering what he had purposed, answerd to the contrary, shewyng that at that tyme the Turke, whiche was brother to 4 kynge ffirabrace, helde seege before the place that the kynge had conquered vndir him / yn the whiche was enclosed the flour of knyghthode of that Reaume, and in especialle they to whom he is prisoner / whoos, of right, the prisoner is, and noon others / and if 8 it so fortune that the Towne were taken by strength, whiche god, of his mercy diffende / if it were so / by the kynge of Perce, alle they that were withyn shold be rescowed, whiche is more worth than iiij. suche fynaunces as he is able to pay / "And for to answere to 12 this that ye haue seide, that none suffiseth to the deliueraunce of the saide prisoner, but the only body of the kyng; by that meane that y say, ij. thousand noble men may be saue & brought agein by hym. And to come to reason / who ought so weel to be bought 16 agein by hym, as they that toke hym, whos propre prisoner he is / forsoothe noon, as me thinketh. Also remembre weel in what perells and in what fortunes ye haue seen the kyng here present, & souverayn lord, be in his tyme, whiche, if he were prisoner, shold 20 be in auenture euir to be had agein, if this kynge were deliuerd / Thies thinges considered, if y were as the kyng, for no thing shold he be delyuered / And whan it shalle please the kyng / vpone the debates of vs two, that be but of litle effecte to the reasons of my 24 lordes that here be, he shalle here there aduise, and to do then as him thinkith moost to his wele" / The kynge of Sizile, heryng thise debates that were made, of good wille, and by noon hate, asked of him that spake last his aduise, whiche seide vnto him / that 28 gladly he wolde say it / sith it pleased him so to commaunde him, whiche was this / that in no wise men ought not, nor might not entre in-to this matier without thauise and counselle of fferaunt, whiche [1] was biseeged withyn the towne and hym, that now men 32 lightly might speke with hym, for the kyng might write vnto the Turke, that without the aduise & counselle of fferaunt & Surnome, to whom his brother was prisoner, he wold not procede in that matier / and he thought be thise meanes the Turke shold be weel 36 content that the kynges folkes might go speke with fferaunt. And ij. reasons he shewed / that meued him to gif this counselle / that one is / that fferaunt is one of the wisist knightes of this Reaume, whiche appereth weel by his werkes / And by this meane, if the 40 kyng sende vnto him of his folkes, he shalle trewly be asserteyned

The advocate against the ransom

urges that Feraunt's man took K. Ferabras,

and that his release would endanger the King of Sicily.

The King of Sicily resolves

that Feraunt must be consulted;

[1 leaf 60]

and Prince Philip, who took Ferabras prisoner.

of the demeanyng of fferaunt and of the Towne / and theraftir may he take counselle outher of the deliueraunce of his prisoner or of the contrary / And the tothir reason that he shewed, was this / that the seid prisoner had be taken twies by the handes of Surnome, 4 in the presence of fferaunt his maister / without whom, by reason to holde trewly the right of armes, the seide prisoner might not be delyuered: "suche is the ordre of right and Iustice in dedes of armes / as y haue alway vndirstande / And as yet y can thinke of the saide 8 prisoner, there hath be made no departyng bitwene them, nor noon accorde nor apoyntement / and therfore, shortly to conclude my matier / me thinkith, without their aduise it [were best] to procede no ferther." Thus endid he / & it thought vnto the kynge and his 12

Letters to this effect are sent to the Sultan, counselle that his aduise was right good & Resonable / And then were letters writen and sent vnto the Turke, vndir suche fourme as thei were concluded by the counselle / as ye haue herde. Thus were the messangers delyuered, and had grete giftes, and were surely condite, vnto the kynges power / and at their retourne agein vnto the 16

who has in the meantime been harast by after attacks from Size. Turke, they founde the hoste gretly troubed / for greuously had they ben assailed by them with-yn the Towne / and in especialle toward the Turkes loggyng / for there were made alway the grettist 20 assawtes; and trouthe it was, that they had ben so hourely assailed sith the departing of the messangers, that they neuir might be at leiser to assemble in no counselle to-gidir / and diuers tymes wolde they haue short termes of trews & comunicaccione with fferaunt / 24

[¹ lf. 60, bk.] but he wold neuir answere hem to any suche matier, for he had no desire to dele nor trete with hem / wherof thei were full ¹soroufull. So long contynued this maner of demeanyng, that the Turkes folkes were right wery / and endured grete payne & labour / 28 fferaunt, that was fulle wise, remembred weel this, & thought weel it were litle maistry to annoy them / and thought he had ben idle a gret while, and not mette with his enemyes / and so he saide to his folkes, with a merry contenaunce / "I se weel we be so presed 32 on with oure enemyes to haue a tretee, whiche lettith not but yn vs, for we may haue alle that we can resonably aske / And it is longe sith oure neighboures & frendes herde any thing of vs, that knowe not

Ferant says he will make a grand sally next day. Prince Philip and Prince David rejoice. weel where we are / therfore it is good that to-morowe we make vs 36 to be knowen" / Alle they that were yn the place were ioyfulle of thise wordes, and in especialle Le Surnome and Athis / for in dedes of armes were thei neuir satisfied / and so answerd they vnto their maister, it shold be right wele done. "so helpe me god," seide 40

fferaunt, " I thinke to-morowe, with the helpe of god, to take suche
acqueyntaunce amonges them, that they shalle not alle be pleased /
for it is longe sith we made theim any grete assaute / and therfore
go eueri man to his reste / and be vp to-morowe vpone the point of
the day / and eueri man serue god / and we shall do aftir as weel as
we may " / Thus eueri man went to reste him. And that night
made fferaunt al his small ordenaunce to be brought toward the *Ferant*
Turkes loggyng / and on that side of the Towne made he to lay his
grete Bombardes, ageinst the comyng of his enemyes / and there
made he to be kepte moo fayrer & sure watche. In the mornyng / *musters his men early,*
toward the poynt of day, were his folkes assembled about him / so
ordeyned he a good company, as him thought sufficiaunt y nough
to discomfite the wacche that was bifore / for to wynne the Turkes
Bombardes, for they thought it was light y-nogh to do / and of the *and makes*
first company he made Capteynes, Le Surnome & Athis / for wel *Philip and David cap-*
knewe he that corageously they wolde do this entirprise / And the *tains of the first Batta-*
remenaunt of his folkes he guyded him self, for he thought the *lion.*
first company shold haue nede of releef: thus ordeyned he the
assawte / And whan it was purueide, Le Surnome & Athis ordeyned
their folkes redy at the gate that was assigned vnto them / than
made fferraunt the yate [1] to be opende, and went out / and ascried [1 leaf 61]
the Turkes wacche, and they wende full weel to haue diffendid
them / but their diffence litle auailed / for Surnomes company and
Athis put as many to the swerde as they might gete, without *They kill all the Turks*
takyng of any prisoners. This first company passith forth with so *they take,*
grete corage & hardinesse that, er the Turke and his folkes might
be armed, thei came to his logging, killyng and sleyng alle that
euir mette with them / and ouirthrewe Tentes and Pavilions ; and
did so moche in armes that eueri man fled fro them / whan fferaunt
sawe them passe so fer / he knewe it shold be grete auenture of *and go so far forward*
their retourne / and therfore toke he his feliship, & went aftir them / *that Ferant has to march*
and passed by the place where the wacche had ben, and where *in support.*
moche of the Turkes ordenaunce lay, whiche he made labores, bothe
men & wommen, haue in to the Towne / whil he went to releef his
first company. and this assaute dured til the sonne risyng / and
there was the noise and the crie so grete / that men might not haue
herde the thondre / and the Turkes drewe them alle to the Turke,
so grete a multitude that fferaunt saw wele his folkes might not
long endure there / wherfore he made to blowe retrete ; and by *He blows the retreat.*
than had his first company taken so many prisoners, that they were

98   1500 *Turks* arc kild, and 200 taken *Prisoners.*

almoost as many as them self / and ther were many of theim noble men / and of the Turk*es* counsell, suche as had ben at the co*mmu*nica-ci*o*n of the trews / whan they withdrewe them / Surnome & Athis were the last / and put their folk*es* & their prisoners bifore them / and so moche endured they than, that it was meruaile; and had not fferaunt their good maister than releued them, they had neuir retourned agein in-to the Town / and it was m*er*uaile to wite hou many Surnome & Athis slowe at their retrayte / thus entred they in-to the Towne w*ith* alle their prisoners, to the grete damage and losse of the Turke, & litle vnto theim. In this grete brewte and trouble, came agein the herald*es*, that had ben messangers from the Turke vnto the kyng of Sizile / and sawe the feeld*es* fulle of men of armes, & had herde the noise and the crie more than ij. myle thens / This aue*n*ture turned to grete damage & displeasir to the Turke & his company / for thei sawe weel at length, by litle & litle their power sholde empaire / for whan they with-drewe theim they [1] knewe wele what Losse they had / for they founde of their folk*es* moo then xv C. dede, and moo then ij C. prisoners taken. If the Turke had grete sorowe, it is no question, for the losse was turned vpon a grete p*ar*ty of the best of his hous / He coude not thinke that Le Surnome nor Athis were any mortall*e* men, but ij. thing*es* sente doune by the god of the cristen / for his destructi*o*n / for him semed, and all*e* othir, that there might not be so moche worthynesse yn the body of any erthely man, as he founde in theim that day / thus ranne[2] the renomee of them thorugh all*e* the hoste / Thus whan the Turke was wit*h*drawen, the herald*es*, that y haue tolde you of bifore / entred in-to his Tente / and deliuerd him their lett*r*es, whiche he redde / and then made all*e* theim to come vnto him, that were of his counsell*e* / at that tyme beyng p*re*sent / than made he to come afore him agein the messangers / and co*m*maundid theim to telle suche credence as they had from the kynge of Sizile / and they made their report weel and wisely, as they that were of grete discreci*o*n / whiche was suche as ye haue herde before, accordyng to thentent of the lett*r*es / And to make shorte tale, the Turke agreed to the request of the kyng of Sizile right gladly / and hadde good cause / for eueri day he sawe his strenght empayre / So he made the Saufconditz to be made vp for suche names as the herald*es* had brought / and in all*e* haste the Saufconditz, made and sealed, were sent agein vnto the kynge of Sizile. Ye may weel

[2] MS. reaume.

Ferant blames Prince Philip and Prince David for their Hardihood.

thinke, that whan fferaunt and his company were entred agein in-to
the Towne, they made grete ioy of the goode auenture that god had
youen theim that day.   And whan he shold go to dyner, he made
4 as many knyght*es* and noble men sitt at his boorde as might haue
Rome / and ij. boord*es* beside / among*es* whiche co*m*pany, Surnome
and Athis were not forgoten, of whom he had more ioie than of
any erthly men / and not wit*h*out cause / for he had seen hem do
8 in arm*es* that day yncredibly / for they had taken w*ith* their awne   Prince Philip
hand*es* vpone a iij.*ˣˣ* pr*i*soners / and alwey deliuerd hem to othir   and Prince David, single-handed, took
for to kepe / while they co*n*tynued in bataile, wit*h*out hauyng any   above 60 prisoners.
regarde or remembraunce to couetise / as they that desired no
12 thinge but to gete worship / and to do seruice to god in their
cristen feith / for euerich thought in his owne mynde that they
had y-nough in their owne contrees.   hou be it, their ma¹ners re-   [¹ leaf 62]
sembled no thinge kyng*es* sones ; they demeaned them liker pouer*e*
16 gentilmen / ffor albe-it there was noon so honorable as they two /
yet for no fortune or auenture that couth befalle them / they wolde
neuir take oñ them to be knyght*es*, excusyng them alway by the
symplenesse of their birthe / and they hadde reason not to take on
20 them the ordre of knyghthode / for they were knight*es* long before /
hou be it, nouther of theim vndirstode of other / what birthe they
were of / And fferaunt their maister, at his dyner, reported to them   But Ferant reproaches
their outrageous hardinesse, in maner blamyng them of that they   them for their dangerous
24 had done that day / for in abidyng them had he almoost lost grete   hardihood.
part of his people / and if he coude haue thought that they wolde
thus haue be rewled, he wold rather haue lefte them kepyng the
Towne / than haue had them forth to the assaute.   thei answerde
28 no thinge vnto their maister / but were al shamefast of his word*es*,
and thought that a nothir tyme they wolde not do so / but when
they were in like caas agein / that purpose was alle lost and for-
goten / Aftir dyner, fferaunt made to visite his prisoners / and
32 founde that he had a party of the grettist & moost prevy of the
Turk*es* counselle, wherof he was right ioifulle, as reason was, and
made them to be kepte, eueri man aftir his worship / and thus
abideth he in his place, all ioyfull*e* & assured of his enemyes / til
36 that he herde tiding*es* of the kyng of Sizile / as ye shalle here / ye
haue here before weel vndirstande hou the Turke sent vnto the
kynge of Sizile saufcondite for iiij. of his knyght*es* to come to   The Turkish safeconducts
fferaunt / This saufcondite was borne vnto the kyng by the same   are given to the King of
40 herald*es* that late had ben wit*h* him fro the Turke, which Sauf-   Sicily,

Ferant is to hold a Council to advise the King of Sicily.

condite the kynge resceyued, and made it to be redde / & founde
that it was good & sure / Than purvaide he the iiij. knightes to go
to fferaunt / and they toke leue of the kynge & the quene, & of their
faire doughter, & of alle the ladies & gentilwomen / & tolde them 4
whider they wente / and eche of theim made their recommenda-
cions / And faire Iolante forgate not to recommaunde hir to
Surnome; and she and alle the ladies seide amonges them / that
fferaunt was a notable knyght, and honorably had borne him, and 8
was worthy to be renomed of alle othir that they knewe / On the
morow erly the knightes departid, and spede them so, that withyn
litil while they came to fferaunt, of whos comyng he [1]was right
ioyfull / for they were his special frendes / & thought wele that 12
they had brought some grete tidynges / he brought them to their
loggynges / and made theim all the chere that was in his power /
& when they were rested a litil while, fferaunt and they went to
counselle in-to a chambr / and there tolde they him eueri worde, 16
hou the Turke had sent vnto the kynge of Sizile / and hou the
matier was debated bifore the kynge, for the delyueraunce of kynge
fferabrace / and the causes that bothe thies knyghtes shewed / and
hou it was determined by the kynge and alle his counselle that, 20
without thavice and agrement of him, the kynge wolde answere to
no thyng of this matier, for suche causes as had ben elegged bifore /
whiche thei declared and shewed vnto fferaunt / And whan he had
herde thise tidynges, he thought the matier was of grete peyce / 24
wherfore he wolde make no sodeyn answere, but made his delay
vpone Surnome, sayng that the matier touched him, and that he
ought to be called to this counselle / And this they apointed an
houre, at whiche tyme Le Surnome shold be ther / and fferaunt 28
seide that he was right wise, & might wele be called to counsell in
eueri matier aswele as in that / bothe for his hie wisdome & grete
vertu / and than tolde he vnto tho knightes of Sizile of the grete
worthinesse of Surnome and Athis, & hou he sawe neuir noon 32
comparable vnto them, but that Surnome passed alle other / hou be
it, Athis folowed moche the condicions of Surnome, bothe in honour
& largesse / and in habilite of his persone ; and fferaunt saide there
was no knight in the world might avaunte him of the company of 36
Such two as he was serued with. Than he told hem hou le Sur-
nome receyued Athis vnto his company / and in what maner he
came / and hou ther was in Surnome noon envie / for he wold so
gladly reporte the worthinesse and prowes of his felawe, that by his 40

Prince Philip at the Council on the Ransoming of K. Ferabras. 101

maner and speche it semed he thought him self, nor noon othre,
comparable vnto him / and reputed him self right ewrous that god
had sent him suche a felawe / and than reherced he grete armes that
4 the two felawes had done duryng the sege / and the drede that
their enemyes had of theim, and of the grete comfort and hardinesse
that his company toke in theim : and thorugh their grete worthi-
nesse the Towne was double encoraged / Thies tidynges tolde he to
8 þe knyghtes of Sizile, ¹wherof they thought grete meruaile, and
Iuged for trouthe that god had sente them this meruailous fortune,
for sauacion of the realme / And so shewed it weel ; " for they that
no thinge were worth / thorugh theim be at this day as valiaunt as
12 men can fynde / and they that no thinge dred vs, be at this day
the moost failyng and wrecchid nacion that lyueth ; and parde this
werke may not be without miracle." with suche language passed
forth the day til the houre that they had taken to assemble agein
16 in counselle, at whiche tyme Le Sournome was sent for to come
amonges them / and at his comyng was the matier alle newly
reherced / like as ye herde before, seyng vnto Le Surnome, that the
kyng had gyuen them in charge to haue his aduise & agrement
20 theryn. fferaunt had weel remembred the matier / and seid ther
vnto the knyghtes, " ye se weele in what caas we be / and the
gretest harme that we endure, is the prisoners that ben here, þat
gretely dispende our vitaile / hou be it, y thanke god we be yet
24 resonably weel purvaide / wherfore it shalle not nede the kynge to
haue no drede of vs / but that we shalle be able to abide them
lenger than shal be their ease to lye aboute vs / & y purpose to put
those that be noble men to fynaunce / and to put the tothir to
28 dethe ; and by this meane shalle oure vitaile endure vs lenger. And
as touchyng your charge of puttyng kynge ffirabrace to fynaunce /
y shal sone say as y thinke / suche thinge may befalle that the
kyng wold for no thing had put him to ffynaunce. It is a faire
32 thinge whan he hath in his hande the same that is sufficiant to
delyuere him / if the caas so fortune. But if it were the kynges
pleasir, vpone good apointement and good hostages, to enlarge him
for a terme / perauenture for his deliueraunce may be founde peas
36 bitwene the kynge & the Turke / The visage of man makith vertu /
for if he be present, he may more lightly fynde frenship in his
brother and other frendes / than if he be stille in prison ; for his
brother, seyng him in that daunger, shalle haue gretter pite and
40 compassione of him / than he hath now / wherfore me thinketh his

[¹ leaf 63]
The Knights of Sicily recognize God's hand in the help sent.

Prince Philip attends Fer-ant's Council.

Ferant proposes to let his noble prisoners be ransomd, and the others kild.

Ferabras must be only enlargd for a time.

enlargissing, surely made, shalle do but profit vnto the Realme."
After that fferaunt had thus seide / the knyghtes wolde wite the
opinion of Surnome, whiche saide: "my lorde my [1]maister, that
here is, me thinkith hath taken the best way / & be thus doyng / 4
the kyng shalt not be differred from his prisoner, but haue him
alway stille in daunger / and if it please the kynge of his grace, I
wolde of one thinge beseche him / that if king ffirabras be enlarged
for any terme / that or his departyng, he be sworne be his lawe, 8
and the creance that he holdeth, that if there be any persone
withyn the landes & possessions of his brother or of his / that hath
any cristen prisoner that hath not ben in this werre / but that
hath ben taken in passing or in goyng on pilgramage / that thei 12
may be delyuerd franke & quite, without constreynyng theim to
renay their feith / and also that fro hensforth there be no more
oppression nor hurt done to the poure labores & simple folkes of
this lande / and in this is the Raunsome, for my part, that y wille 16
desire / As for the remenaunt, belongeth vnto my lorde my maister,
that here is" / fferaunt coude passing grete thanke to Surnome, for
his request / and thought weel that grete noblesse, fredom & pite,
meued him to that remembraunce. The knightes of Sizile saide / 20
that suche reporte as they had founde with fferaunt & Surnome they
sholde make vnto the [Turkes], & thought weel that they wold be
agreable to alle this, without contraryyng of any thinge / Aftir thise
wordes they went out of the chambre / and came into the halle, 24
were was many a noble man / fferaunt sent for some of his
prisoners / for to wite if they wolde be brought to any ffynaunce /
amonge the whiche was one or two that had ben at the conclusion
that the Turke had taken in his counselle, touchyng the trews / 28
whan they came bifore fferaunt, they toke him a-part, and saide
vnto him: "my lorde, if it might be done, and with your pleasir,
we wolde fayne, if we might / speke with kynge ffirabras your
prisoner / bothe for the meanes of his delyueraunce & oures; we 32
thinke to fynde suche a meane as shalle be grete weel vnto this
Realme / and therfore remember you / for we thinke yn this ye
shal do grete seruice vnto the kynge your maister." fferaunt,
heryng thise knyghtes thus speke, whiche by semyng were men of 36
gret honour, called vnto him the knyghtes of Sizile / and made
them to reherce agein in their presence like as [2]they had seide vnto
him. And whan the knyghtes of Sizile had herde them / they
withdrewe them, & counseled a litil to-gedre / and thought, seyng 40

The Sultan is pleasd with the Negociations for a Truce. 103

what they had saide, there coude no thinge but weel falle of their
spekyng with kyng ffirabrace / than called they agein the prisoners
vnto them / and asked them what hostage they wold lay for them /
4 and they saide it sholde be harde for them to lay suche hostages as
fferaunt shold be content with / but, and it pleasid him, that one of *They propose as hostages*
them might go to the Turke, and that othir abide in hostage, on *half their number.*
his lif / he thought it sholde suffise / fferaunt and the knyghtes
8 accorded herto / And thus that one of theim is departed vnto the *One Turkish party goes to*
Turke, whiche was right fer thens / and tolde the Turke alle the *the Sultan,*
maner how his felawe and he had done with fferaunt and with the *and reports proceedings.*
tothir knyghtes of Sizile, that were sent to fferaunt from the kynge,
12 whiche were accorded vpon good hostages, to lete his felawe and
him go to kynge ffirabrace / whan the Turke herde this, he was
right glad / and thought the matier was weel bigonne to breke to
his honour / for eueri man might weel thinke, that what so euir
16 his brother or the tothir prisoners did / was for their owne deliuer-
aunce / and not for the profit of the Turke, nor at his request / so
alle thinge was concluded to the pleasir of þe knyghtes prisoners /
and suche hostage delyuered as fferaunt was content with / The
20 Turke charged his knyghtes, and praied them to employe wele this
matier / and to shewe his brother playnly what case he stode yn /
for he wende neuir to haue seen the Houre of his departyng, with
his honour and lif / Thus departed the knyghtes, and came agein *They return to Feraut,*
24 to fferaunt / and in alle haste were their promyses accomplisshed /
and they redy to departe and go with the knightes of Sizile / On
the morow erly, the knightes of Sizile toke leue of fferaunt and of *and start with the Sicilian*
alle the company, to whom they seide a lowde / that it was the *messengers,*
28 moost honorable company that was that day vpone the erthe / &
aught moost to be renomed in alle honour / sayng that the kyng
thanked them alle, as them that he was asmoche biholden vnto, as
euir was prince vnto his suggettes, praing them alle way to contynue
32 their high & good corage / Than seide there many, with an high
voice, "say vnto the kynge, oure souueray[n] lord / that for vs he
[1]make no tretee nor apointement to his preiudice / for, bettir [1 lf. 64, bk.]
pleasith vs this lif, with suche peyne as we haue, than euir did any
36 dauncyng Iustes or any othir disporte." The knightes answerd /
"ye may be sure that god wolle gif you grace to departe out of this
place with honour, and then shalle ye se the ladies, where as ye
shalle be welcome / and right wele recomforted / & so haue they
40 grete cause / and wele y wote, whan ye come / we that no thing haue

8

done in armes, shal be litil set by / but alle out cast" / Aftir thise wordes, they toke leue and departed, seyng to alle the company / that they trusted within litil while they shold here good tidinges. Than spedde they so wele their iourney, that they came sone vnto 4 the kynge, which grete desire had to here tidynges of fferaunt, & of this Towne, and of alle the company therin, & also to knowe what opinions fferaunt helde in such message as he sent hem, touchyng the delyueraunce of the Turkes Brother. It was not long aftir 8 their comyng, but the kynge made them come vnto hym / whiche tolde hym hou they had sped in alle thinges like as is a-boue rehersed / and howe they had by thavice of fferaunte / brought ij. knightes prisoners in their company / for they thought that the 12 kynge, by heryng of their entent, might no thinge lese / And also shewed the kynge ferther of the opinion of fferaunt and of Surnome, whiche the kynge toke right wele in gre, & thought the enlargyng of kynge ffirabrace bettir and more prope[r] for him than 16 his clere deliueraunce / Than sent he forthe knightes prisoners, and asked them what their entent was / & they seide / that if it pleased him, they wolde speke with kyng ffirabras. Than sent the kyng for alle his counselle / and shewed them the message of his knightes 20 prisoners / and it thought them alle, that it was best to lete them speke with kynge ffirabrace a-part, or yn what wise thei wolde / for thei thought their speche might litil hurte the kynge / but rather of lyklihode be to his pleasir & profit, seyng the cas they were yn / 24 And assone as this counselle was thus concluded, kinge ffirabrace was enformed how thies folkes were come to speke with hym / and hou the king was wele content that they shold speke with him alle at their pleasir / and that they shold abide a day or ij., or as longe 28 as it pleased him to telle him of their tidynges / and wherfore [¹ leaf 65] ¹they desired to speke with hym. kynge ffirabrace, that sith his takyng had herde no tidynges of his Brothir, nor of noon othir frende of his / was right ioyfulle to here tidinges of them; & yet 32 the more, that the kynge was pleased that he shold speke with them a-part / for he wist weel he shold be the bettir, asserteyned of alle tidynges / than were thei sone brought vnto him. when they sawe him, they salowed him, accordyng to their dewte, the teeres falling 36 downe from their visages, for pite of his longe enprisonment / And whan he espied that / he was in grete drede to here som euyl tidynges of his brothir or of his Nevewe; & anone as they that brought them were departed / he called them vnto hym / & asked 40

The Turkish Messengers tell King Ferabras all that has happend.

them of alle their tidynges / for seth he was first prisoner, herde he *He asks for their tidings.*
neuir tidynges / ffor the kynge of Sizile had so ordeyned / ffor him
thought / that if men shold telle him good tidynges, for his partie it
4 was not couenable / & what so euir any man tolde him of the wele
of the cristen partie, he wold not haue bileued it / but thought it
had ben rather seide yn maner of avaunt / and therfore the kynge
had ordeyned that no man shold telle him no tidynges / wherfore
8 he was now the more desirous to here of their tidynges, & askede
theim of his brothir, & of his nevewe, & of alle their armee. and
they tolde him of alle the certaynte / & of the cristen flete / hou it *The Turkish Messengers*
fortuned amonges theim by tempest; hou they were scaterd / & *tell K. Ferabras how*
12 many of them drowned, & a vesselle of theirs brake vpon the ryvage, *Prince Orkays captured*
even aforne the Turkes Tentes, and many of them came to londe on *Prince David,*
lyue, whiche were slayn alle at their landyng, sauf one, that Orkays,
the Soudans sone, toke with his owne handes, and of his delyuer-
16 aunce / and how Orkays was takyn by him aftirward, & deliuered, *and was then taken by*
as is a-fore reherced / and than they tolde him of alle the worthy- *him;*
nesse of them withyn the towne / and in especial of him þat was
taken by Orkays, and of his felawe, Le Surnome, whiche passeth
20 alle othre; & tolde him of the losse that his brothir had had sith he *and what losses the*
lay aboute the Towne / aswelle by them of the cuntre, as of them *Sultan has sufferd,*
withyn þe Towne, wherthorugh his folkes might neuir be out of
harneys, nor alt-moost had neuir rest / and yet were they neuer the
24 nerre, by ought they coude se, of their conquest, but rather ferther
& ferther / than [1] they tolde him what direccion had ben taken [1 lf. 65, bk.]
bothe by the Turke and by his counselle / and hou, if he might haue
departid bifore this tyme with his honour, he had be gone long or *and how he wants to get*
28 this / but he coude fynde noon othir meane but this / Than tolde *out of the war.*
they him alle the charge that they had from the Turk vnto hym
self, & of hem alle. king ffirabrace, hering thies tidinges, was *K. Ferabras is abasht,*
gretly abasshed, seyng that in so litel while the worlde was
32 chaunged with them / for a-boute the tyme of his takyng, their
enemyes were in suche discorage that thei durst not wele be seen
at no scarmyssh / yet neuertheles thies tidinges moche displeased
him not / for he sawe wele therby som profit might growe to his *but sees that things may*
36 delyueraunce / whiche he desired ouir alle thing; so toke they *work to set him free.*
amonges them the best conclusion that they coude, to conduyte this
matier to the pleasir of his brothir and to the honour of him self, *He asks for*
and desired to haue certaine of the kynge of Siziles seruauntes, and *Sicilians to confer with*
40 Counselle to speke with him / and with suche as had be sent vnto *him.*

him from his brothir / This came to the knowlage of the kynge of
Sizile, and he assigned those same that he had sent bifore to
fferaunt, to knowe his aduise and counselle / and whan thei were
comen to kinge ffirabrace, he seide vnto them yn this manere / 4

K. Ferabras tells the Sicilian Knights "ffaire lord*es*, the cause that I haue sente vnto the kynge to speke
w*ith* some of his counselle is this / ye knowe wele that y haue ben,
as me thinkith, right long a prisoner, to my grete annoy / ye se here
also thies two knight*es*, that be prisoners aswel as y / hou be it, 8
they haue not contynued so long, yet are they gretly annoyed, as it
shewith wele by that y shalle shewe vnto you / they haue remembrid
for their deliueraunce, and haue ioyned me yn the matier w*ith*
theim / for this that they thinke the Turke will*e* be sonner con- 12
fou*r*mable to any resonable apointement for my wele, than for
theires, by cause y am his brothir; and y shal telle you what they

that his brother, the Sultan, proposes to ransom him, and make a Truce with the King of Sicily. haue aduised me: It is, that y shold make a request to be put to
ffynaunce, and by meane therof the Turke shold be content to take 16
trewes for half a yere, or a yere, with the kyng of Sizile & alle his /
wherby the sege shold be reised, and prisoners delyuerd, aswele of
one part as of othir / and by this meane bothe p*a*rties sholde ease
them for that ceason / whiche, as me thinketh, sholde be a speciaH 20
wele and c*o*mfort vnto this Reaume, that hath so long contynued

[¹ leaf 66] yn werre. ¹This are the mocions that they made vnto me, whiche
is to me right pleasaunt, if they coude haue the power to bring it to
the same conclusion*e* with my lord, my Brother / wherof y haue 24
grete doute, seyng that he lith at the sege bifore his Towne, that
but late was wonne from hym / Neuirtheles, if it please the kynge
of Sizile to entende this matier, I wold employ me to the same
entent / and require all*e* my frendes to giff the Turke counsell*e* to 28
the same" / whan the knyght*es* of Sizile had herd this mocion*e* of

The Sicilians say the King kyng ffirabras, they seide vnto hym / "fforsothe, sir, or this tyme
we haue herde the kyng, oure souuerayn Lord, say / that his entent
was neuir to deliuer you tille the warres were ended bitwene the 32
Turke, your brother and him, with*out* ye were rescowed by force /

will only enlarge him for a time, hou be it, we knowe not whether he wold be content, vpon good
hostages, to enlarge you at yo*ur* request, for to fynde some trety of
peas betwene yo*ur* Brother and him, whiche thinge we alle, his com- 36
pany, [desire]. And if vpon this wele ye will*e* speke and charge vs,
therw*ith*, we wol make report vnto the kynge therof, and othirwise
not" / Kynge ffirabrace helde longe vpon his vttir delyueraunce /
But the knyght*es* of Sizile wold in no wise agree therto, seyng that 40

they were, alle be it they were not worthy, of the kynges counselle /
"and if we shold gif him avise of youre delyueraunce, and not
assured of peas, we were not trewe vnto him; wherfore be sure we *and then only if the war is*
4 wille neuir speke therof as long as we lyue, without the warres be *stopt.*
ended / But if that were so, we wold right gladly employ vs to your
request / and now wille for your enlargyng, vndir suche fourme as
we haue seide you / trustyng the sonner to come therby to the weel
8 of peas / ffor we be sure ye wille more largely employ you therto, ye
beyng in daunger, than if ye were at your liberte." ¶ Aftir alle
thies wordes, he trusted to come to his delyueraunce. Natheles,
kynge ffirabrace was content that they shold speke to the kynge
12 for his enlargyng. The knyghtes seide, that with right god wille
they wold so do / And thus departed and came vnto the kynge of *The Sicilian Knights re-*
Sizile, and made their report, as ye haue herde / and founde the *port to their King.*
kynge enclynable y-nough to entende to thise matiers, seyng the
16 counselle that he had hadde / and in abregging this matier without
moo wordes, they were concluded that, vpon good hostages, suche as
the kyng of Sizile was pleased with / that kynge ffirabrace was *K. Ferabras is set free*
enlarged and departed from the kynge of Sizile / of whom he toke *for a time,*
20 his leue, ¹and of the quene and of their fair doughtir / & of alle the [¹ lf. 66, bk.]
ladies & gentilwommen. The kyng made him honourably to be
condyte / And so wele sped he him / that in litil while he came to *and goes to his brother,*
the Turke / whiche made him right grete chere / and so did alle *the Sultan.*
24 they that were there with him / this night was he gretly fested and
welcomed of his Brothir, and had moche talkyng to-gedir / for he
was a worthy knight, a passing wise man in grete matiers. So
founde he his Brother alle of othir opinion than he lefte him /
28 a[n]d so did he alle them that he spake with; wherof he had grete
mervaile. In litil while knewe he alle the pleasir of his brothir /
and sawe the maner of the sege / whiche thought him right
straunge. He sawe the fersnesse of them withyn the Towne / and
32 herd reported the grete damagis that they had done to the Turke
and to alle his company: the prowesse of Surnome, and Athis his
felawe, was often rehersed vnto him. Thus many tidynges herd
he / but noon to the honour of his brothir, nor of his partie, wherof
36 he was right sorowfull, and thought wele in him self that it was
nedefull to haue a longe trews / for those folkes were discoraged in
alle pointes. Than put he him in diligence to this trews / and othir *He works for a Truce;*
notable folkes, and laboured it as shortly as they coude, so that the *and one is arranged*
40 trews was taken bytwene them for a yere / and whan the surtees *for a year.*

108 *Ferant and Princes Philip and David are welcomd by the Court.*

were made, sworne, and ensealed, the Turke departed from the seege / & made alle prisoners to be yolden agein, aswele of one party as of othir, saving kyng ffirabrace, whiche was but enlarged. And for asmoche as fferaunt and his company hadde moo prisoners than the Turke had / he had in recompense a C. thousand besauntes / and eueri besaunt worth a Doket / and, beside that, the Turke deliuered agein ij. Townes / and deliuerd to the pouere folkes of those Townes alle that they had lost / ¶ Now hath the Reaume of Sizile endured this ij. yere yn grete peyne and mysery / But sith the comyng of Surnome it began alle othirwise to turne. ¶ Thus departed the seege from byfore the Towne, to the grete honour of the kynge of Sizile, and of them withyn. thorugh alle the Reaume This trews was cried & pub[l]issed / wherof Surnome & Athis were right sory / for they thought a long terme to be a yere in peas / seyng the warres be not ended ; and they purposed not to departe before the ende of the warres. The kynge of ¹Sizile, that saw him thus yn peas for a yere, bithought him what he might do alle that ceason / where of a longe while afore he had not ben idle so gretly / and so he sent for fferaunt, whom he desired moche to se / for moche he thought him bounden vnto him / and praied him that he wolde bringe with him bothe his seruauntes, for moche desired he to se them, for the grete renome they were of ; and so did alle they of his court, bothe ladies & gentilwomen, and knyghtes & squyers, & alle othir / Anon as fferaunt had resceyued his letter to come to the kyng, and aftir that he had departed right largely with the noble of his company / so that they alle were wele content / he wente in alle haste to the kynge / to whom it is not to be asked if he were welcome / where at his comyng the kyng toke him in his armes, seyng / "my frende, ye haue don so moche for me and myn honour, that y am alle youres" / Than toke he Surnome in his armes, and [had] of hym ynly grete ioy / than fferaunt shewed Athis vnto him, of whom he had herde so moche worship / & then he in like wise welcomed him fulle honourably / seyng : "what shal y sey vnto you, faire lordes / ye thre be the right arme and diffence of my reaume" / Aftir this, fferaunt & his company went vnto the quene, and ladies & gentilwomen, whiche fulle honourably and ioifully welcomed them / And moche was Athis loked on amonges hem / for they had not sene him bifore / and they seide that god had gyuen him grete grace / for heryng sey / his worthines was meruailous / and his habilite suche þat there was none comparable

Prince Philip has happily changed the state of Sicily.

[¹ leaf 67]

The King of Sicily sends for Ferant, and Princes Philip and David.

They come,

and he joyfully welcomes them.

So do the Queen and the Ladies,

to him, saf le Surnome, that passed al the worlde. This day passed
forth in pleasir and in disporte / and euery day after they disported
them with the ladies and gentilwomen yn alle honour. The kynges *and Princess Iolante.*
4 doughter, þat was so faire, as ye haue herde bifore / was right glad
to haue thies gentilmen in hir company, without thinkyng of any
harme or of any grete loue / hou be it, and hir fortune were to
marye / perauenture she wold a sholde resemble one of them two /
8 and in especial, Le Surnome. & if she had knowen that he had be *Had Iolante known who*
either a kynges sone, or a grete prynce, she wolde haue gyuen hir *Prince Philip was, she'd*
herte vnto hym a-fore alle othir / But in asmoche as she thought he *have given him her*
was but of smalle reputacion in regarde to hir estate, she had no *heurt.*
12 suche ymaginacion, but ¹only to be accompanyed with them in alle [¹ lf. 67, bk.]
honorable disportes, and to make them frendly chere more than
any othir / for the grete renome they were of, and for the good
seruise they had done to hir fadir / Thus endured they a grete
16 while in makyng Iustes, and turnays, and alle other disportes, for *Jousts and sports are the*
they had no thing ellis to do / And yn euery thinge Le Surnome & *order of the day.*
Athis passed alle othir / Now leuyth the tale a while to speke of
the kyng of Sizile and of his company / that restith them this
20 wynter, as ye haue herde, and retourneth to speke of the Turke, of
his Brother, and of their company. [*Illumination: March of Sultan, Knights, &c.*]

Accordyng to suche apointement as was taken, the Turke *The Sultan withdraws,*
departed fro the seege and alle his company, & drewe him *weary, to his biggest*
24 in to the gretest towne that he helde at that tyme, that he *town in Sicily,*
had conquered in Sizile / so very and trauailed with the warres,
that almoost he might be no weryer, and so were alle his folkes, fro
the moost to the leest; for, moche payne and mysery had they
28 endured at the sege, as wele of famyne as othirwise / and the
Turke thought wele, that he was escaped with his honour fro the
worst bargayn that he was atte alle his lyue, by the meanes of his
Brother / and no man coude sey that this trews that was taken, had
32 be for his pleasir / or by his cause, but only by the request of his
Brother and othir of his folkes that had ben prisoners / Aftir that
he and his folkes were a litil rested / he concluded to leue grete *then garrisons all his*
garrisones / and his places wele furnysshed, and he and his Brother *conquests there,*
36 to retourne in-to their Contre / and seide vnto his folkes that he
lefte ther / "that he wolde not faile at the ende of trews to be
there agein, so wele accompayned, that he wolde ²neuir departe [² leaf 68]
thens til he had accomplisshed alle his pleasirs." These titynges *and goes*
40 wele ordeyned / he departed out of Sizile, & drewe vnto his owne *home.*

Marches / and his brother with him / whan they came ther / it is no
doute but he was honorably resceyued of alle his suggettes / for of a
grete while he had not be with hym, he abode there a ceason or he
wold speke any thyng of suche purposes as he entended / But kyng
ffirabrace foryate not the couenaunt he had made at his enlargyng,
for he had sworne vpone his lawe / that he sholde ayen alle cristen
prisoners that were in any Londe of his brothers or his / And in
the same towne that his Brother and he lay, was yong Humfray
prisoner, the kynge of Englondes sone / hou be it, noman knewe
what he was; & of that yonge prisoner was kynge ffirabrace
enfourmed / and than wente he vnto the Turke, and tolde him of
his promes that he had made at his departir out of Sizile / And
the Turke asked if any prisoners were in that Towne / and he seide
"yea" / for there had ben a vesselle takyn with xiiij. persones yn
it / wherof they had reserued but ij., and that one of them dyde,
and that othir is yet alyue, a yonge man so megre & seke, that, as
men thought, he might lyue no while / Than the Turke sent for
him; & whan he sawe him, he asked him of whens he was / this
yonge Humfray, þat was so ouir come as he that neuir bi-fore had
ben acostomed yn suche mysery & pouert / answerd with with low
vois & feble, "fforsothe, sir, y am cristen, borne of the reaume of
Englond / and my name is Ector / By fortune y arryued here / grete
almes it had ben for them that toke me to haue put me to deth /
but sith it pleaseth god that y endure this longe payne, y am con-
tente." The turke, that sawe him megre, & alle out of likyng, was
no thing sory therof. And notwithstondyng / that by his owne
counselle and his agrement / his brother had made thus promys, yet
thought he alwey in his mynde, that asmoche as he might, his
brother shold neuir fynde prisoner / but that he wolde put them to
dethe or they came yn his brothirs handes; for if he coude knowen
of any prisoner bi-fore his brothir / he wolde haue made him
secretly be put to dethe / But for the symplesse & pouert of his
persone, he gruggid the lesse his deliueraunce, & toke him vnto [1]his
brother / that ful grete pite had of this yong man / & sent him
vnto his loggyng / & made him to be eased & serued of that was
nedefulle to hym, made him to be bayned and newe clothid of alle
that longed vnto him / and wythyn little while, by the comfort
and helpe of kynge ffirabrace, he amended / and came ayen to his
grete bewte / so that eueri man had ioy to beholde him / kinge
ffirabrace thought, assone as he was hole, and that he might ride,

[1 lf. 68, bk.]

that he wolde sende him yn-to the handes of cristen men / And
many tymes he wold biholde him / & thinke yn his mynde that they
were passing wele fetured / and goodly folkes of Englonde, ffraunce, <small>and admires his beauty.</small>
4 & Scotland, for by they were of his marches, he remembred of Sur-
nome & Athis, that he had sene at his departir out of Sizile / and
thought that Ector was moche of the same age / and if Surnome had
him, he supposed he wolde be right lothe to lete him oute of his com-
8 pany / And than wolde he thinke / if he had the hardinesse of one
of them / a shold not faile to do grete hurte vnto their party, if he
lyued long. Than was he somtyme yn wille not to sende him; and
than wold he thinke ayen / that he had sworn his feithe, whiche
12 he wold not breke, to dy for it / In this ferme wille contynued he,
and on a day wente to se the Turke, his brother, and brought with <small>One day K. Ferabras</small>
him Ector / whiche aftirward he repented / for vnnethe might he <small>takes Prince Humphrey to</small>
bryng hym ayein / as ye shal here / The Turke bihelde this yong <small>see the Sultan again.</small>
16 man that was with his brothir, & thought wele he was a straunger /
for he knewe hym not / he was so gretly chaunged & amendid sith
he sawe him / and wele he thought he semed ful like to come to
grete honour / wherfore he axed his brother what he was; and he
20 tolde him it was the cristen man that was delyuerd vnto him the
last day / "fforsothe," seide the Turke, "I knewe him not, he is so <small>And as he looks so well,</small>
meruailously amendid / my hert yeueth me, if he be deliuerd, that
he shold do vs grete damage / wherfor, my brother, ther nedith
24 neuir none knowe of this matier / and y pray you, for the wele of <small>the Sultan proposes to</small>
vs and of oure lawe, to be agreable that he may be some night <small>have him quietly</small>
secretly drowned / for ye knowe wele that by the comyng of one <small>drownd.</small>
straunger yn-to Sizile, were ye taken / and almoost to the destruc-
28 cion of vs alle / wherfore y holde youre conscience more hurte,
¹what othe so euir ye haue made, if ye deliuere him, than to do as <small>[¹ leaf 69]</small>
.I. sey / for the grete losse of oure folkes that may come by hym /
wherfore y pray you, brother, to be agreable to my desire / and y
32 wol take the synne on me / And as for shame, ye may noon haue /
for neuir noon shalle knowe it" / whan ffirabrace herde his brother
sey thus / and sawe the deth of Ector his prisoner redy, if he
socoured him not / he was so wroth and sory / that of a grete while <small>This angers K. Ferabras,</small>
36 he coude not answere, for right moche loued he Ector; and also in
his lawe he was right trewe and a noble knyght, whiche shalle
shewe by hym yn alle his werkes. The Turke, þat sawe hym in
grete thought / and that he answerd not / asked hym ageyn /
40 "how say ye hereto, faire brother" / "fforsothe," seide ffirabrace,

"I haue fere to sey any thyng that shold displese you / and therfore was y so longe stille / but, sir, ye are mighti, and a roialle kynge, yn whom aught to be founde more trouthe than yn a meane persone. And y sey for me, I am not so mighti a kynge as ye be / albeit y am your brothir and a kyng / I haue promysed my feith, suche as ye knowe by youre owne agrement / and if y shold be forsworne for one only man / forsothe, my lord, it shold be noon honour to you nor me / And where as ye say, it shold neuir be knowen / trewly y shold be as sorowfulle to knowe my self vntrewe as alle the worlde knewe it. what wold men sey if it were knowen that y shold put this cristen man to dethe / that was delyuered ynto my kepyng for his surete? they wolle likken me to a Bocher that gressith beestes / and than putteth them to dethe / wherfore, y bisече you, my lorde, take no displeasir though y consente not herto / for if it so befelle that ye wolde put him to dethe, as ye may wele y-nough, if it please you, I make promesse to alle the goodes that we bileue on / that y shal neuer aftir abide yn your seruice, but rather go yelde me prisoner agein, and holde my feith, and perauenture do som thinge that shalle displease you / what ensample shalle oure folkes take at oure dedes if, for so litil a thynge, we shalle breke oure feith and oure promesses" / The Turke, heryng his brother thus spekyng, saide vnto him thus / "he neuir made no suche promys, but only for his wele / and as for any promys, but only for his wele / he might breke it whan he wolde / for he was not sworne therto / and if it were to do agein, he wold neuir do so moche for him / And said he wold ¹sende to alle his officers thorugh his reaume / that if they had any cristen men in their handes, that they shold put them to dethe / and seide that he was not bounde to be sugget vnto his brother" / And whan kyng ffirabrace sawe the Turke wrothe / he answerd right humbly / seyng, "my lord, y neuir made promes but by your auctorite. And by this meane, sauing your correccion, be ye bounde as welle as I. Neuirtheles, ye may do it as it pleasith you; I am not bounde to noon ympossibilite / but y say for me, y shall trewly kepe alle that y haue promysed as longe as it is possible for me" / The pouere Ector was yn the chambre alle this while, & thought fulle litle where aboute they were / for he wende fulle wele to be assured of his departyng / Sone aftir kynge ffirabrace toke leue of his brother, right sorowfull & wrothe, & thought in his mynde to kepe his prisoner as surely as he might, for he drede moche his brother / and so he had cause, for

King Ferabras sends Prince Humphrey of England to Prince Philip. 113

assone as he was departed / he ordeyned folkes to sle yonge Ector, if they might fynde him at any tyme from his brother. he was so angry with the wordes that his brother had seide vnto him, that he 4 thought to be avenged on Ector. On the tothir party kynge ffirabras knewe his brother right cruelle / wherfore he had grete drede of his prisoner, and ordeyned that he shold haue a chambre withyn his owne loggyng / and a xvj. or xx^{ti} men to awaite aboute him / 8 whiche he charged, on their lyues, to awaite wele aboute him / and to diffende him to their powers from alle daungers / and they obeid his commaundement without departyng fro hym at any tyme / Thise folkes that the Turke had youen yn commaundement 12 to slee Ector, put them in alle the deuoir they coude therto; but they coude neuir fynde the meanes to haue him / kynge ffirabras thinkyng alwey on the tiranny of his brother, concluded in him self to sende a-wey his prisoner be night / and to make him surely to 16 be conduyte in-to some cristen lande / and for cause his goyng shold not be espied, he made tho men that he had apointed aboute Ector, to kepe stille his chambre ij. or iij. daies after he was gon, like as he had be stille there / Then tolde he vnto Ector alle thentent of his 20 brothir / and how he was displeased with hym bicause he wold not breke his promes / and therfore wold he sende him nowe thens / and delyuer hym to officers [1] of armes, to whom he had grete trust / & ordeyned them to ride all the night / and to kepe the wodes on 24 the dayes / than delyuered he hym to his guydes, & charged them on their lyues to brynge Ector to saufte. Than he made Ector to promyse hym that he shold yelde him prisoner to one that hight Surnome, that was seruaunt with the Senesshall of Sizile / Ector 28 toke leue of the kynge his maister / and offerd hym all the seruice that he might do / so it were no preiudice vnto his feith / And whan it was night, he departed / and they that shold conduyte him / so secretly, that they were espied of no body. ¶ Nowe 32 retourneth the tale vnto the Turke, that all-wey contynuede stille in his grete cruelte / He called them that he had commaundid to slee Ector, and asked them / "howe is it that ye haue not done as y haue commaunded you" / and they seide, "that þei might not" / 36 for eueri day was he with kynge ffirabras / & on nightes had he xx^{ti} men waityng on him / when the Turke herd this, he was gretly displeased / In so moche that in a fury he commaundid that iij. or iiij. score of his folkes shold breke vp the dore where as Ector was / 40 and to slee him / and let for no man / this was apointed to be done

The Sultan tells some of his folk to kill Prince Humphrey.

K. Ferabras sets 20 men to safeguard Prince Humphrey.

[¹ leaf 70]

who is to start at night,

and give himself up to Prince Philip.

Humphrey starts.

THREE KINGS' SONS. I

The Sultan's Council advise him to appease King Ferabras.

on the morow / Here-bifore ye haue herd howe kynge ffirabras made to kepe Ectours chamber, like as he had ben there, to thentent that he might be a good wey of / or his brother knewe of his departing / ffor he knewe wele, and his brother might gete him / 4 ther shold be founde yn him non othir mercy but deth. Thus was Ector departed ij. daies bifore the Turke had made his entir- *2 days after, the Sultan's men break open King Ferabras's door,* prise vpon him / So the seconde day at night, they came vnto the chamber, where as they wende to finde Ector / purposyng 8 verily to haue slayne hym, not lettyng for noman. Thus brake they vp the dore alle sodeynly vpone them that kepte the chambre / and it was in kyng ffirabraces owne logging / wherof the crie & the noise was suche, that kynge ffirabras himself cam thider, and many 12 of his folkes with him / And whan they sawe the kinge come, they withdrewe them alle, sauf x. or xij. persones that bode stille ransakyng the chambre, whiche kynge ffirabras made to be hewen bifore him. Thise tidinges came to the Turke; and it was tolde 16 [¹ lf. 70, bk.] him alle the maner how they ¹came in-to the Chambre / where as *but find Prince Humphrey gone.* they founde not Ector, and howe the noise & the crie was suche, that his brother came thider, and slowe x. or xij. of his folkes / The Turke, herynge this tale, was right sorowfull and wroth / and sent 20 for his pryuee counsell / and tolde them all the matier, without hiding of any-thyng / bothe of the wordes that were bitwixt his brother and him / and how, for displeasir therof, he wold haue put Ector to the dethe / and in what wise / and how his brother was 24 displeased / and had put x. or xij. of his folkes to dethe / which was to his grete shame and displeasir / whiche he wold not leue so / wherfore he asked their best counsell and advise / ffor if he shold folowe his owne will / he wolde do his brother a grettir annoy and 28 displeasir than he had done him yet. They of whom he asked counsell were wise, & perceyued wele by his owne tale that the *The Sultan's Privy Council reproach him* defaute was yn hym / wherfore they seide thus vnto him, "Sir, saving youre displeasir, ye haue ben with my lorde youre brother 32 to ouir hasty; for, as vs thinkith, tho wordes that he had vnto you meued hym of fre and noble corage; and ye haue done him a vilany / sith, in his owne loggyng ye wolde make to slee his folkes; *for his behaviour to K. Ferabras.* for the prisoner was his. And to make folkes come yn be night 36 with force of armes in-to the loggyng of so noble a kynge as he is / it semeth vs a grete offence / seyng he hath done so moche for you / we thinke he will take this in grete displeasir / And we drede moche, yf this matier be not the sonner appesed, grete inconvenience 40

may growe therof / The kynge your brother is a Lorde of suche
corage as ye knowen weel / and for you, and yn your werres, he *The Privy Council*
hath aventured body and goodes, and standith at this day yet *remind the Sultan of*
4 prisoner / his men and his sogettes haue done you goode seruice / *K. Ferabras's great services.*
wherby many of them haue lost their lyues / and this is a smalle re-
warde that ye yelde him / wherfore we meruaile nought though he
be displeased / considering like as he seide vn-to you suche promesse
8 as he made / to deliuere all the cristen prisoners that were in any
partie of youre Reaume / bothe by your owne pleasir & agrement /
wherfore it were litle meruaile if, for the despite that ye haue done
him / he meued werre ageinst you / So moche as he hath done for
12 you a-fore this" / " By my trouthe," seide the Turke, " if ¹y coude [¹ leaf 71]
thinke he wolde do so / I sholde sone deliuere the worlde of
him" / Than his counseil answerd him, "Remembre, sir, what
sholde falle ther-of if ye put hym to dethe / ffor he hath fair childre,
16 whiche shull not be so nigh of blode vnto you as he is / nor in
affection / whiche wolde rekke lesse to meue werre to yow-ward
than he wolde / also he is kynge of a noble & a mighti Reaume /
and wel beloued theryn / and of the moost worthy folkes that ye be
20 serued of this day, be his sogettes / and they loue him asmoche as
is possible for any sogettes to loue their Lorde / Thinke ye than to
be without werre, by sleyng of hym? nay, nay / ye may be sure / *They warn him against*
and that were shold stike nerre you than the werres of Sizile / And *killing Ferabras.*
24 more to your shame & reproef." The Turke, hering thies wordes,
knewe wele that thise folkes seide hym trouthe / and than seide he
vnto them, " it behoueth to knowe howe my brother takith this
thing to hert / I trowe he wolde be wele pleased if ye went to hym / *The Sultan asks his*
28 and if ye thinke it be to, y am content / and that ye say vnto him, *Council to*
that y knowe nothinge of alle this / and if any haue offendid hym, it
shal be wele amendid / And if he seme not myn amendes y-nough /
if he require me of Iustice / y shal do it him. And ye may sey
32 hym, that y am right sory of this auenture / and if y had known *apologize to K. Ferabras*
it a-fore, y wold for no thinge haue ben agreable ther-to / how be it *for him.*
y was not pleased of the deliueraunce of the cristen man, ffor the
experience that y haue sene in two only men to oure grete damage /
36 I pray you do so moche if ye may, that this thinge be wele appeased /
ffor if it be ferre spoken of / there may growe litle honour therby
to either of vs bothe." They were glad whan they herde their
maister thus speke / for the matier was to hym right shamefull /
40 and they, as good seruauntes, to appease it, toke the charge on them

I 2

with right good wille, and departed from the Turke, and went to the kynge his brothir / whom they founde all redy to ride / and whan they came, they spake with hym at good leiser, and tolde hym in substaunce alle the wordes as ye haue herde before / And than 4 kynge ffirabrace made alle his compleynte vnto them ful pitously / and seide, "my frendes, y cannot bileue that noon of you were consentyng or agreable to do me so grete a wronge, [1]ffor y haue serued my Lord my brother, with my body, my goodes, and alle my 8 power, as longe as y might, so that y am now prisoner, and in way of destruccion / And thus, in his Towne, and of his folkes, there hath be done to me so grete Iniurye, that I am all abasshed to se his men come yn with force of armes, to breke vp the dore on my 12 prisoner, to haue murthred hym, as they saide, & haue hurte & wounded my folkes; and y haue none othir socour but to saue my self. fulle long shold it be, or a straunger might be sure with hym / whan y, that am his seruaunt & his brother, am yn drede of my lif, 16 & neuir did thinge that of right shold displease him / wherfore it is bettir for me to withdrawe me in-to my contre, and assay amonges my sogettes to gedre my fynaunce, whiche y trust will not leue me yn this daunger / than to abide in this Towne, and be alwey in 20 thise vnkyndely daungers; wherfore, my frendes, y will departe / and Recommaunde me to my Lord & my brother, and sey hym that y compleyne me of hym to hym self / and yet alwey y shal contynue his trewe seruaunt and brother" / Thise wordes sent he, with- 24 out longer taryng with the messangers, and toke his hors, and went his way yn-to his owne Reaume, where as he was resceyued with grete ioie / and was assured of his persone / for there was he mightly loggid / so that he had no drede of his brother / The Turkes mes- 28 sangers came vnto him agein / and told hym alle howe they had done, and what his brother had seide / and how he was departed. whan the Turke herde thise tidynges, he was yn wille to sende a company aftir his brothir, to brynge hym ageyn, wold he or not / 32 But aftir many aduisementes of his folkes, he lefte that opinion, yn trust that by some bettir meane / and with more honour, they sholde accorde.

NOw most we speke a litle of Ector, that all the nyght rideth / 36 and on dayes tyme kepith him close yn woodes, til he were surely conduyte in-to the Reaume of Sizile / to suche place as þey had in charge that guyded hym. And there they departed fro hym, & taught hym the way / and the Townes that he sholde 40

Prince Humphrey goes to Prince Philip and Prince David.

passe by til he came vnto the kynge. Than toke he leue of them, and thanked them right humbly / offryng them seruice & frendship for the peyne they had with hym, ful humbly recommendyng
4 hym vnto kynge ffirabrace, as to [1]hym that he was moost bounde [[1] leaf 72] to / of al erthly men. Thus departed he from them / and passed *Prince Humphrey rides* thorough the Reaume of Sizile; and in his iournay he mette with *thro' Sicily.* some of the kynges folkes, to whom he tolde part of his charge /
8 and accompayned with them til he came thider as the kynge was. And yn his iournay, he fil yn remembraunce of the grete goodnesse of oure Lord, remembryng the grete ynfirmitees that god delyuered hym of / bothe out of prison & from the malice of the Turke /
12 whiche he knewe weel, was by no meane that he coude make, but only by the grete bounte of oure Lorde, wherin he thought him ful vnable to do seruice vnto god / aftir the grete grace / that he had youen him / And than made he avowe and promysse to god / that *He vows to fight for it*
16 if he lyued so longe, he shold abide in his seruice yn the Reaume *till it is free, or lost.* of Sizile til god had releued it / or ellis it were vttirly lost / and yn the meane season, neuir to discouer what he was, to no creature. and thus determyned he yn hym self, fro that day forth to take in
20 pacience what peyne or pouerte that god wold sende hym yn his seruice / whan he had taken this ferme purpose, he came thider as the kynge lay / and asked first of alle / aftir the Senesshalls loggyng, whiche was sone tolde him; ffor, nexte the kynge, there was no
24 man in all the Reaume kepte so grete an house as he did / nor was so moche renomed / And whan he came to hym / he fonde hym at *He goes to Ferant,* Dyner, & Surnome & Athis seruyng him, for he coude neuir make *Prince Philip, and* hem do othirwise / but to be more diligent yn his seruice than any *Prince David.*
28 othir man / that longed vnto hym / Ector is thus entred in-to the halle, and salowed fferaunt and alle his company / and aftir, he asked whiche was he that men called Le Surnome. fferaunt behelde him, and sawe him yonge, faire, and wele proporcioned yn euery feture /
32 and all smylyng, saide vnto hym / "my frende, biholde, this same is he / ye may sey to him what it pleasith you / And if ye will speke with hym a-part, ye may " / " In good faith, sir," said Ector, "nay / y had leuer speke with him yn presence of moo folkes / for
36 that his loos & renomee sholde be knowen / and y wold y were of suche worthynesse that he might be enhaunsed by me; hou be it, he hath little nede therof, for it is spred throughout alle the world." and than saide he to Surnome, "kynge ffirabrace, youre prisoner,
40 that holdith hymself weel ewred [2]sith his fortune is to be prisoner / [[2] lf. 72, bk.]

to be taken of so noble and good handes as of youres, and accordyng
to promesse, that of pite, & by trety, ye made hym to make / he
recommaundith hym to you, and sendith me to you, to do with me
what it pleasith you, & hath deliuerd me out of that prison / wher-
yn y was brought by fortune and tempest of the see / and he sendith
you worde for trouthe, that yet hath he founde no moo cristen
prisoners / And whom-som-euir it bifalle, wele I thanke god it is
bifallen me wele nowe / and aftir, y thanke you, whom god hath
youen the grace to helpe me out of this daunger / wherfore, yn
accomplisshyng my feith & promys, y yelde me to you" / than
kneled he downe bifore him, and wold haue kissed his feet / Le
Surnome, alle abasshed of the honour he did hym, toke hym vp by
the hande / and saide / "my frende, y thanke God that ye be
delyuerd / for me thinketh it had ben grete pite if ye had ben
thus lost. And for Rawnsome, y shalt put you to choise, whethir
ye wilt be felawe to Athis & me, or maistre of oure chambre / and
take which it pleasith you." "fforsothe," saide Ector, "I am no
man of suche honour to be felawe with neither of you / But and it
pleased you to take me as your seruaunt, I wolt desire no grettir
honour / and I thinke me wele fortuned so for to be" / fferaunt,
that sawe this yonge man stande with Surnome and Athis, thought
hym-self right moche bounden to god; for eueri day befille hym
good aventures / for he hadde grete trust in Ectours worthynesse,
and was right glad that he logged with Surnome and Athis; and
toke hym in reputacion as felawe to theim. Thise tidynges came
to the kynge and to the quene / and to their faire doughtir as they
sate at dyner / and eueri man saide, that he was wele fortuned that
was sent in-to the company of Surnome. Than was tolde the
maner of his comyng, and howe grete ioie fferaunt had therof.
"fforsothe," saide the kynge / "he is happy / & hath cause to be
ioifult, for his renomee is multiplied & doubled with straungers
that come to his seruice, whiche, had not ben for his displeasir, I
had receyued hem long sith of my houshold / hou be it, I haue ben
serued with them in his company, as wele or bettir than if they had
ben abidyng with me" / As they were yn thise wordes, came yn the
Seneshalt and Ector with hym, whiche he brought vnto the kynge,
and he salowed hym right [1]humbly / and the quene & hir doughtir /
And than the kynge enquered hym first of the maner of his person,
and aftir his deliuerance, and of the tidynges of beyonde the see /
and in euery thinge he answerd so wele & so wisely, that the kynge

[1 leaf 73]

The Sultan appeals to his Subjects for fresh Help.

and alle folkes had grete ioie to here hym / Aftir dyner was he
brought vnto the ladies, whiche had grete ioie to beholde him / and
so had fferaunt, whiche saide, he was a man replenysshed of all
4 beaute yn visage and body / and in wordes and maner fully assured,
"and I trust fully yet to se him do as moche in dedes of armes as
alle thise" / "fforsothe," saide the folkes to fferaunt, "we leue it
wele; and ye be moche bounden to god, for he hath gyuen you
8 fortune to haue noble seruauntes." Thus contynued Ector with
feraunt and his ij. felawes, abiding the ceason of the Turkes comyng,
whiche they thought right longe. The kynge made them alle iij. to
be reteyned with his doughter / hou be it, their moost abidyng was
12 with fferaunt / But yet, to put them to the more honour, whan they
were there as she was, they did hir dayly seruice / And eueriche did
his seruice so proprely / that it shewed wele they had be norisshed
vp therin. And amonges them iij. was suche frendship / that eche
16 of them desired to honour his felaw more than himself. Now leueth
to speke of the kynge of Sizile and of his company, and retourneth
to the Turke, that was in his contre / as ye haue herde.

Prince Humphrey stays with Ferant and Prince Philip and Prince David.

Aftir the departyng of kynge ffirabras, his Brothir, many of
20 his sogettes beganne to grucche ageinst him for the wrong
that he had done vnto his brothir; and moche peyne had
he to appese it / And fro that day forth, neuir encreased he / ffor
ffirabas, that sawe him self in daunger of prison, wold neuir after do
24 his brother seruice yn the warres, he nor noon of his sogettes. And
if he had not be prisoner / many folkes Iuged he wolde haue made
warre ageinst his Brother him-self, for the grete vnkyndenesse he
hadde shewed him / Neuirtheles it was for that tyme appesed. The
28 Turke made, all this ceason, ordinaunce for his goyng yn-to Sizile /
and assembled alle his men / seyng vnto them, "my frendes, ye
knowe wele howe y haue enterprised to conquere the Reaume of
Sizile, and howe y haue at this day in my ¹hande, fult nigh half
32 the Reaume / and if y shold nowe leue of / it were to me grete
shame / wherfore y aske nowe counsell therin / for y am affermed
to go thidre / But y aske aide and comfort of my sogettes and of
my frendes / whiche is the cause y nowe haue assembled you" /
36 Than toke they counsell amonges them; and, in conclusion, euery
man ayded the Turke aftir his power / more than euir they had
done bifore / so that he coude them right grete thanke / Than
mustred he his folkes, & fonde his nombre grettir than euir it was.
40 Thus emploied he the tyme of the trews in purueaunce, that he was

After King Ferabras's departure, the Sultan never prospers.

But he prepares for his fresh invasion of Sicily.

[¹ lf. 73, bk.]

9

concluded, aftir the feste of seynt Iohne, to entre in-to the Reaume of Sizile / to make grettir warre than euir he had done bifore / This was his armes & his departyng concluded / & euery man apointed what he shold do / and him self determyned to lay seege bifore the Towne of Naples, where as the kynge was, the quene & hir doughtir / and the moost of alle the noble folkes of the Reaume / seyng verrily, that if he had ones conquered that Towne, he sholde haue little besynesse to wynne the remenaunt of the Reaume / Thus thought they that they had little to do, but with that Towne allone. They ordeyned also an othir grete company, beside them that shold ly at the seege, to conduyte their vitaile & ordenaunce, without distourbyng or troublyng of them that shold abide at the seege / Than were the Capteynes ordeyned that shold haue the charge of euery thinge / And when alle was wele puruayde / The Turke abode stille in peas til the tyme came that he sholde go in-to Sizile.

NOw seith the tale, that the kynge of Sizile, that was fulle wise, made alle diligence to knowe & enquere the purueaunce of his enemyes / & spent grete good to the same entent / and did so moche, that he had waged folkes of the Turkes owne / and knewe by them, alle suche apointement as the Turke had taken / and here-vpon he assembled his counsell / and tolde hem how he was asserteyned, and praied them eueri man to take aduise there-vpon, for it was tyme / the newe ceason approched so nigh, wherfore it was expedient to take good aduise & short, here[1]vpon / and many mocions were made vpon the maner of his conduyte, but no ferme purpose was takyn / This tyme ranne ouir alle of the grete ffense that the kynge of Sizile made in his Reaume to thencountre of the Turke, and howe that the trews shold breke vp at the feste of seynt Iohne / and than the Turke shold come ageín in-to the Reaume of Sizile with grete power / but for alle that, there was no kynge nor othir prince that any thinge disposid hym to the helpe or socours therof / Thus on a day the kynge of Sizile, to whom the matier touched moost, whiche daily and hourely had it yn remembraunce, called some of his moost secrete counselle / & newly toke avice of this matier / and there-vpon euery thinge in writyng, yn suche wise as ye shal here / ffirst it was apointed to write and sende newe messangers to alle cristen Reaumes / wherin he had no grete trust of socour, for many tymes had he done so before / natheles, in asmoche as the matier was newer than it had ben othir tymes / for it was aftir a longe trews that the werre shold begynne agein / And also

The King of Sicily arranges his Defence to repel the Turks. 121

that they shold not thinke in hym that he was so presumptuous /
that for the wele of the cristen feith he deyned not to requyre no
body / ffor thise causes, concluded he to sende to alle Reaumes / hou *The King of Sicily appeals*
4 be it, he had no hope but only yn god, and yn his owne power / *to other realms for*
wherfore he purueide him as weel as he coude, with the helpe of his *help.,*
owne folkes, to abide suche fortune as god wolde sende him / And
hou-be-it that he had tidinges that the seege sholde be leide bifore
8 what place that he were yn / yit lette not he to purvey and ordeyne
his othir places / and to sette good and sure Capitaynes in eche of
theim, and concluded fro that day forthe to fortifie alle his places /
& to purvey for alle thinge that was nedefulle to the kepyng of them,
12 for as long tyme as his power might stretche vnto. Aftir, ordeyned
he for the place that he wold abide yn him-self, the Quene and his
doughtir, and suche folkes as he wolde haue with him / Than *He bids Ferant and*
apointed he fferaunt & his company to abide with him / Aftir this, *his men stay in Naples.*
16 ordeyned he, that if the seege were bifore him, a general Captayne *He appoints a Captain-*
that shold be his lieutenaunt at large in his Reaume, whiche sholde *General in the country*
haue [1] power to assemble alle the garisons, what tyme it pleasid hym, *[1 lf. 74, bk.]*
for to distourbe & trouble his enemyes / & the seide lieutenaunt *to manage the troops*
20 shold haue a certayne nombre of folkes that sholde haue none othir *there; and*
charge but to accompany hym / and to go with him to suche place
as nede sholde be, for to recomforte them, as wele by power of folkes
as othir wise / if by dethe, or fortune of werre, the garrisons were
24 amynysshed / Aftir, he ordeyned that alle men shold drawe theim to *orders all folk into*
the good Townes, with alle their goodes and catelle, for to sustene *garrison towns.*
the garrisons / and also to thentent that their enemyes shold fynde
scarste of vitaile to comfort and releue theim with. Thise thinges be
28 put yn writyng. than he assembled his Captaynes and his Counselle,
as many as he might / and in their presence made it to be redde /
seyng vnto them, that this was but a maner of a mocion, praing
them to take good aduise theron / and euery man to sey his opinion.
32 ¶ It was thought by them alle / that they coude take no bettir *The Sicilian Council*
aduise than the kyng had shewed theim / trustyng, if good were *agree.*
their good Lord, the Turke shold haue wers welcomyng than he
had laste / thinkyng that, if he had not bettir yere amonges them
36 than he had laste, he shulde be right wele content to take a lenger
trews / and neuir to come again / Thise thinges thus accorded &
diligently done / messangers were sent to alle Reaumes / the Capi-
taynes named & proclamed thorughout alle the Reaume / that euery
40 man shold take his good and his catell, & draw him in-to goode

Townes / for the sauacion of them and their goodes / Thus euery
man entendid to his charge, and did so diligently, that yn litil
while alle thinge was done as the kynge had ordeyned. fferaunt
had the charge to fortifie & furnysshe the Townes that the kyng
shold be ynne / and he did it so diligently and so wele / that it was
impossible, if god were their good lorde, for any men to wynne it
for many yeres / ffor ye may wele thinke / there that the kynge,
the quene, and hir doughtir were / there lakked nouther vitaile nor
ordenaunce / Thise thinges thus purveid as ye haue herde / alle the
Reaume was wele recomforted, to abide suche aventure as god wold
sende hem / The tyme drewe fast on, that the trews shold breke /
and euery Capitayne drewe him to his garison, with suche company
as was assigned hym / and kepte [1]suche rewle and ordenaunce,
aswele of spense of vitaile as of othir thinges, as if the seege had be
leyde before them / for they knewe wele it wold be long or they
coude gete any more vitaile. And on the tothir partie, the Turke
assembled his folkes to go in-to Sizile with grettir nombre than euir
he had bifore; he made to charge grete shippes with vitaile & orden-
aunce, so that hym thought no thinge sholde faile him / He made
them to be brought in-to suche places in Sizile as helde of hym /
and ordeyned his folkes to conduyte hem fro thens alway to the
seege, as nede shold require, like as ye haue herde bifore / his
ordenaunce was so grete, that it was meruaile to se it / He and alle
his folkes landed at the port of Capletrent / and whan he had ben
there a while, he toke his iournay toward Naples, to lay seege there;
for there was the kyng alle at his ease, redy purueid ageinst his
comyng / whan the kynge vndirstode thise tidinges, he was alle
recomforted, trustyng verrily in the helpe of god, and thought right
longe aftir the Turkes comyng / But of alle othir, Ector was moost
ioiful of their comyng / ffor, daies of his lif, he had neuir sene bataile
nor none assemble in armes / and alle his desire was to folowe Sur-
nome & Athis, to se the worthines that he had herde speke of theim,
and to take ensample at theim; for wele he wist that there was noon
so moche renomed in the Reaume as they / And thise iij. loued to-
gedir as they had be bretheren / ffor neuir had they but one loggyng,
one purs, and one wille / and neuir was there amonges them angry
word / Surnome & Athis had grete desire to wite how Ector sholde
demene him in the werres, for that he was so perfite in alle othir
thinges; and he purveide, so that he was right wele horsed and
armed / and eche of them iij. promysed feith & trouthe to othir /

[1 leaf 75]

and bicame brethern in armes / ye may wele thinke that the ladies
and gentilwomen, whan they sawe hem in this case / were not wele
assured when they herd the belle of the wacche, for the comyng of
the Turke : they wepte ful sorowfully / and euery man recomforted
them / and brought them to suche places where they might se the puyssaunce come / and if the grete drede that they had of the werre
had not be / it had ben a good sight to see / ffor the Eyre and the
erthe ressplendisshed with the Baners of gold, and of siluer, and of
Cootes of armes / & ¹of bright harneis / & the riche abilementis
they had for their horses. So many folkes there were / that the
Ladies and gentilwomen wende there had not ben so grete a power
in alle the world, and had more feer than euir they had / ffor it
semed them the Towne might neuir endure ageinst them / And
thus came this company in iij. partis, for to besege and enclose the
Towne. withyn the Towne was there a vij. or viij. thousand feight-
ing men / And for as moche as they were there with the ladies /
they desired to do some thinge at the bigynnyng that myght recom-
forte theym / and concluded that on the next morowe, yn the morn-
yng, they wolde visite their neighbores. ¶ Now y shall telle you
of the Turke, howe he did : he remembred him of the [seege] that
he had layde bifore fferaunt / and how in loggyng them he had a
grete skarmyssh, and lost many of his folkes / wherefore he ordeyned
that euery day shold be a grete company arredied to horsbak /
waityng on a Captayne / to drawe sodeinly to what part nede sholde
require / And there were iij. grete puissaunces, as ye haue herde, in
iij. parties of the Towne / And of that one, was Orkays cheff ; and
of the tothir, the kynge of Luby ; and of the iij^d. the Turke himself.
¶ Now cometh the day that the sawte sholde be made. for asmoche
as the Turke knewe ful wele the[re] were many folkes withyn, he
wold not begynne the saute till the sonne were vp. fferaunt, that
was fulle wise and wele vndirstandyng in suche matiers, saide to the
kynge, "sir, please it you to stande at the gate / and lete no man
go oute, but suche as I wilt / whiche y shull put alle bifore me" /
And than he apointed suche as shold come with hym ; and for drede
he had of Surnome and of his felawes, he made them to promesse
& swere that they shold withdrawe them assone as they herde blowe
the retrayte / Thus alle thing ordeyned / he departed out of the
Towne with ij. thousand feighters / and did so moche, or the cry
arose that they were amonges the kyng of Lubyes Tentes / and ouir
ranne many of his folkes / the crie and the noise arose thorugh alle

the hoste / and than they that had the charge to a-waite on suche sodeyn cries, were redy anone with the kynge of Luby / and came quikly on fferaunt and on his company, In so moche that by force it behoueth hem to withdrawe / and there were some of his folkes taken / wherof Surnome was right heuy and sory / and he [and] his felawes retourned ¹agein to rescowe them / and neuir bifore had he aquytte him so wele as he did there / ffor by the noble prowesse of hym & his company, their enemyes were fayn to withdrawe them agein toward their tentes. All this encountryng shewed wele the worthines of Ector / that neuir vnto this day was sene in suche case / *Prince Humphrey and Princes Philip and David fight valiantly.* They iij. to-gedir did so in armes, that it was meruaile to thinke / and it semed by Ector that he had ben alwey brought vp in that crafte / the feeld a-boute them was al steyned and couerd with blode / and with ded folkes, In so moche that fferaunt was alle abassed / & entendid to no thinge but to beholde the hardynesse of his iij. seruauntes. *The Turkish 3rd and 1st Divisions attack Ferant's men.* And as they were thus feighting, came the Turkes power and his sones / vnto the Kynge of Luby / and than they came so sore vp-on the cristen men that they put them alle out of aray / whan fferaunt sawe this, he sent vnto the kyng for a thousand men moo to socoure them, to helpe to withdrawe them. Than made he to blowe the retrayte / and the iij. felawes, by force of Armes, were departe eche fro othir / and Surnome was enclosed among so many / that hou-be-it he defendid him right valiauntly / *Prince Philip is taken prisoner.* yet was he taken be might / for ouir many folkes were on hym / and was anone had out of the prees / seyng fferaunt his maister / that at that tyme wold haue ben ded / ffor he knewe weel that alle the gold in Sizile might not bye him agein, and he might not helpe him / for he and his company were so sore ouirsette / that with *The Sicilians retire,* grete peyne they recured agein in-to the Towne / and had lefte behinde them the chief of alle their werre / ¶ But now here wher-on fferaunt aduised him / he toke al the folkes of armes that were *but make a fresh sally against the camp of the Turkish 1st Division.* with the kyng at the gate / and sodeinly went out at the gate that was ageinst Orkays tentes, for he sawe him vngarnyssht of alle his folkes / and bitwene his loggyng and the Turkes was a ryuer / and there was no brigge ouir it / but a litil passage / where might not come past ij. horses or iij. on front / and yit with grete peyne he ordeyned a good company to kepe that passage / for by none othir wey coude Orkays haue no socoure / Thus was fferaunt, with grete part of puyssaunce of the Towne, come to Orkays tentes / and there ²endured the bataile fulle long amonges them / By that tyme was

Athis and Ector enfourmed of the takyng of their ffelawe / whom they held in part for their maister / for whos sake they had suche sorowe that it was meruaile to wite / fferaunt ascried vnto them / "my frendes, now it is tyme that eche of you put peyne to the rescouse of his trewe felawe, which rescuse can not be without takyng of Orkays, sone vnto the Turke; now shalt be seen who shalt do wele; for trewly, if one of you were in suche daunger / the good Surnome wolde put him in grete deuoir / the ij. felawes lefte their sorowe / and, as they that had ben oute of their wittes, aventured them forth amonges the presse, without casting of any perilt or drede of any daunger; there was neuir man sawe ij. men do so moche in one day in Armes as they did / they were so besy in euery place, that their enemyes thought they sawe noon othir men but them, so moche they dred them / fferaunt folowed them alwey, and had as leef be ded, without he might haue day to rescowe his yonge seruaunt / he had at the leest in his company .v. thousand feighters, which were of fult good corage / and, by their strength and power, yn short tyme was Orkays and alle his company put to playne discomfiture / and Orkays takyn prisoner by the handes of Ector, that presented him anon to fferaunt, whiche was right glad of his takyng, trustyng therby to recouer Surnome. The meane tyme that this noise and crye was, the Turke sent many of his folkes on horsbak to the rescous of his sone / wherby he thought him sure y-nough / But they that were apointed by fferaunt to abide at the passage, kepte it so wele, that noo might passe there / and at the diffence was grete mortalite of the Turkes. whan fferaunt had done this iournay, and sawe Orkays in his handes in saufte / and that his folkes had take suche pillage as they might easily bere with them / and had set fyre in the remenaunt / he made to blowe the retrayte / and withdrewe them in-to the Towne / hauyng prisoners withoute nombre / but, ouir alle othir, he was glad of the takyng of Orkays / whan they were entred agein into the Towne / the kyng was enformed of the takynge of Surnome, and so were the ladies & gentilwomen / and the tidynges spred thorugh alle the Town, wherof the ¹sorowe and complaynt began as moche as if the kyng had ben ded. And the kyng himself was so sory, that noman might comforte him / hou-be-it he had the Turkes sone yn his handes / for he helde him so cruelt and felonous, that he had leuer lete his sone dye than deliuere Surnome, by whom he had hadde so many losses and hurtes / Natheles he concluded to sende vnto the Turke an heraude

Prince David and Prince Humphrey,

with Feraunt and 5000 men,

capture the Sultan's son, Orkays, rout his 1st Division,

pillage and burn his Camp, and retire to Naples.

[¹ leaf 77]

marginalia	
A Sicilian Herald is sent to the Sultan.	of Armes, to certifie him of the takyng of his sone, willyng him to entrete Surnome none othir wise than he wolde haue his sone entretid. [*Illumination: Surnome bleeding, in a shirt; gallows; sally from the Town.*]

NOwe retourne we to the Turke, that, aftir the distresse that he had vpone fferaunt and his folkes, and that Surnome was brought vnto hym / and that he knewe werily it was the same by whome he had hadde so many tymes losse & hurtes; and at that tyme he knewe no thing of the takynge of his sone /

The Sultan And whan Surnome was brought a-fore him / he thought for ioie his worthinesse was doubled / and behilde him, and sawe him so personable and amyable / and so wele assured, that he hadde determines meruaile to beholde hym / and concluded in him self / that he wold neuir slepe til he had taken on him cruelle veniaunce, and saide vnto him / " Thou vntrew cristen man, thyn vnhappy comyng in-to this lande hathe done me more damage than did the puys-to put Prince saunce of cristen kynges : I shal neuir slepe / or y se the ded bifore Philip to death. myn yen." Thus Surnome, hering his deth / with humble corage content to abide it, for the pleasir of god / answerd agein vnto the Turke, seyng, " O turk, by my dethe shalt thou not be kyng of Sizile / for there is many more worthy than euer I was, yn the seruice of the kynge; wherfore y knowe wele my dethe shalt be [¹ lf. 77, bk.] litil damage to cristen; ¹and therfore y am to endure suche peyne and turment as thou wilt deuyse, whiche y shall receyue in ioie " / The Turke, for angre, might no more here him speke, but ranne on He scratches the Prince's face, and says he'll see him hangd after dinner. him / and scratte him in the visage / and made him to be voided out of his sight / and commaunded that gallowes shold be made anoon; & concluded, that aftir he had dyned, he wold go hym self to se him hanged / They of the Towne withyn, seing thies galowes adressing, enfourmed the kynge therof / And than bigan the sorowe more than bifore, thoroughout all the Towne / for they knewe wele it was made for Surnomes sake / There might ye se ladies and The Sicilians sorrow for Prince Philip. gentilwomen wepe and sorowe / but ouir alle other sorowed Iolant, the kynges doughter. There was the beaute, bounte, witte & worthinesse of Surnome, many tymes remembred & complayned that day / & euery body thought that, at the houre of his dethe, alle the vertues of the worlde sholde be lost / The kyng was alle out of mesure / as he that had lost only by Surnome alle the ioy he had in this worlde / thinkyng that, after his dethe, he wold no lenger lyue / Ector also, and Athis, were so fer from alle reason, that, for men wold not lete them go out at the gate, they wolde haue lepte

The Sultan will sacrifice his Son Orcays, and hang Prince Philip.

ouir the walles / It is alwey saide that a mannys witte ys neuir vndirstond til at a grete nede. ffferaunt, that neuir was dispurueid, made hastly a paire of galowes to be set vpon the walles, yn the sight of 4 Turkes, and euen bifore his loggyng, as though he wold make Orkays dye ther-one / And yit, notwithstandyng þat, fferaunt put yn aduenture him self and alle that were in the towne, reseruyng the kyng / and a fewe that waited on him / & thought werrily alle 8 to dye, or to rescowe his seruaunt / and to this apointed alle his folkes, and in especialt Ector and Athis, whiche filt to his fete for ioy / humbly thankyng / And yet, notwithstandyng the grete sorow that he had, he comfortyng them, seyng / "what, we haue yit no 12 tidynges of the messanger that went to the Turke. I haue trust in god, and also know wele the loue that a ffadir hath to his childe / wherby he wol neuir be consentyng to the dethe of his sone / And that the prise that hath be made by you this day, my frende Ector, 16 at youre nowe comyng, shalt be the sauacion of youre felawe" / Many turkes sawe thies galowes yn makyng on the Towne walle / and anone tolde it to the Turke, [1] whiche strecched him vp at the boorde, and saide / "Lete them hange whom they can gete; for 20 there is none shalt lette me to hange this that y haue" / And euen at the same tyme came yn the heralde from the kynge of Sizile, with the message þat ye haue herde tofore / The Turke, hering this, was gretely ameruailed / and coude not bileue it / for he had 24 herde no worde therof bifore / wherfore he saide al wrothly to the messangers / "If the kynge, and they of his company, coude by their language saue the lif of their man / they had wele lerned to speke / But, as for my sone, that is so vnhappily lost, y wolt not respite 28 the lif of this / but the rather delyuere hym to the dethe" / And than made he to brynge him to se Surnome, that was redy to go to his dethe / and the rope aboute his nekke / and whan he sawe him in this cas, he was so sory that vnnethe he might stonde on his 32 fete / but Surnome comforted him, and saide / "I pray you, recommaunde me to the kynge & to the quene / and to my faire lady, their doughtir / to whom y haue euir ben trewe seruaunt / and recommaunde me to fferaunt, my good maister / and to my ij. 36 felawes / and sey I praied them not to compleyn nor sorowe my dethe, for y trust verrily in the mercy of god to dye wele / Natheles, pray them to pray for me" / Than he toke hym by the hande, the teeres yn his yeen / and bade hym farewele / and praied 40 his ij. felawes also to take his dethe agreably / thus the messanger

Ferant sets a gallows on the walls of Naples, as if for the Sultan's son.

[1 leaf 78]

The Sultan declares he'll hang Prince Philip,

and let his own son die.

departed, & came to the towne / and tolde the kynge and fferaunt
how he hadde founde him. And whan they herde this report, it
touched their hertes so nygh / that they thought they sawe Surnome
bifore them / in the same cace that the messanger had seen hym / 4
and after they had wepte & compleyned / euery man concluded
either to dye or to rescowe him / Two hundred men were ordeyned
to go to thise Iuyse / and a M*t*. to renne on them that kepte the
place, and ij. M*t*. redy to socour them / if nede were / and the 8
kynge redy, in his owne persone, at the gate with iij. M*t*. to releef
them / at their comyng yn agein, if nede were. And thus was
euery thinge ordeyned and redy / and Ector and Athis were de-
lyuered the charge / whiche toke it on them with right goode 12
corage / Surnome, [1] on that othir side, that abode no thinge but
dethe, compleyned his fadir & his modir, and them of his reaume /
and compleyned his contre, that shold stonde withoute heyre /
Aftir, he compleyned the kynge of Sizile, the quene and their 16
doughtir, his maister and his ij. felawes / prayng god right hertily
to comfort them, and sende them all good auenture, and in especiall
that his faire lady shol neuir come in the handes of tho mys-
creauntes. Aftir this, he praied god to haue mercy & pite on his 20
soule, seyng that in his seruice he shold nowe take the dethe /
humbly besechyng hym, of his grace, to receyue his soule / and of
his grete mercy to pardone alle his offences. ¶ Whan the Turke
had dyned, he herde tidynges that his sones loggyng was alle ouir- 24
throwen and brent / a[nd] moo than x. or xij. M*t*. men slayne / and
his sone taken prisoner, and brought in-to the towne, and the moost
part of the grete lordes and noble men of his company / If the
Turke were soroufull, it is no question / and, for the grete angir, 28
forgetith alt fadirly loue, and the seruyce of alle those lordes and
noble men that were taken prisoners / and forgetith also his owne
brother / that was prisoner to hym that he had than in daungere,
by whom he myght haue had his brother agein, or his sone / but 32
than alle was forgoten / And thus, as a wood man furiously puttith
the boorde fro him, without aduise, or settyng any ordre to the dede
of Iustice that he sholde do / and asked alle hastily where was the
prisoner / and men brought him forth ; and he toke hym by the 36
Rope that was aboute his nekke, and drewe him so hard that, if
folkes had not taken him awey, he had strangled hym / but his
folkes toke him from him / and seide / "sir, this bilongeth not to
you to do / lete the hangman do his office, sith ye be so fere forth 40

The Sicilians rescue Prince Philip from the Gallows.

that no reason may meue you / we be kynne and frendes to them *The Sultan's folk reprove him,* at this day, that by yo*u*r cruelte we shal se dye / and yo*u*r self be cause therof, and also of the dethe of youre owne sone / ffor, be
4 assertayned, they w*ith*yn haue no suche drede / but assone as this man is ded / he and alle they shall*e* dy bifore yo*u*r yen / And whan yo*u*r pleasir shal in this be fulfilled / yo*u*r sorowe euir aftir shalbe out of mesure / and then shal be to late ¹to repente, for it shalbe [¹ leaf 79]
8 passid remedy / Also yo*u*r brother, or his plegg*es*, shall*e* dye with sorow and shame" / But of alle that euir they seide vnto him, he rought not / and sware by his godd*es*, if they spake any more, he *but he threatens them,* shold make them all*e* to dy an euyl deth / and toke a grete staff yn
12 his hande / and made them cary forth the prisoner to the gallowes / and euir layde on him so grete strokes, that made him alle blody / *and beats Prince Philip till he's all bloody.* now sent he forth so woodly this prisoner, that he had but fewe folk*es* aboute him / and yit they that were in his company were in
16 suche sorowe and distresse, that they had as leef dye / as lyue / for their kyn and their frend*es*, that they sawe in suche daunger w*ith*yn the Towne / and for that cause there was the more vnsure guydyng in this matier / The wacche of the Towne sawe the multitude of *The Sicilians see Prince Philip led to the gallows.*
20 folk*es* comyng / and Surnome among*es* them, ledde like a theef; and the folk*es* couerd aH the felde / they went & tolde the kynge & fferaunt, whiche wepte for pitie that Surnome was so pitously entretid / Surnome bihelde the Towne, wherin he had hadde so
24 moche pleasir & ioie, thinkyng neuir to come ther more / for he loked aftir no thinge but dethe / often reco*m*maundid vnto god alle them that were w*ith*yn the Towne / and whan they were come nere the gallowes, Ector and Athis, that were apointed to go to the *Prince David and Prince Humphrey sally out,*
28 Iuyse, toke their company w*ith* theim, and went thider as fast as their horses might renne, fore drede that they sholde come to late / the Turke, seyng this auenture, cried many tymes that men shold kille the pr*i*soner, but there was noon that coude fynde in his herte
32 so to do; and there durst they not abide, for they were alle out of array / And at that tyme, were slayn and taken many grete lord*es* *rout and kill the Turks,* of the Turk*es* pa*r*tie / whan Ector & Athis, whiche had the charge to rescowe their felaw / fonde him allone, w*ith* his visage all blody, *rescue Prince Philip,*
36 of the strokes that the Turke had youen him on the hed*e* / they wende he had ben hurte to the dethe / and were so sorowfuH, that vnnethe they might speke one worde / Natheles, they set him vpon horsbak / and brought him agein in-to the Towne, w*ith*out any *and bring him into Naples,*
40 encombraunce or hurt of any cristen man, and vnto the grete losse

THREE KINGS' SONS. K

[¹ lf. 79, bk.] & damage of the turkes. And ¹whan they were comyn in-to the
Towne, they had grete drede of thurt Surnome had on his hede /
for they wist not wele yit how it was with him / Than Ector and
Athis brought him to loggyng, and sawe that he was right seke, and 4

hurt and bleeding. sore diseased / for his nekke was gretly swolne / and alle the skynne
of / with the streynyng of the rope / and his shuldres also were
blac with the strokes of the staff that he had / and in his hede he
had a grete stroke, whiche was alle blody and swolne / and his 8
visage was all to-scrag / The kynge made to sende for alle his

But the Sicilian surgeons say he'll soon be well. surgeons, & made them to serche hym / whiche saide that he was
sore hurt / but they sawe no drede of dethe yn hym / but that he
shold be heled withyn litil while / The kynge and his company 12
was ioifull of this tidynges; and then was tolde to Surnome the

He is told of the valour of Princes David and Humphrey, grete worthinesse and prowes of Ector that day / and also the grete
armes that he and Athis had done to rescowe hym, and yn what
auenture fferaunt, their good maister, had put hym that day / whiche 16
semed to be bettir content with his dethe than to lyue / & how

and the capture of Orcays. Ector had taken with his hande the Turkes sone / And alle this was
tolde him to reioice hym / ffor euery man knewe wele þat the
preise and grete renome of his noble maister, and of his ij. felawes, 20
was one of the grettist ioies that he coude haue / All thise wordes
were seide vnto hym by the kyng, whiche was come to visite him /
And Surnome answerd hym, & saide / "sir, y thanke god and you /
that it pleasid your grace, for so pore a man as y am, to parte oute 24
of your towne / and put yourself yn daunger / whiche y neuir
coude deserue / But y shall put me in deuoir alwey to do you the
bettir seruice" / And thus departed the kynge fro hym, and came
to his owne loggyng / and there mette with hym the quene, hir 28

The ladies grieve over Prince Philip's wounds. doughtir, & alle the ladies, whiche were right sorowfulle of the hurt
of Surnome. but the kyng tolde them for trouthe that he was in
noo perill of dethe / wherof they were as ioifull as they might be /
ffor there was noon erthly man so moche biloued of euery body in 32
alle honour as he was, and in especialle of alle them of that Reaume /
for sith his comyng, the reaume was more furnysshed of noble men
than euir it was bifore / and he neuir did ne seide thinge that

[² leaf 80] sholde displease any body / Thus by ²hym daily encresed their 36
ioie / But alle othirwise went it yn the Turkes hoste / for he was so
troubled at that tyme, that he was half in dispeire / and rought not
to haue slayn hym self, to haue ben oute of his grete sorowe / whan
he was with-drawen & retourned in-to his tente / and knewe for 40

The Sultan replaces his Son's destroyd Force by his Reserve. 131

certayne þat his prisoner was deliuered / and what outrageous losse The Sultan
he had of the moost notable of his counselle, that were dede &
taken, and wele a xij. or xiiij. hundred men slayne beside / and of
4 the cristen, not one hurt at that tyme / And also howe his sone was
prisoner, whiche might haue ben deliuered hym ageyn / had not be
his outrageous pride / And at the takyng of his sone, slayne the
same day .x. or xij. M^t men. Remembryng all this, he was so is sad at all
his losses.
8 soroufull that he wist not what for to do / but sent in alle haste for
his counselle, and for his Capteynes / and praied them to gif him
their best aduise. And if bifore dyner he were hote and tempest-
ous / now is he colde and sobre / for he hath had a sharpe showre
12 to cole him with / There was noon of his folkes that bemoned him / His folk hate
him.
but in their hertes dedly hated hym / and dispreised hym / and
seide amonges themself, that there was neuir cruell man in the ende
had honour nor glory; and they thought wele their goddes wolde
16 punysshe him for his cruelte / and for thys cause they were alle
discoraged / Natheles they aduised them, by alle weies they coude,
to kepe their honour yn that they had to do / And sent for the But they send
for their
puissaunce that they had ordeyned to conduyte the vitailles & other Reserve to
take the place
20 purueaunce for the hoste, and logged them where as Orkays had of their lost
1st Division.
ben discomfite, & made ij. or iij. brigges ouir the watir / and thus
was that quarter furnysshed agein / But for alle that, they were
more in drede of them withyn / than they withyn were of theym /
24 The Captayne, that the kyng of Sizile had ordeyned to be his
lieftenaunt thorugh his reaume, knewe for certayne that this grete
armee, that shold conduyte his vitale, were than at the seege, and
might not departe thens / wherfore he thought their vitaile shold
28 come to them with litil ease, if he might / and than assembled he a
good company togedir / and daily troubled them, bothe in takyng [¹ lf. 80, bk.]
fro them their vitaile, and sodeyn ¹assautes, comyng on them in the The Sicilian
Captain-
night / and put them in suche trouble that they were wery of their general daily
harasses the
32 lyues. In this wise endured the seege aboute a iij. monethes / In Turks.
this meane ceason was Surnome alle hole, and came to se the ladies,
as he had ben accostomed to do. And the kynge thought, as his
bien venu / and for to reioice the company, to make a Banket, where
36 the ladies and gentilwomen shold be / and the Turkes sone / & a
grete part of the noble men that were prisoners / for he wold
reherce vnto them the cruelte of their maister, And also to make The King of
Sicily gives
Surnome to telle of his aventure. Thus ordeyned he this Banket / his Captains
a Banquet.
40 and sent for his Capteynes, the renomed, & in esspecial for fferaunt

K 2

& for his iij. seruauntes, whiche iij. serued the ladies at this
Banket / hou be it, the kynge wold haue had them to sitte downe /
There sate downe the kynge & the quene, and bitwene the quene &
faire Iolante was sette Orkays, that ful gladly bihelde this faire 4
lady / And if he had ben lorde of alle the worlde at that tyme, he
The Sultan's son, Orcays, falls in love with Iolante. knewe no woman that he wold so fayn haue had to his wif / and
thought yn his mynde, by meane of mariage bitwene them two, the
peas might be made / and or he wolde leue hir, he wolde take the 8
cristen lawe / and fro that day forth abode he in this thought / like
as ye shalle here. many othir prisoners were sette at the kynges
boorde, that gretely bihelde his persone and his demeanyng / so
they did the quene and hir doughtir / fferaunt was set at the 12
kynges boorde, with many othis folkes of honour, that sate ther also.
whan the kynge had seten ther a while / and ben mery amonges
At the King's command, Prince Philip tells how the Sultan had him bound to a post, them; he fille in question with Surnome of his hurtes, and com-
maundid hym to telle the trouthe how it was. Surnome durst not 16
disobey the kynges commaundement, but tolde of his takyng, & of
the Othe the Turke made assone as he was brought bifore hym /
that he sholde neuir slepe or he were put to dethe in his presence /
Aftir, how he made bynde hym to a poste / and putte a rope aboute 20
his nekke / and tolde howe the messanger seide vnto him, and
what answere he had / and how-be-it that he was not worthy to
qwite suche a prisoner as Orkays, yet was he offred for his deliuer-
[¹ leaf 81] aunce / Aftir, tolde he how the Turkes ¹folkes blamed him for 24
drede of the dethe of Orkays / and howe the kynge sent to the
Turke, & sware, if that he put him to dethe, that Orkays and alle
the other prisoners sholde be hanged / And than, with grete ire and
cruelte, he put the boorde fro hym, and came to him ther as he 28
and then nearly strangled him, stode bounden / and drewe the rope so fast, that was aboute his
nek / that he had strangild him, had not his folkes cried on him /
and seide that it was the hangmans office, and contrary to the
honour of so grete a prince to do so foul a dede / and whan he 32
herde the speche of his folkes, he vnbonde him him-self / and
and beat him on the head. deliuerd him to the hangman / and gaf him ij. strokes with a grete
staff bitwene the shuldres / and one on the hede / and conduyte
him him-self vnto the gallowes, he and his folkes vnarmed & 36
without any ordenaunce, ffor the whiche cause they might make no
resistence at his rescous. ¶ In heryng this tale, euery man wept
for pite, bothe Orkays and all the tothir prisoners. Aftir his tale
was ended, the kynge spake to Athis, and seide, "ye were prisoner 40

at the distresse of the armee of the kyng of Scottes sone / telle ye
the manere now of your takyng." Athis was alle shamefast / but he durst not disobey the kynges commaundement, and seide / "sir, it
4 is trewe þat by tempest of wedir, the vesselle that y was yn, brake, even bifore the Turkes hoste / wherby the moost part of the folkes þerin were drowned, sauf vij. or viij. that gate the lande / wherof y was one, purposing to haue yolden vs vnto the mercy of the
8 Turke, thinkyng verrily that god hat done moche for vs to bringe vs to lande so nere him, for we trusted to fynde mercy yn hym / and when he sawe vs in this case, he cried with high voice / "sle tho cristen traitours!" then were they alle slayne, sauf y / whiche
12 was to grete a pite / ffor amonges them was slayne the good Erle Douglas, that was a noble man and a wise / and whan I sawe this pitous aventure, y withdrewe me toward a litil Rok, and set my bak ther-ageinst / defending my self as wele as y coude, praing
16 all-mighti god of his mercy, as he that abode no thing but dethe / And as y was yn this daunger / the Turke cried all-wey to put me to dethe / my lord Orkays was ther present, and meved with pite, toke me in-to his handes, [1] and assured me for than / y shold not
20 dye / his fadir toke this to grete displeasir, and wold nedis haue put me to dethe, But Orkays did so moche that he put me in saftee. Aftirwarde, agein his fadir required hym that y might dye, but he wolde neuir agree therto / but did so moche, whethir his
24 ffadir was pleased or not / that he delyuerd me / and made me to be surely conduyte vnto fferaunt, with whom y haue contynued in seruice sith that tyme" / Aftir this tale tolde / euery man bihelde Orkays, and thought it was an honorable dede of hym / Than the
28 kynge commaunded Ector to telle by what fortune he was taken, whiche was right shamefast to telle his tale / natheles he bigan, and seide thus / "Sir, it is trewe that in my right grete youthe y desired to se the houre that y might be yn your seruice / for the honour of
32 god principally, and to mayntene the feith; and for the grete weeles that euery man rehersed of you, of the quene, & my lady your doughtir / wherfore it happened me to gete in-to a vesselle with notable men, that were therin / and by fortune of tempest we
36 aryued yn a lande that helde of the Turke / and y suppose that oure seruice was not to god agreable / So we were taken & brought bifore the lord of the Towne / and for-asmoche as we were cristen, they thought it a nouelte / and they presentid of the company in-to
40 diuerse places, and kepte stille with them my fellawe and me / and

Prince David then relates

how his ship was wreckt,

and Earl Douglas slain;

[1 lf. 81, bk.] how Prince Orcays rescued him,

and sent him to Ferant.

Then Prince Humphrey tells how

his ship was driven to a Turkish shore,

Prince Humphrey of England tells how he was set free.

and how, thro' Prince Philip's charge to K. Ferabras,

he dide in prison / And at the tyme of my deliueraunce, y thought fulle litil of my lif / But that it fortuned that my maister and felawe, Surnome, made his prisoner, kynge ffirabras, to promyse that he shold sende agein alle cristen men that by fortune had be taken in the warres in any landes of his brothers or his / And he, remembryng his promyse whan he came home, vndirstode that y was prisoner yn the same Towne that the Turke was yn that tyme / and he asked me of him / than was y brought bifore hem bothe / & the Turke, seyng

he was given to that king,

me so megre & pore, toke litil hede of me / but lete me delyuerd to kynge ffirabras / whiche made me be so wele cherisshed and taken hede vnto / that wit*h*yn litil while y recou*er*ed, and wex in good plite / than on a day went y to the Turke, and y waited on hym /

[¹ leaf 82] and was alle newe araied & ¹wele recou*er*ed / and he bihelde me, and knewe me not / and asked his brother what y was / and he seide that y was the cristen man that was deliuered out of prison but late / than wold he haue put me to dethe / and seide that, by the worthynesse of one man / his saide brother had be taken / and the noblesse & the corage of the Sezilians was by hym redoubled / and by an othir man, that his sone had deliuerd, he had taken so grete hurte, that it was meruaile to thinke; And his hert gaf him, if y departed, that y shold do him grete damage / and thus in no wise wolde he be agreable to my delyue*r*aunce / and so fille they at word*es* / In so moche that kynge ffirabras sware that he had leuir dye than to

and by him set free and sent to Sicily.

false his promys / than he deliuered me by night / and made me to be surely conduyte vnto this reaume / where y haue abiden euir sith / and aftir my departyng thens, the Turke sent of his folk*es* to breke vp the chambre where as he wende y had ben, to put me to dethe, in despite of his brothir. But y thanke god & good kynge ffirabras / y was out of his daunger / ffor y wote wele, and y had ben in his hand*es*, he wold haue had litil pite on me / that wold not haue pite of the dethe of his owne sone / and of so many notable men, asmoche as to deliuere one p*er*sone for the sauacione of them alle " / Alle they *þ*at were there of the Turk*es* meyne, knewe wele thies tales were trewe, wherof they were gretly encombred and abasshed of the cruell*e* & tyrannous disposic*i*on of their mai*s*ter.

The King of Sicily bids Orcays tell his tale.

Than spake the kyng to Orkays, & seide / " Sir, ye must now telle yo*u*r tale " / then saide Orkays, smylingly / " sir, my tale shall sone be tolde / for y had neuir othir fortune of warre but suche as ye knowe, sauf one whiche y wolt not reherce for my praise / but for the praise of them that haue deserued it / trouthe it was, alle that

Athis hath seide / It was my fortune to delyuere him ageinst the
will of my fadir / and conduyte him surely vnto fferaunt / and the
next day it happened they made a grete assaute on my logginges,
4 where as were many folkes slayn / and prisoners taken out of
nombre, wher-of y was one, and fillt in the handes of Athis, that
had ben my prisoner / and whan he was in the Towne, he remembred
y had done somwhat for him / and yn grete haste ledde me thorugh
8 the towne / and lete me oute at ¹the gate that was ageynst my
fadirs loggyng / and there deliuered me, seyng vnto me / 'I can no
bettir horse you, nor harneise you, to your pleasir than ye be / and
if y coude, ye may be sure y wolde / therfore ye shalle haue your
12 owne still' / and thus departed y fro hym / and came to my fadir,
whiche seide, y ought to blame no man of this fortune but my self /
by the deliueraunce of hym that he was no thinge agreable vnto /
than tolde y hym of my deliueraunce / and by whom it was, whiche
16 was a thinge, as who seith, impossible for hym to bileue / & howe
be it, he sawe me deliuered, and knewe wele that I was delyuered
by hym that y had saued bifore / yet repented hym that he had
not put him to dethe / And at suche tyme as y toke Athis, y knewe
20 him not but by his dedes, which shewed wele him to be a noble
man / But whan he toke me, he knewe for certayne that y was the
Turkes sone / and what good he might haue had by me / yet was
he of so noble corage, that he forgate all couetise, and deliuered
24 me" / Than might folkes se howe basshfull Athis was, to here his
praise, and also for drede he shold be shent / The kynge, the ladies,
and alle the company behelde him, which loked alle rede, and sore
abasshed / than asked him the kynge / " what / Athis made ye this
28 deliueraunce " / and kneled downe alle shamefastly, and seide / "ffor-
sothe sir, yea / wherof y cry you mercy, ffor y coude in no wise
put him in aduenture that had saued my lif / and if yn this matier
y haue offendid ageinst youre grace, or ageinst my lorde my
32 maister / y bieseche you bothe of pardone / and offre my self to
what punysshment it pleasith either of you to apointe / for y had
leuer a dyde, than by me he sholde haue ben in daunger of his lif."
Orkays repented him sore of this that he had tolde / for he sawe
36 wele by Athis þat he was both abasshed and adred / The kyng
perceyued wele that Orkays and Athis were bothe abasshed, and
seide to Orkays, " ye haue tolde me of the fredom of Athis / and
me semeth ye drede that y shold con him maugre / but forsothe, y
40 do not / I knowe wele there was offence / but the cause was so

and is at once forgiven.
[¹ leaf 83]

A Peacock is brought in, and on it the King vows to defend his realm;

Orcays vows (after his father's death) to give back all the Turks' conquests to Sicily.

Ferant and his Knights vow

never to let the Sultan be ransomd, if they catch him.

[² lf. 83, bk.]

A Dance winds up the Banquet.

resonable, that with alle my hert y forgif him" / Athis thanked him right humbly / and than went to his maister, & besought ¹him of pardone, whiche lightly forgaf him; and aftir, alle his lif, loued he him the bettir for that noble dede. ¶ Aftir thies wordes, was 4 brought yn a Poo by ij. gentilwomen / And the kynge made to the Poo his advowe first / and promysed to diffende his reaume to his power / "and that, notwithstandyng the pride and tiranny of his aduersary withoute him, he wolde neuir do tiranny nor shame to 8 prisoner[es] that were noble men or of any good disposicion / but shold kepe them yn honour and noblesse as longe as they were in his gouernaunce" / Aftir, made Orkays his avowe, and seide that, " to his power, he wolde put him in peyne to make pees bitwene the Turke 12 his fadir, & þe kynge / & if his fadir died before hym, he shold neuir, daies of his liffe, make warre with the kynge of Sizile, nor with his Reaume / but rathir yelde agein vnto him alle that his ffadir had taken fro hym / for he sawe him so wele puruaide in alle 16 goode vertues / that aboue alle othir kynges, he desired his fauour and acqueyntaunce" / but the trouthe was this / that faire yonge lady, that sate by hym, meued his hert with this pite and kyndenesse more than any othir thinge / though he spake it not / eueri 20 man coude him grete thanke / The kynge, the quene, and their doughter thankid him moche / Aftir was the Poo borne to fferaunt, whiche sent it agein vnto the lordes and knightes that were prisoners, whiche made their avowes accordyng to the same that 24 Orkays had made. Aftir this, made fferaunt his avowe, and sware that, for the grete crueltees that he had seen without nombre in the Turkes persone, wold he neuir yelde him vnto him / and if the Turke came in his daunger, he wolde neuir put him to raunsom; 28 and by the same avowe required he, and praide alle them that were vndir him, that they wolde make the same promes / The Halle was fulle of noble folkes, and the Poo was brough[t] bifore them / and euery man helde vp his hande, & sware with lowde voice the same 32 promesse that fferaunt had made / The Poo was brought bifore the iij. seruauntes of fferaunt / whiche serued bifore the ladies / and they made their aduowe to god, to the ladies, and to the poo / that they shold truly kepe the same promesse / that their maister 36 made / ²Thies avowes were put in writyng by the kynges of armes / than were the lordes taken vp / and the Mynstrells came yn / and the lordes, knyghtes and squyers, ladies and gentilwomen, daunced ther / that night was ther no tidinges of the seege / 40

Orkays bicame so amorous of this faire lady / that he coude haue *Orcays is head over* no rest / and often tymes came he, by licence of the kynge, to se the *ears in love with* quene & their faire doughter / In so moche that folkes perceyued *Iolante.*
4 wele by his maner / that he loued hir ouir alle thinge / and folkes seide amonges them, that it were a mete mariage if he were cristened, for therby shold the pees be sure and ferme / but without he were cristened, ther was noon of the Reaume that wold be agre-
8 able ther-vnto / This faire lady knewe wele of alle this / whiche made no countenaunce like it / for if she had knowen Surnome, or one of his felawes, of as noble lynage as hym, she had leuer haue had one of theim with right litil, than him with alle the Turkes
12 landes, and in esspecial Le Surnome / for aboue alle othir she liked *But she likes Prince Philip* him best; hou be it, there was in any of the tothir two as moche *best.* honour as in any persone neded to be wisshed, though Surnome passed them. ¶ Tidinges sone ranne by some prisoners, that were
16 delyuered in that meane tyme / that the Turke was put in know- *The Sultan hears of the* lage of thavowes of the Banket / & whanne he herd them, he aduised *vows at the Banquet,* them weel / and perceyued by the kinges avowe that he had made, to diffende his reaume to his power / that he wold not lightly
20 delyuere vp that Towne that he was yn / And aftir, remembred the avowe of his sone, which was / what-so-euir he conquered in his lif, aftir his dethe shold be deliuerd agein vnto the kynge of Sizile / Aftir this, he thought on the avowe of fferaunt and alle his / whiche
24 was more lothe vnto hym than any of the tothir / for by that sawe he his dethe sworne, if he came in their daunger / Also he sawe his folkes alle out of corage, and thought wele that his goddes hated hym / on the tothir side, he sawe the maner of the sege, that was *and sees that his siege of*
28 daily wers for him and wers / and bettir for them that were withyn *Naples goes worse and* the towne / also what scarcyte of vitaile they had / and with how *worse.* grete peyne they gate that litil that they had / Alle thise tidinges considered, he sawe him self how he had done shamefully to his
32 brother / whiche he wist wele wold neuir be agreable to do hym [1] neither ayde ne seruice. with alle thise thoughtes, he fille in suche [¹ leaf 84] sorowe and drede that he wist not wele what to do / And so he thought to assemble his Capteynes and his counselle / and to shewe *He calls a Council.*
36 them thies matiers, in suche wise that they shold not perceyue by his maner nor his wordes, drede nor fere in him to slake their corage, but toke this conclusion to breke with them, as though he vndirstode them enclyned to alle his pleasir / and of high and noble
40 corage, and thought to shewe his owne maner high and feers / for

wele he wist, in conclusion, that generally they alle wold gif him
counselle to departe / There may no man telle the grete deuoir that
the kynge of Siziles folkes did euery day / grete peyne it was to
kepe them from fighting with the Turke, and many tymes went 4
they out and scarmysshed with hem / and alł-way to the damage of
the Turke, wherby the kynge saw wele that the Turkes folkes had
lost hert & corage / and in his ymaginacion thought to make a
grete assaute vpone the Turkes loggyng / & concluded in his secrete 8

The King of Sicily resolves to attack the Sultan in rear

counselle so to do / Than sent he a seruaunt of his, that was wele
spoken, secrete and wise, to his lieftenaunt, and sent hym worde at
what houre he wold make thassaute vpon the Turke, warnyng hym
to be there with alle the power he might make; and that he shold 12
first set vpon the Turke; and while he was yn hande with hym

and front at once.

vpone the tone side, wolde he haue alle his power come oute of the
towne, & sett on hym on the tothir side.

YE haue wele herde how the Turke was determyned to sende 16
for his counselle and alle his Capitaynes / & so he did / and
whan they were bifore hym, he seide vnto them in this

The Sultan lays his bad case before his Council:—

maner / "ffaire lordes, the cause that y haue sent for you is this /
ye knowe wele, first, the takyng of my Sone; I suppose also, ye 20
vndirstonde thavowe that he hath made, whiche turneth me to
grete displeasir / for if y were dede, the payne that y haue taken in

His Son 'll give back his conquests;

my conquest shold litil profite; for his avowe is, aftir my dethe to
yelde it agein / and ye knowe wele y haue no moo childreen nor 24
othir heyre than him, sauf my brother, whiche y shałl not right
wele accorde with" / than seide he smylyngly / "ye knowe wele

his death is sworn;

also, how by the avowes that haue be made, my dethe is sworne /
Also my aduersary hath made his avowe to diffende his lande, and 28
neuir to trete with me / ye se ¹oure conduyte, and thexploite of

[¹ lf. 84, bk.]

his men are out of heart.

warre that we haue done / If y coude se you of as good corage as y
haue seen you before tymes, y shold be wele comforted / but sith
we came bifore this towne, I sawe no good assaute made by vs; 32
wherfore y pray you gete agein your good corage, and I shałl not
leue you, but bere you company in alle daungers" / Thus endid his
wordes; and they alle withdrewe them, and spake togedre a while;
and than, by one of the best of them, he was answerd in this wise / 36

His Council answer:—

"Sir, we haue alle wele vndirstand your seyng / and thervpone
spoken togedre / and right humbly we beseche you / of that I shal
say vnto you, to take no displeasir / for it is as late to breke vnto
you now as it can be / and if we had durst, we had done it long 40

sith / ye knowe, sir, the hardnesse and aduersitee that is nowe come on you / and it semeth, sauf your displeasir / that the naturalt pite that a ffadir or a brother ought to haue, or a good prince, to
4 his suggettes & seruauntes, is gretly quenchid and almoost failed yn you / whiche is a grete pite and damage / and hath caused alle your frendes and seruauntes to be vttirly discomforted ; we knowe wele, for thise causes haue thises avowes be made on your persone / ye
8 knowe youre sone in daunger, that might haue ben yolden vnto you for a right meane man, to regarde of hym / but ye wold be therto in no wise agreable / but to put hym in thaventure of dethe / and alle your trewe seruauntes, that were prisoners with hym, and
12 alle them that ye had leyde in plegge for the kynge your brother ; yea / and perauenture his owne persone, ffor we knowe hym suche / that forto suffre dethe he will not breke his promes ; and that might ye perceyue wele, by the cristen man that he deliuered" / Than
16 answerd the Turke, and seide : "by that delyueraunce haue y lost my sone. But whatsoeuer hath be done bifore this tyme / be it good or euyH, we be in suche cas nowe as ye se / whiche we may not long endure without othir purueaunce : and it toucheth you alle
20 aswell as to me / and therfore y haue assembled you to haue your aduise / put out of your hertes all rancour & debates, and remembre the matiers nowe, yn suche cace as they are yn " / It semed to them alle that were there, that debates might litil auauntage / and that
24 they ¹most purvey for othir remedy, for they were in right grete scarste of vitailes, by the kyng of Siziles lieftenaunt and his folkes, whiche dayly toke it from them. The Turke asked thavice of hym that best pleased hym the reason of / whiche saide in this wise /
28 "sir, for tho causes that haue be rehersed here / men shal not se folkes speke to-gedir a doseyn wordes, but it is of the conduyte of you / and of your hoste / and to sey the trouthe of their corage and wille / it is no thing towardes you nor your warres / as they were
32 whan ye came hider / for euery man seith / that in youre persone, as to the guydyng of your warres, they se neither rewle nor ordenaunce ; wherby they are so discoraged, that xxᵗⁱ Sizilians are worth an .C. of your folkes. Also youre vitailes faile you / and
36 wynter shall come on hastily, and ye haue not folkes y-nough to holde your sege / and for to conduyte your vitaile / wherfore the kyng of Siziles folkes distressith them dayly that conduyte it / And therfore, myn aduise shalbe this / that, or ye haue any grettir losse,
40 that ye breke vp the sege / and drawe ye alt this wynter tyme in-to

'Your troubles are all of your own making:

you wouldn't save your son's life when you could.'

The Sultan says, 'We're in a bad plight.

What's to be done?'

[¹ leaf 85]

One of the Council answers :—

'Your folk see neither rule nor order in your conduct of this war.

You'd better break up the siege.

suche townes of this Reaume as ye haue conquered / men shalle sey that this shalle not be for your honour / but byholde / if ye abide here any lenger, what honour ye may wynne therby / I dare sey, at last ye shal be fayn to departe, whan ye shal haue spent youre richesse, and perauenture lost many moo of your folkes, wherthorugh, your departyng than shal be grettir damage and more shame than it shold be at this day / for in defaute of vitaile, can ye not gete that place yet / it is so wele purveide / & by trety ye can not gete it / ffor ye knowe wele what avowe the kynge hath made; wherfore ye may entende by no meane to haue it but by force; and beholde hou fer ye are therfrom / for sith ye came hider, was not one of vs so hardy that durst thinke to approche to their walles / wherfore, alle thinges considered, with your correccion I am of thopinion of your departyng. And whan ye shalle be withdrawen in-to what Towne of this Reaume it shalt please you / ye may sende than to the grete lordes of your Reaume, to shewe them yn what cas ye be / and make them to take aduise amonges them, and sende you suche counsell as they thinke best / and then most they nedes helpe to execute ¹suche counsell as they gif you; and from hensforth afferme your self to bileue your counsell, and to werke by their aduise / for the moost wise that lyueth, hath nede of counsell and aduise / and if it please you so to do / ye shalt kepe that ye haue conquered; for youre enemy is not mighti / And y trust, if it will please you to bileue your kynne and counselle, by the next somer your honour shal be recouerd, and be in as good caas as euir it was." Thise wordes, herde by the Turke, displeased him no thinge / and so he asked the tothir folowyng, their aduises / But euery man was so weried and annoied, that they were of the same opinion. The Turke then concluded on this opinion, seyng / " ye blame that y haue not done by counsel, and yet me semeth, by vsyng of this counsell, bothe shame & blame shal bifalle me / but as hereyn y wol leue myn opinion / and do by your aduise and counselle; and me thinkith it were good to knowe the day of oure departyng." than concluded they on the xijth day folowyng / And that shold be in the night / euery man shold trusse his tente and his cariage / and euery man be on horsbak at the sprynge of day / The conclusion this taken, euery man was warned that had any charge / but the day of their departyng was ouir longe & damageable for theym / ¶ Ye haue wele herde here-bifore of thentirprise that the kynge of Sizile had taken, and how he had assertayned

The Country Sicilians attack the Turks in Rear. 141

his lieftenaunt therof; and the messanger had quytte hym so wele, that he was entred secretly in-to the Towne agein / and reported vnto the kynge, for trouthe, that in his lieftenaunt shold
4 be no defaute / for he wold be there with moo than .x. thousand men / at suche houre as the kynge had commaundid him / whiche houre was at the poynt of the day, when men might vnnethes se / and they had taken that houre / for cause the tothir ij. puissaunces
8 of the Turke might not so easely come to-gedir vnto hym as if it had ben day / The day of this entirprise was on the morowe aftir the turke had assembled his counselt, as ye haue herde. This night the kynge of Sizile made alle purueaunce for his goyng forth, as he
12 that wold be there him-self. vndir his baner that day he herde masse, & made alle his company do the same / and than toke he leue of the quene and of alle the ladies, whiche he lefte fulle sore wepyng; for grete drede had they of hym / and of his company.
16 The kynge wente downe, and came to the gates, praing alle his folkes to quyte hem ¹wele, for if they might abate the Turkes pride / they shold from thensforth lede the remenaunt of their lynes in ioie and in disport, for by this meane shold ende the
20 warres / wherthorugh so moche cristen people had died / fferaunt, that was bifore with his company, whan he shold go oute, he escorted in like wise his iij. seruauntes; and they made their avowes to god, that, shold outher dye, or be the first that shold come to the
24 Turkes tentes, and if they founde him there, they shold put them in deuoir to accomplissh their maisters avowe / In like wise, as the kynge hath monysshed his folkes / so did the lieftenaunt, that was without, and nerre vnto the Turkes tentes, exorted his folkes, shew-
28 yng them that his entirprise was not for no smalle scarmyssh or assemble / but either to destroie the Turke, or to dye in the quarelle / eueri man promysed hym to do wele; & that for drede of dethe they wold not lette to accomplissh the kynges pleasirs / And as
32 they were in thise wordes, they were so nygh their enemyes that they were amonges tentes and pavilions / and came with suche strength and corage, that at their first comyng they bare downe alle that they mette with, ouirthrowing pavilions, and sleyng men so
36 many, that it was meruaile to se / Than was the crie and the noise so moche, that they herd it in-to the Towne / than they opened the gates / and fferaunt and his company went first out, and went streight vpon the Turkes wacche, whiche they lightly destroied /
40 than came they to the Turkes loggyng / whiche they fonde fortified /

But the next morning, at break of day, the Sicilian Captain-general, with 10,000 men

[¹ leaf 86] *(the King having hearteud his folk),*

attacks, and is among the Turkish tents, slaying their men.

Ferant sallies from Naples.

The Town Sicilians attack in Front, and kill the Sultan.

but litil while endured it ageinst them / The kynge folowed fferaunt with grete corage, and alle his folkes / and perceyued wele anon that the Turkes loggyng was wonne ; wherof, if he were glad and ioifult, *The 3 Princes charge up to the Sultan's tent, and,* it is no question. The iij. felawes, that y haue spoken of before, that moche desired to accomplissh their promes, did so moche that they came to the Turkes tent, whereas fond hym accompayned with alle his folkes, that were than assembled in harneys, praying them to quite hem wele / when the iij. ffelawes sawe this company, they *having sent for the King of Sicily,* sent anoon for the kynge, whiche came fforthwith ; and whan they sawe the kynge nere them / they smote yn amonges their enemyes with suche strength and corage, that lightly they made them weye / for they ouirthrewe alle that abode their strokes. The kynge, that was nere them, behelde hem in grete meruaile, thinkyng that it was impossible for any mortalle bodies to haue done that they did. Thus [¹ lf. 86, bk.] in litil while, ¹the grete puissaunce that was aboute the Turke, *rout the Turks. The Sultan offers to surrender,* brake, and was discomfite / than wolde he haue yolden him / but noman wolde take him. Thise iij. ffelawes, whan they sawe him in that caas, coude not fynde in their hertes to lay handes on him / and take him prisoner they might not, for their auowes ; so lette *but the footsoldiers cut off his head, and stick it on a spear.* they the fote men to slee hym / and made to smyte of his hede, & put it on a spere / And whan the kynge of Sizile sawe he had the ouirhand of his enemyes / he made to blowe retrayte, for drede of the tothir ij. puissaunces / for by than was the sonne risen. And euery man, seing the kynges baner withdrawe / drewe them vnto him glad & ioifult, with prisoners and richesse out of nombre. Thus *The Sicilians retire to Naples.* drewe they hem alle vnto the Towne ; for wele they wist the seege was ended / hou be it, they might haue had grete harme by the remenaunt of the Turkes folkes, seyng they were sore foughten with *The two other Turkish Divisions hold together,* a-fore / Thise othir ij companyes of the Turkes were assembled to-gedre & embatailed for to come vnto the Turke ; but anone they were assertayned that he was dede, and alle his logging ouirthrowen / and so they kepte hem stille to-gedre / they sawe the kynge withdrawe to the towne, and entred yn with alle his folkes alle at his pleasir. The ladies were assertayned of the grete iournay and good auenture, that god by his grace had youen the kynge vpon his enemyes: than went they to chirche, to thanke god / The kynge, whan he came to the Towne, he alight at the Chirche, and alle the belles of the Towne range / he and alle his folkes thonked god with goode herte / and made his offrynges / and aftir went to his loggyng / and made to purvey that his lieftenaunt and alle his folkes

4
8
12
16
20
24
28
32
36
40

The Turks flee, leaving £2,000,000 and Booty for the Sicilians. 143

were wele logged / They had be there but litil while, but the
wacche tolde them for trouthe that the tothir ij. compaynes of the *but soon retreat,*
Turkes departed / Than shortly the kynge and alle his folkes went
4 to horsbake, and folowed their enemyes / and withyn short space
ouirtoke them / and they wold haue embatailed them / but they
were so affraied and discoraged, as they that had lost their hede /
for they abode but litil while / but toke them to flee / and than the *take to flight,*
8 chace bigan, whiche dured a iij. or iiij. myle, wherin were so many *and are cut up by the*
slayne, that it was meruaile to thinke, for there was no diffence *Sicilians,*
amonges them. than the kynge made his folkes to retourne agein
yn-to the [1]Towne / and made to take alle the good that was bilong- [1 leaf 87]
12 yng to the Turke and his hoste, to be departed amonges his folkes,
to euery man aftir his degre / and was good innumerable, biside the *who take large booty*
prisoners they had goten / Also they fonde in the vessells that *and 2,000,000 of gold.*
caried gold and siluer, more than ij. Millions of golde / eueri man
16 was so wele garnyssed with othir goodes, that they toke litil hede
therof ; but by a comen assent, and with good hert, gaf it vnto the
kynge for to mayntene his warres / prouidyng that they might do
their owne pleasirs with their prisoners. The kynge with good
20 wille agreed ther-to, and sawe him by this meane riche y-nough to
mayntene his warres, and for to conquere a nother reaume ther-to.
Of alle the goodes that were goten there, Surnome, Athis and Ector, *The 3 Princes of France,*
were not the bettir / for eueri man knewe him self a kynges sone / *Scotland, and England*
24 and thought, now the warres were ended, they had litil nede of *will not accept any*
good / for they shold haue good y-nough, bothe for them self, and *plunder.*
to make their felawes riche y-nough for euir / and thought eche of
theim, if his felowe knewe that he were a kynges sone, they had
28 ben to famylier with him. Thus had alle thies iij. kynges sones one
thought / and eche of them thought neuir to faile his felawes, but
to make them riche for euir. many folkys meruailed moche that
thise iij. toke nomore hede of good / for they toke hede of non
32 othir thinge, but only to be wele horsid and wele armed / and wele
beseyne / & of alle this lakkid they nought at any tyme they wold
aske it. whan they were retourned agein vnto their logginges,
vnarmed & wele araied, they semed liker aungells than men / The *They look liker angels*
36 kynge of Sizile rehersed in the presence of the ladies, and of alle *than men.*
theim that were there, the grete worthinesse that he had sen in
them iij. that day bifore the Turkes tente / and seide that he was
half abassed and aferde to beholde the grete noblesse of them ; and
40 tolde howe they had parted the prese, and how many folkes fille

144   *The King of Sicily's Council advise him to retake his Towns.*

<small>The King of Sicily tells of the Three Princes' prowess.</small> downe aboute them for fere of their strokes; so many, that their horses might vnnethe haue rowme to stande in / than tolde he aftir of the dethe of the Turke; And that, notwithstandyng the grete crueltee that eche of theym had founde in hym / whan they sawe 4 him in wille to yelde him / there was none of theym wolde lay hande on him / but lete the fote men allone with him. Euery man
[¹ lf. 87, bk.] ¹ had grete pleasir to here the kynge reherce the Honour and noblesse of thise iij. yonge gentilmen / This night passed the kynge 8 forth in grete ioie / and on the morowe made many masses to be
<small>He calls a Councîl,</small> seide, in thanking god of their good fortune / Aftir dyner, assembled he his counselle, to take aduise vpon suche besinesse as he had to do, for he was bothe wise and worthy, and loued and dred god / 12 and for thise causes eueri man loued him, and desired to serue him. And, aftir his power, he had ben allwey large and curtaise / and right famylier with noble folkes / wherfore he had their loue so fermely, that, for to dy, they wold leue hym in no daunger / ¶ whan 16 his counselle was assembled, he saide amonges them in this wise /
<small>and asks their advice</small> "My trewe & kynde frendes, by whom at this day I haue hadde this high and noble fortune / wherby y may come to the recouere of alle my reaume / yet can y not leue to calle on you, to put you in 20 daunger for me / notwithstandyng the grete damages & harmes that ye haue suffred for my sake / ye se wele, my trewe frendes & sogettes, the estate of oure enemyes, and of vs bothe / wherupon y
<small>as to the recovery of his realm.</small> pray you to counselle me / for the wele of cristendome and the 24 recouere of my reaume / and y am redy in what ye wille aduise me, to iubarde my body and my goodes to thaccomplisshment therof, if me thinke it be leefult." This counselle was long in takyng, for
<small>They urge him to press on, and retake all his townes from the Turks.</small> they knewe wele it was tyme and nede / wherfore they counseiled 28 the kynge to tary not, but to ouir-ride his reaume / and to conquere the townes agein, that the Turke had wonne; ffor they thought wele, if he went shortly ther-aboute, his enemyes were yet in suche drede & discomfort, that he shold fynde litil diffence in them / 32 And they thought it neded not to telle Orkays yit the dethe of his ffadir, notwithstandyng he had made his avowe to yelde alle agein / but they thought it shold be grettir honour for the kynge to conquere it agein by might. ¶ In this maner was it ordeyned and 36 concluded / and the kynge made alle comoners to departe, sauf only men of werre and sowdiours / This night made he redy alle thinges for to kepe the felde, an[d] on the morowe was alle his ordenaunce & Artilry carted redy to go forth / And the quene and hir doughtir, 40

The King of Sicily re-captures almost all his Towns. 145

and alle hir ladies, went vnto a faire Castelle, but iiij. myle thens.
By than was spred the tidynges of the grete victory thorugh alle *All the Sicilians*
his Reaume / wherof they made meruailous ioie / and yelded than- *rejoice at the victory;*
4 ¹kynges to god. On the morowe, came many folkes vnto the [¹ leaf 88]
kynge, bringyng vitaile and othir stuff / so that the kyng wende
there had not ben so many holdyng the cristen feith in a gret parte
of his Reaume / Than concluded the kynge, to sende forth tidynges *and news of it is sent to*
8 to alle cristen princes, of the victory that god had youen him / than *all Christian princes.*
were messangers sent to euery Reaume; so that, withyn litil while,
this grete iourney was knowen thorugh alle cristendome / & euery
prince made processions to be gon, thorugh-out his Reaume / and
12 belles to be rongen in euery chirche, for the good aventure / &
many suche, as had take litil hede of the kynge of Sizile, or of his
Reaume, and had called him an vnhappy kynge / nowe calle they
hym wele vred, & repente them of their seyng / The kynge of
16 Sesile, seing his grete puissaunce, & wille of his folkes, went forth *The King retakes from*
conqueryng on his enemyes / and wanne with assaute the first *the Turks all their Sicilian*
towne he came vnto, whiche was the strengist of the Reaume, sauf *towns,*
only that / that himself had be biseged yn / but they withyn the
20 towne had lost alt corage / wherfore ther was founde litil diffence
in them / and alle they were put to dethe, without takyng of any
one prisoner / This takyng put the remenaunt of the turkes in
suche drede / that daily they departed out of the land / The kynge
24 of Luby him-self, and alle his company, were goon agein in-to his
owne Reaume / they that abode, were hopeles of any socour or aide
that might come to them / wherby, in litil while, what by force and
by tretee, the moost part of the Reaume was recouerd, sauf twoo or *except 2 or 3 near the sea.*
28 thre Townes, that were nigh the see / and that was, for they thought
that they might sonner haue socour than any that was withyn the
Reaume / The kynge, that was sore trauailed / and it was than
wynter, toke counselle to lete them be til somer, and than to
32 assemble his power agein / and to lay sege to them, and wynne
them / Than lefte he fferaunt in the next place þat ioyned vnto
them / for grete trust had he in him / and went home him self /
and abode the remenaunt of the wynter with the quene and his
36 faire doughtir, whom him thought tyme was to be maried / But
aboue alle thing, he desired to bistowe hir to a man of grete honour
and worthinesse. ¶ Nowe shalle we leue a while of the grete warres
of Sizile, & speke of Almayne. [*Illumination: on right, Messengers*
40 *giving a letter to a King: on left, Kings, Bishops and Lords.*]
THREE KINGS' SONS.   L

146 The King of Sicily is made Emperor. The 3 Princes take Gaeta.

[¹ lf. 88, bk.]
The Emperor, Frederick, Duke of Brunswick,

IN that tyme had the Emperour a duc of Bruswitt, named ffrederike, the whiche, for none nede that the kynge of Sizile had, nor his Reaume, wolde neuir entende to do him aide nor socour / And for trouthe, he was olde & beyonde the yeres to bere armes / beside his age, was he as couetous as any man might be / thise ij. principalle causes letted hym to do any aide to the Reaume of Sizile / There is nobody, be he olde or yonge, but ones shalt dy /

dies.

This Emperours tyme came, that nedes he most departe out of the world / and lefte grete tresour behinde him, whiche, aftir his dethe, litil profited him / and in his lif did him noo worship / for it diffendid him to accomplissh suche thinges as by his dignite and office he ought to do. aftir his dethe, anone the Chesers of thempyre were assembled, and aduised amonges them, whom they might make Emperour; and concluded amonges them that the kynge of Sizile shold be it / for he had endured grete trauaile and peyne for the feith. So they purueyde in alle haste to be ascertayned of his pleasir / and befille so, that on cristmasse day the presentacion of the Empire was brought hym, whiche he resceyued fulle humbly / Thus was the kynge of Sizile Emperour, and purposed to do more seruice to god, if the cace requyred, than euir did he before hym / Than ordeyned he his aray, accordyng to his estate, more rially than it had ben bifore. Whan thise tidynges were knowen thorugh the Reaume, they made grete ioie / and euery man seide, that he was moost worthy to be it, of any man that lyued / In this meane ceason, Surnome and his ij. felaws asked leue of their maister to go vnto an Enterprice; and he graunted them, and accompayned theim ²right mightly / they tolde their maister no thing whider they went / and he enquered them not / for he trusted y-nough in their honour & wisdomes / than went they vnto a Towne, that was the biggest that was in the turkes handes / than sent they bifore of their folkes to be hidde in a wode but litil thens /' and them-self went vnto the towne with suche feliship as pleased them / & scalet it be night / even ageinst the point of the day / & were entred vpon the walles of the maister Toure or any man espied them / than went they downe, and opened the gates / and lete the remenaunt come yn, that were in a busshment without. and than aroos the noise and the cry thurughout the towne / and euery man wold haue goon to their harneys / but it was to late / by the noblesse of thise iij. and of their company, was the Towne sone deliuerd of alle the Turkes / for they made serche euery house, and slewe as many

The Electors

give his empire to the King of Sicily, who

thus becomes an Emperor.

[² leaf 89]

The biggest Sicilian town in Turkish hands

is taken

by the 3 Princes,

4

8

12

16

20

24

28

32

36

40

as they coude fynde wíthyn the Towne / Then sawe they in the hauen, liyng many vesselles / wherin they supposed was the richesse of the Towne. Than made they alle thise goodes to be departed amonges their company / and whan euery man was rewarded & wele logged / they made a lettir to their maister / and sent him worde howe they hadde done / "praying hym, if it pleased hym, to come thider, or ellis to commaunde them his pleasirs." Whan fferaunt sawe the letters, he redde them with glad chere / and perceyued wele that his folkes had wonne Gayett, the moost stronge place that was wíthyn the Reaume of Sizile / Than was he as ioyfull as any man might be / and toke suche company as pleased hym, and went vnto them / and, at his departyng, wrote a lettir vnto the Emperour, shewing him alle this matier, how it was / and howe grete a wele it was for his Reaume; ffor as long as the turkes had ben able to kepe that place, they might haue kepte alle the cuntre aboute them in tribute. and wíthyn that lettir he had closed the lettir that had be sent hym by his iij. seruauntes. ¶ Now leueth the tale a while to speke of them, & retourneth to speke of Orkays.

TRouthe it was, that he knewe wele that the sege was departed / but he knewe not in what maner / notwíthstandyng he enquered often / but noman wolde ¹telle him, for the Emperour had commaundid so / and so he knewe wele, sith the sege was broken, he coude not be delyuered wíthout raunsome / wherfore he desired to speke with the Emperour / and the Emperour went vnto him; to whom he seide / "sir, y knowe certaynly that þe sege þat was this before the Towne, is no lenger / wherfore y beseche you that ye wille entende to my delyueraunce / and y promyse you that y shalt do my trewe deuoir to make the pees and accorde bitwene my lorde my fadir, and you" / "fforsothe," saide the Emperour / "it is alle othir wise than ye knowe; but entre in-to yondir litil chambre / and ij. or iij. of your folkes, suche as best shalle please you / and y shalt telle you suche thinges as touche you right nere" / than went he in-to the chambre / and the Emperour called v. or vj. of his counselle wíth hym / and went in to Orkais, and saide vnto hym / "my frende, for youre wele, it behoueth that ye be aduertised for suche thinges as are befallen sith ye were prisoner" / than tolde he him alle holly the dethe of his ffadir / the destruccíon of his folkes, what nombre was ded of them / Aftir, he tolde him the recouere of his places / and of the takyng of his last place, that was wonne ageín by Surnome and his felawes. Than tolde he him

[¹ lf. 89, bk.]

and all the Turks in it are slain.

This town is Gaeta.

The Turkish Prince Orcays

is told of the death of his father;

and of the loss of his towns.

the grace that god had youen him, to be chosen a diffendour of the cristen feith; and how he was Emperour; wherby he was bounde to mayntene & encrese the cristen lawe. Aftir he had tolde Orkais this, he seide, vpone the request that he hade made vnto him for his delyueraunce / that he entendid not to put him to fynaunce, bifore he had by force recouerd his inheritaunce / and than he wolde be agreable to his delyueraunce / Orkais, hering thies tidynges, by the whiche he vndirstode the dethe of his ffadir / and of many a noble man that was with him / wherfore he made grete sorow & lamentacion, & so did alle suche of his folkes as he had with him / so moche that noon of hem coude speke a worde. But at laste, a wise knyght of his seid vnto him, "My lorde! suche be the aventures of this world / there is no man can be assured here, of parfit wele / and as for this losse, ye can not recouere it by your sorowe / Wherfore the best meane of remedy is, sith it is so fortuned, now to ouirpasse this sorowe / & to remembre the best waies for your self / for ye be rightfull heire vnto the Turke; & his inheritaunce most descende vnto you / and your abidyng here shalle gretly annoie you / and litil profit vnto the Emperour that is here pre¹sent. It is not Longe sith ye aduowed bifore Hym / if the Turke were dede, that ye wolde delyuere vnto his handes as moche as the Turke shold leue you of this Reaume; wherfore, it is wele done now, that ye accomplissh your auowe / and as for your delyueraunce, ye may apointe with him to his pleasir / aftir your power" / "Trewly," saide Orkais, "that y haue promysed and auowed, y am redy to holde" / the Emperour thankid him / "nathelees," he saide, "that he purposed, neither be tretise nor apointement, to recouere no place of his owne Reaume, but like as it had ben taken fro him by force / so wolde he wynne it agein, or euir that he entendid to the delieuraunce of any prisoner that he had" / Orkais, hering this answere, with the remenaunt of his sorowe, was passyng heuy and pensiff, and toke leue of the Emperour / and retourned to his logging / where he endured in grete sorow / til such tyme as ye shalle here-aftir here / fferaunt, as y haue seide you, did so wele, that he came saufly to the towne that his folkes had newly taken / where as his thre seruauntes ioifully receyued him / ye may wele wite there was grete ioie amonges them; for he loued them thre as wele as they had ben his owne children. Now shall y telle you of the Turkes folkes that were retourned in-to their Cuntrees. [*Illumination: March of Troops from a City: baggage-waggons, footmen, horsemen and Chiefs.*]

The Turks are much cast down. They wish to ransom Orcays. 149

Any tymes bi-fore, hadde they retourned with grete glorie, semyng to them that al the world might not endure ageinst them / But now is it othirwise / for they retourned with
4 heuy chere for their maister, that they had thus pitously lost for lakke of corage. They that were in the contre abidyng, hering this sorowfull tidinges of the dethe of their lorde, coursed the houre that euir suche fleers were borne, and helde them as shamed men,
8 without honour / and they that had lost their frendes, wolde fulle ¹fayne haue putt them to dethe / Thus wist they not whedir to go / but were fayne to hide them in their houses / as they that durst not be shewed / wisshyng that they had neuir departed out of
12 Sizile / but that they had ben slayne whan their maister was / the sorowe was right grete ouir alle the Turkes lande, with alle his sogettes, whan they knewe the trouthe of his dethe / and that he had but one only sone, whiche was yit prisoner / thus had they
16 no recomfort / for the moost part of the grete lordes that shold helpe to sustene them and comfort them, were dede in the company of their lorde / natheles, at last they toke hert vnto them / and assembled the iij. estates throughout alle the lond, to take counselle
20 and auise vpone the gouernaunce of euery contre & lordshipe / & of the deliueraunce of their yonge lord / and as they were for this nede assembled, came tidinges vnto them of the grete losses that they daily had in Sizile / and of the good and stronge Towne that
24 the iij. felawes had newly conquered, as ye haue herde bifore, wher-of they were right sorowfulle / Nathelees they ordeyned vpon their othir businesse, holdyng the Reaume of Sizile for lost / & alle the richesse that was caried thider, as is bifore rehersed / thinkyng
28 wele this losse might not be recouerd by them / wherfore they con-cluded to take aduise vpone the remenaunt of their charge / whiche the grettist was, to haue agein there yong Lorde that might gouerne them / yn whom they hadde grete affiaunce / wherfore they con-
32 cluded to make a request vnto the Emperour to haue saufcondite for some of them to come to him / and purveide connynge officers of armes to be sent vnto the Emperour / for the request of this saufcondite. ¶ Now leue we them with their charge, and retourne
36 to the Emperour.

This meane while the wynter passed, and the newe ceason approche / the Emperour assembled all his counselle, and the Capitaynes, suche as he had moost affiaunce yn, and there
40 was speche of alle his bessynesse / and concluded that, yn the

[marginalia:] The Turks who've gone home beaten, and their countrymen there, have no comfort, and hold Sicily lost; but they wish to ransom Orcays.

[¹ lf. 90. bk.]

moneth of Iune, the Emperour shold be in the felde, & his puissaunce, to conquere agein the remenaunt of his places that his enemyes helde withyn his Reaume / among alle othir that were sent for / fferaunt was comen thider / and had lefte his iij. seruauntes 4 kepyng the places that they hadde wonne. ¹wherof the Emperour was sore troubled that they were not come / and so was faire Iolante that loued hem ful hertily / and in esspecialle Le Surnome. wherfore she desired moche to se them, and so did alle othir ladies 8 and gentilwomen ; and some of them seide vnto hir, to trouble hir / for they knewe wele she desired moche to se them / that they herde sey / that, at the takyng of the place, Le Surnome was slayne / and the tothir ij. were wounded to the dethe; but ther was noon that 12 wolde telle it to the Emperour, for troublyng of him. This faire lady, heryng thise tidynges, toke suche sorow at hir hert, that she might neither ete ne drynke / she thought alway that she sawe them bifore hir / doing hir suche seruice as they were wont to do / 16 and had in hir self y-nough of ymaginacions of the beaute and maner of their persones / and of the grete pite and damage that was of their deth / whiche, as she thought, was incomparable / and this thought was neuir out of hir mynde. hou be it, bifore hir fadir, 20 she couerd hir sorow as wele as she might; But she coude not so wele couer it, but that he perceyued hir hert was not in ease / and he had no moo children but hir / wherfore it greued him moche the more to see her in that / So on a day he toke hir a-part, and 24 asked hir what hir ayled / for he saw wele she was right heuy / and she thankid his grace, and saide there was no suche thing; for gretely she dred to telle hym, in as moche as it was tolde hir secretly / and also, if he shold knowe therof, she wist wele / he 28 shold make right grete sorowe. The Emperour was not content with this answere / but toke hir forth with hym in-to an Inner chambre / and wold nedes wite whi it was / than kneled she downe a-fore him / and bisought him, that what so euir she shold sey 32 vnto hym, that he wold not be troubled ther-with / nor also to thinke in hir, that any fonde loue caused hir to haue the annoy þat she had, but only the grete losse & damage of him and of his Reaume / than tolde she him / how she hadde herd say that Surnome 36 sholde be slayne at the last towne that was taken / and his othir ij. felawes wounded to the dethe / and this was it that caused hir to be so sorowfull, to thinke that so noble persones as they were / and by whom grete honour and wele was come to him / and to his 40

Reaume, sholde be now so sone ded & destroied / And whan the
Emperour ¹herde thise tidynges / he thought verily it had ben [¹ lf. 91, bk.]
sothe / & had suche sorowe / that he lened him downe on his bed / The Em-
peror grieves
4 and might not speke. he bade his doughter sende for fferaunt / she for the news,
did so / and he came anone / and founde the Emperour liyng, his and has
Ferant sum-
yen fulle of teeres / and coude not speke a worde to him / wherof moned.
fferaunt was meruailously abasshed / and kneled downe bifore him,
8 biseching him to telle him / what hym ayled / for in alle his liff had
he neuir see him in suche plite / for no losse that euir bifelle him.
So atte laste the Emperour tolde him of thise tidinges with fulle
grete payne / for his hert was so sore enclosed that he might
12 vnnethe speke / and whan fferaunt herd this, he was sore abasshed /
so that he wist not what to thinke / for the grete loue that he had
to his iij. seruauntes; hou be it, that he had seen them sith / and
lefte them wele y-nough at ease / than seide he to the Emperour /
16 "trewly, sir, than are they dede sith my departyng / for y lefte Ferant says
he left the
them alle hole & sauf / and if it were othir-wise, y wote wele y shold 3 Princes safe
and sound.
not long endure aftir them / for y haue noon honour, but, next god,
it cometh me of them / wher-fore it sholde be right hard and heuy
20 to me, if it were so / to make suche chere as y do / alas! how shold
y mow comfort an othir / and ther were no cause of comfort in my
self" / "forsothe," saide the Emperour, "y leve you wele" /
"trewly, sir," saide fferaunt / "the place they be yn is not to be
24 lefte, but in the handes of right trewe and noble men; and that was
the cause y lefte them there" / Than departed fferaunt from the
kyng, and sent in alle haste a messanger vnto them / and praied He sends for
them,
them to come vnto hym / and to purvey, so that the towne were
28 surely kepte / Assone as they herde thise tidynges, they were right
ioyfulle / and moche desired they to se the Emperour / and in es-
specialle his faire doughter, to whom they were alle thre seruauntes /
and thus departed they assone as they might / and withyn litil
32 while came to fferaunt their maister / whiche was of them as ioyful
as any man might be / and, assone as he might, brought them to the and takes
them to the
Emperour, to whom he had no thing tolde that he had sent for Emperor,
them / and assone as the Emperour sawe them / he chaunged sore /
36 coloures / & toke them in his armes, eche one aftir othir / and
neuir made them suche chere as he did than / and sent them forth-
with to his doughter / & whan she sawe them, she had suche ioie at and to
Iolante.
hir hert / that she coude not ²a grete while speke o worde, but [² leaf 92].
40 toke eche of them by the hande, and aduised them wele, thinkyng

152 *The Emperor retakes all the Rest of his Towns from the Turks.*

<small>Iolante has never seen such lifelike dead folks as the 3 Princes are.
[¹ MS. smyl- inglingly]</small>

in hir self, whethir it were a dreme, or matier of trouthe / and whan she might speke, she seide vnto them / " fforsothe, my frendes, y sawe neuir yn my lif so lifly ded folk*es* as ye be " / and they answerd hir alle smylingly,¹ and saide / " forsothe, madame, we are 4 noon othirwise ded than we were wont to be " / and therw*ith* came the Emp*er*our to his dought*er*s chambre, and tolde them what was reported of them / and than knewe they wele that the grete chere that men made them, was for that cause / and fro that day 8 forth, founde they them more bounden to the Emp*er*o*ur* and to his faire doughtir, and also to their maister / than they had ben bifore / and eche of them thought in their mynde, whan they coude se their ceason, they wolde meve him for the mariage of his doughtir / for 12 they knewe noon like vnto hir in beaute / and alle othir vertues /

¶ Now reto*ur*ne we, and speke of the goode and noble Emperoure.

<small>The Emperor musters his forces,</small>

THe Emp*er*our sent for his folk*es* / and by than they were assembled / it drewe vpon*e* suche tyme as he had concludid 16 bifore to take the felde, and so vndirstode him self right wele accompayned / and his ordenaunce was grete. Than went he to the next place of his enemyes, and bisegid it rounde a-boute / and

<small>wins his best town from the Turks by assault,</small>

made so sharpe assaute / that w*ithy*n litil while þe towne was 20 wonn*e* / and for to put the remenaunt in drede, that helde any place with*y*n his reaume / alle tho that were with*y*n that towne were put to dethe / And aftir that / alle tho that kepte any othir places were so dredefulle, that they had neither wille ne corage to 24 holde them / but some stale their wey, and lefte the plac*es* allone / and some deliu*er*d them by apointement / The Emp*er*our taried in

<small>and soon has his whole realm in his own hands.</small>

no place to speke of / til he had perfo*ur*med his conquest / and withyn litil while, he had his reaume holly in his hande / The 28 Emp*er*our thus beyng on the felde / came vnto him the same tyme / the kyng*es* of armes that were sent to hym oute cf Turky, requiryng him for a saufcondite, like as was spoken of here to-fore / Themp*er*our was conseiled to agre to this Saufcondite, in asmoche 32

<small>He grants a safe-conduct [² lf. 92, bk.] for 200 Turks to treat for a truce.</small>

as he had accomplisshed his conquest / and so graunted a sauf- condite to CC. p*er*sones / And ²than he departed his armee, & reto*ur*ned to themp*er*esse his wif, and apointed a day to assemble the estat*es* of his Reaume, to take auise of suche besynesse as he 36 had to do / and there abode he in ioie and rest / til suche day as he had taken / Now cometh this Day of metyng of his estates. And a litil bifore, were comen the Turk*es* folk*es*, that had noon othir charge but to put their yong lorde to fynaunce / and the Emp*er*o*ur* 40

The Emperor consults his Council on the Marriage of Iolante, &c. 153

had herd them bifore the comyng of the estates. So when thise
estates were comen / he made to assemble them vpon a gret day in
an halle / for there were many folkes / Than, in presence of them *The Emperor asks his*
4 alle, he shewed his grete besynesse: ffirst, of the demeanyng of his *Council about*
warres, wherof he was in no surete as yit / aftir, of the delyuer- *1. carrying on his war,*
aunce of Orkais, and othir prisoners that he hadde / for whiche *2. the ransom of Orcays,*
cause the Ambassatours came to him out of Turky / aftir this, spake *3. managing his Empire,*
8 he of the demeanyng of the Empyre / and that, for the grete warres
that he hath had / he had not yit be in no place to receyue none of
the crownes that to the Empyre bilonged / "Aftir," saide he, "that
he is nowe bicome aged, and that he hath had in the warres grete
12 payne to trauaille / wherfore it was nedefulle for hym, fro hensforth,
to se the meanes somwhat to be supported and holpen / But in case
of nede, to do as welle as euer he did / with the good helpe of his
suggettes. but what he mente he shold shewe them, whiche was, as
16 semed hym, to marye his doughtir to some mighti prince / by whom *4. marrying his daughter Iolante.*
he might haue aide and comfort to discharge him of his laborous
troubles in his olde dayes / seyng also that she was of resonable
yeres to be maried. Thies iiij. thinges touched his hert right nere /
20 Requiring / that euerich of them wold take good auise hereon /
ageinst suche houre as they shold mete ther again." Aftir thise
wordes seide, the emperour departed / and they that were of his
pryve counselle, spake of thise matiers / whiche thought that two *His Privy Council say*
24 the first poyntes were but one / that was, of the warres that he had *his points 1 and 2 are*
hadde / and of the deliueraunce of Orkais and his othir prisoners / *only one;*
for, by that one, that othir sholde be made / As thus / they semed,
seyng the Emperour had alle his reaume in his hande / that by the *also that he should get*
28 deliueraunce of Orkais he might haue a grete fynaunce for to helpe *money by letting*
hym to his empyre / and by his delyueraunce, might he take a *Orcays be ransomd;*
longe trewes of x. or xij. yere / and in the meane while might he [¹ leaf 93]
re¹ceyue his crownes / and vndirstande the demeanyng of his *should then visit his*
32 Empyre / and what aide he might haue there / And than, this *Empire;*
trewes ended / he might go aftir in-to the Turkes Land / and put *invade Turkey,*
him in deuoir to encrease the cristen feith / and in this meane
tyme / he might wele entende to the mariage of his doughtir / In *and then marry his*
36 this wise, as I haue seide, they auised the Emperour / whiche sone *daughter.*
agreed to their opinion touchyng his warres / and the deliueraunce
of his prisoners / and the demeanyng of his Empyre / But he
thought to vse othir auise touching the mariage of his doughtir,
40 seyng vnto them / "Remembre ye what a valiaunt man is worth;

154 *The Winner at a Three-days' Tourney, is to wed Iolante.*

<small>The Emperor</small> for, sith the comyng of Surnome, as moche wele is fallen to vs by his worthynesse / as if the grace of the holy gost had lighte amonges us / ffor, fro that day sith, we haue so moche be comforted and enhardyed, that they that bifore, no-thyng were / became moost worthy / and moost valiaunt / And on that othir side / oure enemyes, that were worthy and hardy, haue lost corage and strength. Thus may ye se, what the body of one noble man is worth / and for asmoche as ther may cowardise be loggid in the hert of a right mighti kynge, aswele as in a symple persone, Therfore y wolde knowe, for the wele of you alle / hym that shuld haue my doughtir, for <small>wants a brave man, tho' poor, for his son-in-law.</small> a noble man / for y hadde leuer she had the pore hardy / than the riche cowarde / for the wele of me, my Reaume, and of you alle .I. had leuer she had one of the iij. straungers, that is to sey, Le Surnome, Ector, or Athis / if they were of roialle blode / than the moost riche kynge that at this day is livynge" / with thies wordes, alle they of his counselle were right wele content / for they sawe wele it meued of grete honour / and of his corage / and moche they thought here vpon / for they thought it right straunge to knowe the corage <small>One of the Council</small> of folkes / Natheles, one of them auised hym, & saide thus / "hou be it, that to many folkes it shold be right harde to knowe the corage and noblesse of suche princes as shalle desire youre doughtir in mariage / yit it semeth to me right light to vndirstande / and y shalt sey you hou / Me thinkith that alle that be here, are agreed to take long trewes / for the causes that haue be shewed / this <small>suggests a 3-days' Tourney, by men of royal blood only, for Iolante.</small> trewes endurynge / if the Emperour do make crye an high and myghty Tournay / wherin noon shalle tournay, but if he be descendid from a roialle lyne / and that he make to declare the <small>[¹ lf. 93, bk.]</small> ¹mariage of his doughtir / and that who that shalt wynne the price thre daies, shalt haue hir / whiche shalt be a grete payne to any one man, to haue the Renomee by iij. dayes ouir alle worthy / thus shalbe knowen the moost victorious & noble / And if so be that one man wynne not the price alle the iij. daies, then shalt the Emperour be at his choise / to chese for hir whiche of them pleasith him best" / And whan they had herde this opinione, they loughe / hou be it, they thought it right wele saide / But among alle othir, the Emperour was pleased wele therwith / and was vttirly concluded to shewe it bifore the iij. estates of his Reaume / and what causes <small>The Emperor adopts this plan.</small> meved hym / As he concluded, so he did / and shewed it vnto them / with the iij. othir poyntes bi-fore rehersed / wherof they were alle right wele content / And as for the Tournay that shold be for his

The Terms of Ransom of Orcays, Ferabras, and other Turks.

doughtir / they thought there shold none be there / but if he were
of Roialle blode / and nere vnto the crowne / And than was it saide
amonges them / that it was pite that Surnome & his ij. felawes
4 were not of the roialle blode / and wisshed that Surnome had be so /
and had hir to his wif / Such conclusion as the Emperour had
taken bifore, was affermed amonges them. On the morowe, the
Emperour sent for the Ambassatoures to come bifore hym / and *The Emperor sends for the Turkish Ambassadors,*
8 there they purposed for the deliueraunce of Orkais and thise othir
prisoners, and in like wise for the deliueraunce of kynge ffirabrace;
and there were they longe tyme / and coude in no wise accorde /
and often tyme they withdrewe them, & went to Orkais, that so
12 moche desired his deliueraunce / that he rought not wele what he
did / And atte laste they brought this worde, if that the iij. estates *who propose to ransom Orcays, K. Ferabras, and other Turks, by releasing all their Christian prisoners, giving up 6 Turkish wald towns, and paying 500,000 florins, and making a 3-years' truce.*
wold so assente, that if Orkais, and kynge ffirabrace, and alle the
prisoners of their partie might be delyuered / they wolde in like
16 wise deliuere alle the prisoners of themperours partie, if any there
were / & also gif vj. walled Townes & Castelles, suche as the
Emperour wold chese withyn the Turkes land, Reseruynge the
chief Citees / and pay at one payment Vc. Mt. fflorences / and to
20 haue trewes for iij. yere / and here they to go in-to Turky, and
bringe answere agein withyn iij. monethes / and than to deliuere
hostage / at their comynge agein, to pay this money at one payment
withyn the yere / and the Townes and Castells to be deliuered ¹in- [¹ leaf 94]
24 to the Emperours Handes withyn ij. monethes aftir / Hereto, at
the last, agreed the Emperour & the iij. estates / than departid
the Ambassatours / and sped them so, that withyn litil while
they came into their contre / where as, sone were alle the nobles
28 assembled / and there made they reporte, whiche was to them no
thynge harde nor straunge, sauff yn one poynte / whiche was, the
deliueraunce of their Townes and places in-to their enemyes handes.
Neuertheles, kynge ffirabrace was there, and put him in suche *K. Ferabras gets the Turks to agree to these hard terms.*
32 denoir amonges them / and made them suche exortacions, that, in
conclusion, they were accorded / and whan it was thus concluded
& accorded / they that hadde the charge, therwith departed / &
withyn litil while came ther the Emperour was / and by his licence
36 spake with Orkais / their yong lorde, whiche asked them hou they
had spedde, and they tolde him alle / and howe grete peyne they
hadde for the places that shold be deliuerd / He was right ioifull
to here of his deliuerance / and prayed them, assone as they might /
40 to make their report / Than required they to speke with them-

The Preparations for the Emperor's Tourney on the Truce.

perour; and he graunted, and made them to be brought bifore him and his counselle / & there made relacione, & offred to delyuere their hostage at the pleasir of themperour / themperour was content to holde his promys / and puruaide, for the honour of the Turke, to holde a feste duryng iij. dayes / and made a grete tournay, and made to assemble the most parte of the ladies & gentilwomen of his Reaume / Orkais, knowyng certainly that his delyueraunce was concluded, was ioifulle / He knewe also of the feste that the Emperour had ordeyned for his sake / wherfore he was the more leef to abide that day / trustyng, for the loue of faire Iolant, to do so that day / to be somwhat the more in hir grace / hopyng to haue hir to his wif; and made request to the Emperour to haue hors & harneys & habilmentes for him / and xx^{ti} of his folkes / Aftir this tournay was cried / euery man desired to be ther-at / but among alle othir, Surnome and his ij. felawes put them in deuoir to be wele apointed there; and so were they, as if they had ben knowen kynges sones / as they were / and though it were vnknowen to other folkes, yit echone of them knewe in them-self / what he was, whiche made their hertes the more highly coraged to be habiled ther-[1]aftir / Thorughout the Reaume was ther none othir speche but of ioie of the fest / for bifore, had they hadde but warres and trouble / Thus passed the tyme, eueri man in ioie & disport, til the ceason came that the Tournay shold be. the night afore the tournay, eueri man made his musters / as in suche cas bilongith / Than were the knightes and squiers departed / suche as shold tournay, by notable auncient knightes & kynges of armes, & heraudes that ther-to were commytted / and they made euery man sette their kageys at their wyndowes / or at their gates; and at a wyndowe were hanged the sheldes of the iij. ffelawes / but their propre armes were not knowen therby, for in their sheldes had they nothyng but alle of one colour, & writen theron their names / eueri man meruailed herof, and supposed therby that they were no gentilmen. Thise wordes came bifore the ladies, whiche were right sory to here suche speche / for wele they Iugid, without grete noblesse of blood, there might not be in them suche honour & vertu / and wele thei thought that they did it by-cause they wolde not be knowen / Eche of them had in colour the felde of the armes they to-bere. whan the tournay was thus ordeyned / and thies iij. had noon armes vpon their sheldes / they were constreyned to swere bifore many noble men, if they were gentilmen or not; and toke an othe that they were gentilmen /

The 3 *Princes do gallantly; but Prince Philip best of all.* 157

and than seide they that herde it, their werke*s* shewed it wele to be
so / and eche one of them trustid in him self, that the Empe*r*our
and all*e* his Reaume shold knowe that he was a gentilman / Thus
4 was e*ue*ry man wele content. On the morowe, bigan the to*ur*nay / At the Tourney
the ladies and gentilwomen were at the wyndowes / and they that
shold tournay, came yn / every man on his side, as they were
apoynted ouir even. then was the corde cut ; and the trumpete*s*
8 blewe up ; and euery man put him yn peyne to do wele. At this
tournay, were so many dede*s* of arme*s*, and so grete stroke*s*, that it
were to longe to write them. It were to long, to reherce the grete
noblesse and prowesse that Le Surnome and his ij. ffelawes did ; also the Princes Philip,
12 Orkais, the yonge turke, it were moche to reherce the grete acte*s* David, and Humphrey
that he did, as he that was thorough thrilled with the nedle of loue /
Neuirtheles, that side where the thre ffelawes were on, made all*e*
othir to resort bifore them / ffor their [1]mighty stroke*s* and high [¹ leaf 95]
16 prowes, no man myght endure / and so wele thei did that day, that get the highest
ouir all*e* othir they were renomed ; & next them, Orkais had the renown. Prince
name ; but he might not compare wi*th* noon of the iij. That day Orcays comes next.
had Surnome the price / and whan he came to daunce wi*th* the
20 ladies & gentilwomen, he and his ij. ffelawes were so richely and so
wele apointed / that as the sonne in clerenesse passith the mone &
the sterres, so they iij. ouir all*e* othir bare the brute of that feste /
Aftir them, as y seyde bifore, Orkais in all*e* thing passid all*e* othir /
24 this ffeste endured iij. daye*s*, & euery day bare Surnome the price / Prince Philip is first of all.
Neuirtheles, he wold right fayne that eche of his ffelawes had hadde
the price of that day / Nowe is this last day accomplissht / and the
grettist sope*r* ordeyned, that bifore had be sene / In the halle was
28 no crie, not speche, but of thies iiij. Aftir soper, the dance*s* began /
and the prices were youen / eue*r*y man spake of Surnome / at eueri
price were gyuen grete gifte*s* and grete large*s* / a litil bifore the
Empe*r*our shold be taken vp, a notable kyng of armes went vpone
32 a Cupbord on high / & made crie " pees " thre tyme*s* ; and than was The Truce between the
the trewes publishid bitwene the Empe*r*our and the Turke for iij. Emperor and the Turks is
yere / Aftir this, made the kyng of armes an other crie, whiche was proclaimed.
this / that for asmoche as the Empe*r*our had in his tyme grete for-
36 tunes / and that Reaume was next vnto the enemyes of the feith,
whiche hath caused him meruailous and huge warres / wherfore it
was nedefull*e* vnto him and to his Reaume to haue one that sholde
enherite aftir his daies / of grete noble*s* and vertu / seyng that he
40 had but one only doughtir. Therfore it was necessarie vnto him

The Emperor proclaims the Grand Tourney for Iolante.

The Emperor announces the 3-days' Tourney for Iolante, in May twelve-month.

for to allie hym with som man of grete corage / wherfore he did alle men to wite, that at May, come twelue month, the xv. day, shold begynne a tournay / and shold endure iij. daies / and that he wold giff his doughtir, with grete part of his Reaume, to him that best shold do tho .iij. dayes duryng / so that there shold noon tournay

The First man on all 3 days will win her.

ther, but if he were of roialle blode, nigh vnto kynges. Moreouir, doyng them to wite / that if by one man the iij. dayes were not acheued and wonne / he shold not be bounde to gif his doughtir, but if it pleasid him / and also ther might noon tournay there, but if he were cristened. This crie publissht / the kyng of armes descended / the daunces bigan agein / and eche man thanked god

[¹ lf. 95, bk.]

in his hert, of ¹the trewes and good pees that nowe is in the Reaume. This faire yonge lady, heryng the crie of hir mariage, vexe alle rede & shamefast / and also it forthought hir moche, that noon might tournay without he were come of roialle blode / for she supposed wele, that noon of hir iij. seruauntes might be resceyued at that tournay. among alle othir, was noon more ioyfull herof than

Orcays thinks he'll be the man.

Orkais was / for that he thought wele / that thies iij. that passid him, might not be at the tournay / wherfore he trusted to haue the price bifore alle othir / wherby he thought him self sure to haue that fair lady to his wif, that he loued so moche / thus concluded he in him self to rennaye his feith and lawe / and take him to cristen feith / where it shewed wele, loue, of more strength than

Prince Philip will go home to France,

lawe. On the tothir side, Le Surnome, þat herde this crie, was no thing sory therof / for he thought wele to haue leiser y-nough to go vnto his ffadir, and retourne agein by that tyme, where he wolde

and then return and win Iolante.

not faile to be for alle the worlde / for there trusted he to wynne hir that his hert moost desired / In like wise thought his .ij. felawes / for eche of them trusted that day to haue goode aventure / thinkyng that noon of the tothir shold tournay. This thought, egal and like, had eche of them / the night passed / and the disportes endid / eueri man went til his reste / til on the morow, that many folkes toke their leue / aftir their departyng / Orkais made alle his assuraunce with the Emperour, and fulfilled alle that he had promysed /

Orcays takes leave of Iolante, and hopes to win her.

and than toke his leue of him / of the Emperesse / and of their doughtir / to whom he seide, "I truste to se you agein at this Tournay / and I promyse you, on my trouthe, if y may haue suche fortune as y desire / ther can nothyng be so peynfull vnto me / but y woll do for your sake / and if the Emperour your ffadir had not do make the crie that he did / y wolde haue spoken with him

Prince Philip makes known his Resolve to return home.

bifore my departyng, in suche wise as y trust he shold haue ben
content with my request / but I wote wele, sith he hath made this
ordynaunce / he may in no wise breke it" / This faire lady was
alle shamefast, and no thing answerd him / thus toke he leve of hir
and of alle the tothir ladies and gentilwomen / the Emperour con-
veyed him, and did him grete honour / than toke their leve / & *Orcays departs,*
many of the Emperours folkes conveyed hym forth / but ferthist of *and the 3 Princes*
alle othir, the iij. ffelawes conveyed hym / for they were moche of *escort him fur.*
an age / and alle of roialle blode / and moost comonly men seke
[1]their semblable / when tyme came they sholde departe, Orkais [[1] leaf 96]
saide vnto them / "my faire frendes, farewell / and y purpose to be
here agein at this ffeste, at the whiche y thynke my self right wele
vryd, that noon of you may that day tournay / Neuirtheles, if any
fortune or wele than bifalle me, y shalbe glad of youre company
bifore alle othir" / eche of them thankid him ; hou be it, there was
noon of them but thought to endure grete payne / or that he came
to that he wende / thus they departed from him, and retourned to
the Emperour / and so passed forth tyme, til on a day Le Surnome,
Ector, & Athis, were gon to the felde to disport them ; and Surnome *Prince Philip*
talkid to them of many thinges ; and amonges othir, he seide thus / *tells David and Humphrey*
"my frendes, whan I departed out of my contre, and fro my pore
fadirs hous / my principall cause was for the renome of the warres
of this Reaume / and specially to the wele of my soule, whiche
euery good man ought to desire / nowe is it, thankid be god, that
this Reaume is recouerd, and grete & a long trews taken ; wherfore
y purpose nowe no lenger to abide in this Reaume, but to go home *that he means to go home.*
to my ffrendes / whiche, y doute not, haue grete desire to knowe hou
it is with me ; ffor y am sure they wote not whethir y be ded or on
lyue. and for this cause most y nedes leue your companyes, whiche
sore forthinketh me / but that y may noon othir do." Than seide
Athis, "by my trouthe, my maister and felawe, youre departynge *Prince David*
sorowith me, and shall sorowe me more than any erthly thing ; but,
daies of my lif, where so euer I be, I shalbe alle youres / and yit
may happe to come the houre that y shall mowe deserue that ye
haue don for me, whiche y neither haue, nor can deserue yit / and sory
y am that youre contre and myn be no nerre to-gedir. Neuirtheles,
y shall put me in deuoir to se you fulle ofte, so that y knewe where
ye dwellid, or of what folkes ye were come : and nowe y haue herd
youre entent, I shall shewe you myn / ffor, like as seide to-fore, and
for the same entent, I put me in the Arme of Scotland, for the

socour of this Reaume, with othir / and now y se it in pees, my
purpose is to drawe me in-to the Cuntre fro whens I came / ffor
now, thanked be god, the Emperour hath litil nede of my seruice."
"Nowe forsothe," seid Ector to Surnome, "if your departyng
aught to sorowe any body, it aught sorowe me / for by you haue y
ben [1] saued / and ye haue accepted me in-to your company, wherof
y thought me right hapyy / and so wold thinke, if in alle my lif I
might do thing that might be your pleasir / and as long as ye had
abiden here, I thought not to departe. But sith your pleasir is
nowe to departe, I woll no lenger abide here / but go agein in-to
the Reaume of Englond, of whens y am ; and there shalbe neuir day
of my lyf, but my body & goodes shalbe alle youres. [*Illumination*.]

IN this wise, talke the thre felawes, and diuised the maner of
their departyng / and howe they might haue leue / and arguyd
sore amonges them / whethir was bettir to take leue to-gedre /
or ellis eche one by hym self / But at the last, they concluded alle iij.
to-gedre to take leue at their maister at ones / whan they might se
him best at leiser. Thus withyn a day or ij. aftir, they waited on
their maister at a soper / and aftir he had soped, they thre to-gedre
besought him that they might speke with hym / and he, as abasshed,
toke them a-part / thinkyng ther was som matier of displeasir / for
neuir bifore had they desired to speke with him in suche wise.
Le Surnome spake for them alle, seyng in this wise / "My lorde!
it is longe that we haue ben in your seruice, wherin we haue had
suche wele, and so grete honour, that we can neuir suffice to deserue
it / Natheles, in the mooste humble wise that we can, we thanke
you," and therwith they kneled downe / and he made hem to rise
vp agein / and Surnome tolde forth his tale, seyng, " my lorde, ye se
nowe the estat of this Reaume in suche cace / thankid be oure lord,
that there is no werre, to the grete honour of the Emperour / and
his Recommendacion is spredde through the world / ye knowe wele
the long [2] trewes that he hath taken / wherby he hath litil nede of
folkes / And we be pore gentilmen straungers, whiche gladly wille
drawe to oure pore frendes / for euery man aught to haue naturalle
loue to fadir & modir / and thies thinges considered, we be affermed
& constreyned, by reasone & honour, to drawe vs home, and departe
out of this cuntre / wherfore, humbly we beseche you, to licence vs
to departe with the fauour of your good lordshippe / whiche we
moost desire, next the Emperour" / It is not to be douted that this
desire was as greuous at fferauntes hert / as he had felt him sore

Ferant and the Emperor grieve at the three Princes' Resolve.

hurt with a spere / and not without cause / alle his honour was by
them iij., ffor he knewe wele at this day he was the moost renomed
knyght of the world / and forthwith felle the water in his yeen /
4 and seide / " my dere frendes, wille ye leue me nowe / haue y done
any thing that shold myscontent you with me / no, to my knowlage /
and as for the warres of this Reaume, they ar not yet ended / trouthe
it is that there is a trews / but that shalt not long endure / and
8 whan the warres shal begynne agein / y wold not haue lost your
company, for no good. and also whan the werres begynne / we shalle
entre in-to their Reaume, where men shalle se many grete dedes of
armes / and allas! so moche as y haue loued you / and so glad as
12 y haue ben to encrece your honoures / hou be ye now content to
departe fro me?" Le Surnome answerd, "my lord, we may haue
leiser y-nough to be with oure frendes / and come agein or the
warres begynne" / whan fferaunt herd his wordes & conclusion, he
16 departed fro them, and seide, " that on the morowe he wolde speke
more with them." It is no question if he were that night pensif
and full of sorow. his folkes that were aboute him, sawe wele by
him, that he hadde herd som thing that pleased him not / fferaunt
20 toke his hors, and rode to the Emperour / and tolde him fulle sorrow-
fully thentent of his seruauntes / wherof the Emperour toke right
grete sorowe & displeasir / and askid if any remedy were to with-
olde them / "trewly," said fferaunt, "nay " / "Than," seid the
24 Emperour, " I shalt make them to be required be my wif, my
doughter, and alle my ladies" / " fforsothe," seide fferaunt, " alle that
botith not. But y auise me of one thing / It is so, that for the
grete honour ye haue don them / they be gretly bounden vnto you;
28 wherfor ¹ye may wille them, seyng the mariage of your doughter
shalbe yn May come tweluemoneth, that eche of theim promyse
you to do your pleasir to be here at that tyme; for they be your
seruauntes / and euery seruaunt aught to honour his maister / and
32 so may ye require them that they do at that tyme / and whan they
come agein, perauenture ye may so entrete them that they wille
abide stille with you " / To this counselle agreed the Emperour / and
yn this purpose departed fferaunt fro him / and went to his loggyng /
36 and made that night as goode chere as he might / alt-though his
hert were right sorowfull / and on the morow, aftir he had dyned,
came his thre seruauntes to him agein, to know his pleasir vpon the
request they had made him the day bifore / fferaunt answerd them
40 in this wise / " my frendes, notwithstandyng / that of your grete

[marginal notes: Ferant weeps, tries to persuade the three Princes to stay, and promises his answer next day. [¹ lf. 97, bk.] He advises the Emperor to urge the Princes to return for the Iolante Tourney next May.]

goode wille and curtesy, ye haue done me such honour as to repute
you my seruauntes / Natheles ye be not so, for y neuir held my self
worthy, nor of suche honour, to haue the seruice of so noble men /
hou be it, your company hath ben to me moost ioie / and fulle fayne 4
wold y haue done you more honour / if it wold haue pleased you to
take it. Neuirtheles, ye be nowe with the Emperour; and he had
you in suche chierte, that he hath put you vnto his doughter /
whiche is the thing in the worlde that he loueth moost / and hath 8
grete cause so to do ; for she is one þat can deserue loue, and the
thanke of euery creature / and of thies two most ye take leue / and
whan ye haue leue of them, ye and y shalle agree well y-nough " /
they answerd that they " purposed so to do / and that on the morowe, 12
with the pleasir of god, they wold go to him; and as they had
grete cause to thanke his grace of his grete honour and curtesie that
he had shewed them / whiche was impossible for them euir to
deserue " / so on the morowe they for-gate not, whan tyme was, to 16
come to do their seruice to their maistresse as they were accostomed,
whiche had herde of this matier / wherfore she was in grete trouble
and annoye / and when she sawe them bifore hir at the table, she
coude no[t] withholde the teres from hir yeen / In this dyner tyme, 20
ete she nothing that did hir good / for wondrely wele loued she
them. whan the Emperour had dyned, they iij. came to-gedre be-
fore him / and, as humbly as thei coude, thankid him of the grete
wele and honour that, of his [1]grace, he had done them / and aftir 24
shewed him, hou "by the grace of god, and of high and good
prowesse, and of his suggetes, he had his hole Reaume peasibly ;
and for that cause they alle were concluded, by his licence, nowe to
drawe agein to their cuntrees ; for it was longe sith they sawe their 28
frendes, or herd of them / whiche euery man of right aught to desire /
wherfore they besought the Emperour that it might please him to
gif them leve." The Emperour made them many grete desires to
abide / and grete and large offres / but by no meane coude he 32
remeue them from their purpose ; and he sawe that / and in con-
clusion, he desired them to come agein to the tournay / that shold
be made for the mariage of his doughter / and seide vnto them / " al-
though that none of you iij. may tournay there, I shall make othir 36
tournays and ffestes, where your worthynes shalbe showed with
many othir noble men / and also ye know wele it is the custome,
euery man to be redy with his seruice to his maister and maistresse
at any suche ffeest, and ye be reteyned with hir / wherfore ye aught 40

in no wise than to faile hir" / Alle thre of one wille made hym The 3 Princes
promyse & othe, that if they were in helth and at their large, they agree to come back in a
wold not faile to be there agein at that day. On this condicioun the year.
4 Emperour licenced them to departe. Thus toke they leve of him /
and went to the Emperesse to take their leve; wherof she was right
sory / & ther toke they their leve / and went to their maistres / and
tolde hir hou they had taken leve bothe of the Emperour and of
8 themperesse / and eueriche of them offred him-self to aventure body,
liff, and goodes in hir seruice, for hir pleasir and honour / This
yong lady answerd them with fulle sorowfulle hert / " I pray god,
my frendes, conduyte you, & sende you asmoche ioye and honour as Princess Io-
12 eche of you is worthy to haue; and then shalle ye be largely sped / lante wishes them well.
and that shalle alway be my prier" / and thus departed they out of
the chambre / [alle folkes] when they herd here-of, wepte full sore,
and sorowed / for wondrely wele were thies iij. felawes belouid with
16 euery creature; neuirtheles it might noon othirwise be / Thies iij.
felawes went to their loggynges til oñ the morowe / Themperour sent
eche of them iij. M.ᵗ scutes and ij. coursers / and the faire lady, his
doughter, sent eche of them a purs & a dyamant. In the mornyng
20 toke they leve of alle their company / and eche of them toke leve
of othir / whiche departynge was ¹right sorowfull, for eche of them [¹ lf. 98, bk.]
loued othir as bretheren. Thus leue y them, euery man takyng his Each of them starts for his
way / and retourne agein to the Emperour. [*Illumin.: Emperor's reception.*] home.
24 YE haue herd bifore, hou the Emperour was concluded to go
to Rome & to othir places / where he shold resceyue the
Crownes of the Empire; and as he had concluded, so he The Emperor
did, and departed toward them assone as he might, where he was
28 resceyued of alle the lordes of the Empyre / ffor his renome was so
spred ouir alle the worlde, that euery man desired to se him, and
knowe who he was / they had him in grettir fauour than they had
bifore. and the lordes askid him of the demeanyng of his warres /
32 and he tolde them the trouthe, & forgate not to reherce the noblesse
of Le Surnome and his ij ffelawes / Aftir his coronacion, he toke his
way to millayne, and was crowned ther agein / & from thens departed is crownd at Milan,
and went to Rome, and helde there a grete court, and there soiourned
36 a long while, where he was resceyued of the Pope and alle the Car- and is wel- comd at
dynalls with grete ioye / and whan he had contynued there as long as Rome by the Pope.
it pleased him, he retourned agein in-to his contre / where he made He goes home, and
grete purueaunce ageinst the tournay / whiche began fast to approche. prepares for the Tourney.
40 & he made thorugh alle the Towne, the loggynges to be apointed, and

M 2

dressid in the best wise / and euery man applied him so wele / that alle thing was sure & redy. Euery prince & lord that was of roialle blode, that had herd the crye of this Tournay, and knewe also the grete renoun of this ffaire lady for whom the tournay shold be / aredyed them the moost richely that they coude, to be ther at that day. But ouir alle othir, Orkais, the ¹yonge Turke, had desire and wille to shewe him self at this ffeste. he was so sore taken with the loue of this faire lady / that he was yn fulle wille to bileue in the lawe of Ihesu crist / the gretist drede he had, was, hou he might bringe this aboute by the agrement of alle his suggettes / whan he was comen in-to this contre, he was resceyued as to his estate belonged / and euery man had grete trust in his persone / for that they sawe him alle othirwise in his maner and condiciouns than his ffadir had ben bi-fore. Alle the states of his Reaume came vnto him / for eche of them desired gladly to se him / he was right large & courtaise / and moche conuersaunt with the noble men of his Reaume / and many tymes they asked him of the warres, and of the maner of the cristen folkes, in whos handes he had long tyme bene. Orkais tolde hem the trouthe / and rathir seid more of honour, than lesse, to thentent to drawe the hertes of his people the more to that bileue / and seide verrily, " that he bileued, that if the god that the cristen folkes worshipped, had not ben their helpe / it had ben impossible for them euir to haue recouered." Than tolde he them in what caas the Cezilians were / and of their pore corage / and howe that, by one only man, they were sodeinlye transmuted in to the moost valiaunt nacion that at this houre was cristen / and hou aftir that, ij. othir were comen, by whom, with the helpe of the first, was the destruccion of his ffader, & dethe of alle them of his lawe, whiche thought him a thing ouir meruailous / and so moche preised he the cristen feith, that his folkes thought wele he had some pleasir therin / and some of them seide that "the cristen god was more worthi than their god that they bileued on " / and so moche did the yonge Turke by his wordes, with contynuaunce of tyme, that he sawe & knewe verrily that, suche part as he toke, the most part of his reaume wold take / wherof he was as ioifull as he might be / and thervpone ordeyned his habilementes, the moost riche þat had be seen in that reaume / & thought to take with him the grettist parte of princes & Barons of his reaume, to thentent that they shold be cristened with him / and he trusted verrily by this dede to conquere this faire lady / whiche in hir tyme was very mirrour of alle

The three Princes travel homeward; Prince Philip alone. 165

othir fair ladies / Many men askid him whider he wold go, and he
seide, his entent was to go the ffeest of themperour, with whom he
had ben prisoner, & was in his Daunger by the places that he helde
4 in his contre. wherfore he wolde do him honour and pleasir, to
thentent he might haue his places the sonner ageiu / ¹and to take a [¹ lf. 99, bk.]
Lenger trewes with him / " for I propose nomore to Warre with him.
They that herde him, were right ioifulle of thies tidynges. they that Orknis's com-
8 had apointed to go with him / habiled them-self as richely as they grandly for
coude, and so wele, that the yong Turke thought him-self there Sicily.
sholde come neither kynge ne prince at that day bettir appointed
than he and alle his people shold be / he puruaide so that alle thing
12 was redy longe bifore the day of his departyng; and in his mynde
he dred noman; sith that he knewe wele the iij. seruauntes cf
fferaunt might not turnay, he thought him verily assured that the
faire Iolant shold be his wiff. Thus passed forth the tyme alle in
16 ioie, trustyng in goode auenture. And thus shalle we leve a while
of hym, and speke of the iij. ffelawes that were departed eche fro
othir / and euery man hielde his way with grete sorowe and payne, The 3 Princes
contynuelly remembryng the faire Iolant / whiche eche of them homeward,
each wishing
20 trusted to haue to his wif, Remembryng also the bounte of the for Iolante.
Emperour and of the Emperesse / and aftir, they thought on their
curtaise maister, and of the fortunes they had there / and aftir,
remembred hou they shold come ageiu in-to that Reaume, and hou
24 the Emperour shold meruaile to se them come ageiu, like kynges
sones / and in esspeciall, fferaunt, whiche hadde reteyned them so
long in seruice / and so shold their ij. ffelawes that most be there
that day, whan they shalle saye how long they haue ben ffelawes
28 vnto a kynges sone / and euerich of them had his thought bie his
two ffelawes. [*Illumination: a King, or Noble, receiving and embracing a young Man.*]

N
OWe shall y telle you of eche of them, hou they arryued in
their marches. and first shalt y speke of Surnome, for he Prince Phi-
32 was the first, that departed & lefte his fadir for the seruice of lip
god, and also was the first that came ageiu in-to his countre. whan
Surnome was passed out of the Reaume of Sizile, he called a yonge
gentilman vnto him, that was ²with hym / and saide vnto hym / [² leaf 100]
36 " my frende, I shall perauenture be ashamed if ye sawe the pore
place of whens y am comen / wherfore ye shalle departe home ageiu sends back
in-to your contre; and y gif you my horses, sauf only that y ride with horses
on, & my harneys, and ij. C. scutes, that yit are bilefte me; & I
40 pray you that ye abide in the Reaume of Sizile til tyme of the

tournay / at whiche tyme y trust to be ther, with the mercy of god.
neuirtheles, if ye may haue any bettir maister, or othir good fortune
in the meane tyme, y pray you leve it not for me" / This yong
gentilman, that herd his maister thus speke, thought wele it came
him of noble corage / and sory was to departe out of his company /
Prince Philip's attendant begs for leave to stay with him, and seide vnto him / "sir, for goddes sake be not a-shamed of me / for whoos sone that euir ye be, y had leuer be in your company
than in the company of the grettist man of the world." Surnome
thanked him, and saide / "I shall discouer me now to you / I am
a gentilman of roialle lyne ; and that y trust shall be knowen or the
but is refused. Tournay be ended / But y most go now in-to suche places where as
I wilt no company" / his seruaunt than departed / and thanked
him of his grete geftes, and retourned agein in-to Sizile / Nowe is
Le Surnome alle alone, and kepith forth his way in-to ffraunce / and
Prince Philip hears of his father's death, within fulle litil while knewe certainly that his ffadir was ded /
wherof he was fulle sorrowfulle. also he was ascerteyned that þe
quene his moder was alyue, and his vnkle, the Duc of Burgoigne
was Regent of ffraunce ; with whom he thought to speke vnknowen /
and so rode he forth to Parys, with a visour bifore his face, and
acqueinted him with a seruaunt of his vnkells / and besought him
to fynde the meane that he might speke with him vnsayne / This
seruaunt came vnto the Regent, and seide vnto him / "my Lord,
here is a yong man in this towne that will not shewe his visage,
whiche hath desired me that he might speke with you secretly" /
The Regent, vpon thies wordes, thought moche what it might be,
and asked, of what fassion he was / "fforsothe," seid [the] seruaunt /
"the moost goodly persone that euir y sawe" / "I shall telle the
what thou shalt do," said the Regent, "Soone in the evenyng, brynge
hym in-to myn Inner chambre, & there bere him company til y
may be at leyser to speke with him" / Like as he commaundid, was
it done. and at the houre apointed, this yong man was brought yn /
[¹ lf. 100, bk.] and the ¹chambre avoided / and whan the Regent knewe therof / he
made his seruaunt to take a light / and nomoo went in with him /
and, unknown at first, has an interview with his Uncle, the Duke of Burgundy. And assone as Le Surnome sawe him, he did him reuerence, kepyng alway stille the visour bifore his face / and whan he came nere
him / he tolde him the cause of his comynge was to put him in
knowlagge that "the kynges sone of fraunce, that departed out of
the londe suche a tyme, was not ded, but in good helth / and
that he trusted for trouthe he shold withyn short tyme here
tidynges of him / and to disclose the trouthe vnto him, he came

Prince Philip makes himself known to his Uncle, the Duke.

him-self from the place that he was yn." whan the Regent herde
thies tidynges, he shewde not the high chere of a prince, but streyned
le Surnome in his Armes, and saide / "A, my frende! ye haue
4 brought me grete ioie! sith the sorowfull losse, herd y neuir so
ioifulle tidynges, whiche is more than iiij. yere passed" / and with
thies wordes, the teeres ranne from his yen / bothe for ioie and pite.
and saide, "my frende, if it please you, I pray you telle me the
8 trouthe, hou it is with him?" Le Surnome hadde pite of his vnkelt, *Prince Philip takes off his visor.*
and coude no lenger kepe his visage couerd, but toke his visour
away / and whan the Regent had auised him, and remembred the
age of his Nevewe, and the fetures of his face / and than knewe
12 verrily that it was he / And for the ioie therof, so sodeinly he vn-
closed his hert, that he was almoost in a swoune / so that he might
not speke / and whan his hert came to him agein / he kneled downe *His Uncle, the Duke of Burgundy, kisses him and weeps for joy.*
bifore him, and toke him in his armes and kissed him, so that he
16 wette alt the visage of his nevewe with teeres that felle fro his yen,
and sith saide vnto hym, "allas, my lorde, and alle my ioie! where
haue ye be so longe? / allas, myn owne lord! your sorowfull fadir
had neuir ioie sith your departyng / grete synne haue ye for his
20 dethe / The sorowes of this Reaume that hath ben for you, ben ouir
moche to reherce / But now shalle alle tho sorowes be chaunged into
Ioy. Allas! how shalt my lady your modir knowe of this ioifult
recouere? / I trowe, whan she shalle first knowe it / the chaunge
24 shalbe so sodeyn that hir hert shalt breke for ioy / My lord, y
wote not what y shalt say / or how y shalt auise you of your demean-
yng / Wille ye that y calle yn the company that is yonder in my
chambre, whiche, whan they se you, shalle haue more ioy / than alle
28 the re¹menaunt of your Reaume haue had sith your departyng." [¹ leaf 101]
"ffaire vnkle," saide Le Surnome, "I shalle telle you alle my demeau-
yng sith my departir hens / and whan ye haue herd my tale / ye
shalle avise me as ye thinke best / and by your counselle wiłł I do" /
32 After thies wordes, began he to telle of his departyng / and of his *He tells his Uncle all his adventures,*
comyng in-to the Reaume of Sizile, and lefte no thing vntolde, sauf
only that he had done with his owne handes / and saide / "myn
vnkle, my departyng oute of this Reaume was for this cause / my
36 lord my ffadir, (whoos soule god pardone!) wold do noon helpe nor
socours to the Reaume of Sizile, whiche was in way to be lost,
which caused me to departe so allone" / and tolde his vnkle so forth,
by & by, forgate not specially the ij. seruauntes that were with his
40 maister, to reherce the worthynesse of them / and howe the warres

168 *The Duke of Burgundy is to personate Prince Philip at the Tourney.*

and about Princess Iolante,

were ended a grete parte by their prowesse / and howe the trewes holdith yit for ij. yere / and half / and howe the kynge of Sizile, for his noblesse, was chosen to be Emperour / and how he hath the fairest lady of the world to his doughtir / and the best / and of the 4 age of xviij. or xx^{ti} yeres / " and the Emperours desire is, aboue alle thinges, that she be accompayned with a noble man / wherfore, to be the more certayne, he hath made crie a tournay, whiche shalbe kepte in may next comyng / and but yif one man may venquyssh the 8 Tournay iij. dayes / the Emperour shalbe at his liberte to chose the best of them, and ther may noon tournay, but if he be borne of roialle lyne, knowen & named / and forasmoche as y haue long tyme serued there vnknowen, I haue the more desire to be ther at that 12 day / ffor y shall put me in as grete deuoir and payne as y may

and his love for her.

endure with lif / but I come to that wele / ffor it is she that hath my hert assured in hir seruice / and long hath ben / for she is incomparable ; Wherfore I haue affermed my self to be there / And 16 nowe, sith y vndirstond the dethe of my lord my fadir, ye shalle here myn auise. The terme is short, and but litille vnto that day / wherfore me thinkith best to be vnknowen / ye are your self yit of resonable age / and haue neither wif nor childe / and men holde 20

Prince Philip asks his Uncle to go to the Tourney, as if for Iolante,

you heyre of this Reaume / wherfore I wolde, if it pleased you, to do so moche for me as to be at this Tournay / and to make alle folkes of this Reaume to beleue / that ye entende to haue this faire lady to your wif / if your fortune be suche / and, y pray you, were suche 24

[¹ lf. 101, bk.]

deuises as y shall desire you ; ¹and in the meane while, y shall kepe me in suche places as ye thinke best y may be vnknowen ; and ye

and to wear armour like his.

shalle go in suche astate as bilongeth vnto a kyng ; and my harneys and abylementes for my body shalbe trussid forth as yours / And 28 the dayes of the tournay / y shal arme me in your pavilione / and ye shalle put a visour ouir your face, and serue me at the tournay. and at the ende therof, If I do any thing wele, alle be tymes y shall make me to be knowen, whiche shalbe the grettir ioie to suche as 32 wold y wele did / and y trust there be none othir there that knowe me, but wold be glad to wite me do wele " / The duc of Burgoigne, heryng alle his tale, herkened him fulle gladly, remembryng wele hou he had herde that by iij. yong men, straungers, the Reaume of Sizile 36 was gretly holpen / wherfore he thought wele, by the tale of his

The Duke consents.

Nevewe, that he shold be one, wherof he was right ioyfull / and the bettir willed to go. hou be it, he thought alle folkes wold iuge his age was nothing accordyng to haue that fair lady / wherfore he 40

The Duke of Burgundy declares he will go to the Iolante Tourney.

praide his Nevewe to take thaduise of vj. or vij. moo of his preuy
counselle, whiche shold be nedefulle, aswele for the purveaunce of
their going forth, as for any othir cause. wherto Le Surnome was
4 agreable / and at night wold haue departed / but his vnkle wold
in no wise lete him / but made the chambre to be avoided; & þat *Prince Philip*
nyght lay ther to-gedir / and the Regent slepte not moche, he was *and his Uncle sleep to-*
so ioyfulle / he thought it shold be but a dreme / it was so Newe *gether.*
8 vnto him, that he coude not wele bileue that he sawe & herd / He
rose be tymes in the mornynge / and so did the kynge / and than
was called yn to the chambre alle suche as the Regent wolde name.
and there was discouerd vnto them alle the matier vpone grete othes
12 & charge. there may noman thinke of more ioy than was at that
tyme in that chambre. This ioy was bydewed with teeres of pite /
And after, whan they vndirstode the pleasir of their yong kynge,
they were alle concluded to his avise & pleasir, and made the duc of
16 Burgoigne to be published thorugh the Reaume, that his entent was *The Duke of Burgundy*
to go to this tournay / in asmoche he had neither wif ne childe, *proclaims*
nor coude here no tidynges of the kynges sone / wherby the Reaume *that he will go to the Tourney, for*
might falle in-to othir lynage, wherof many inconueniences might *a wife.*
20 growe / wherfore he purposed, in eschuyng of suche Inconuenience,
to dispose him to be maryed. ¹Many men saide that he did wele; [¹ leaf 102]
and som saide " nay / for he might haue ben maried to lesse charge
of his Reaume & lesse iubardie of himself : what nedeth him, of his
24 age, to put him in a tournay ? The kynge of Inglond had ij. faire
ladies to his doughters; and withouten any iubardy he might chose
whiche of them that pleased him " / suche argumentes were amonges
the people / Natheles, the Duc of Burgoigne toke litelle hede to suche
28 wordes / but put him in deuoir and diligence, that alle thinge was
redy longe bifore the day / The yong kynge made to ordeyne
richesses y-nough / so that he might kepe estate incomparable there
to any othir / for he trusted his fortune shold be to haue that /
32 that alle other shold faile of / ffor his hert was highly and surely
set, &c. Now shalle we leve of him a while / and speke of Ector,
how he did aftir his departyng from his ij. ffelawes. [*Illumination.*]

HE rode fulle pensif and soroufulle yn his hert, for their depart- *Humphrey, Prince of*
36 yng / Also fel in remembraunce of his owne departyng out *England,*
of his cuntre, & how many noble mennes sones had be lost
for his cause / wherfore he thought / the ffadirs wold dedly hate
hym, whiche brought him in grete drede and annoye / and con- *resolves to keep un-*
40 cluded in him-self that he wold not be knowen til he vndirstode *known till*

he can judge of his welcome home.

how they toke his departyng / and how they wold be content with his comynge / So fortuned, that he had a gentilman of Sizile in his company / whiche was right wise, as he had founde in his right

He consults a Sicilian friend,

goode counselle in diuerse thinges bifore / wherfore he thought to 4 discouere vnto him alle his matiers / and tolde him what he was,

[1 lf. 102, bk]

and how he was departed oute of his Reaume, & xiiij. [1]of the grettist Lordes sones of the Reaume with him / "wherfore," saide Ector, "y am gretly in drede of the hate of their ffadirs / But what 8 so euir befalle me, I most nedes be knowen there." The gentilman of Sizile was gretly abasshed whan he vndirstode his maister / he was also right glad to knowe his maister of so noble birth / sayng vnto him / "my lord, y thanke god that he hath youen me grace 12 to be nowe in your seruice, & .I. shalt say you what y thinke best /

who says 'Wait till you get to England, to hear tidings.'

that ye conclude you in no thinge til ye be entred in to the Reaume of Inglonde. By than shal ye here suche tidynges, as ye shalle more surely take youre auise vpone / and, in the meane while, pluk vp 16 your herte, and take no thought; ffor y trust, at your comyng, the kyng and alle the Reaume shalle be so reioysed / that they shalle sette litil by the losse of the Remenaunt that were in youre company / for perauenture the kyng and the lordes shalle Iuge that they were 20 the cause and meovers of your going" / "The thing," saide Ector, "that y haue moost yn drede, ys, lest that the kynge haue taken suche displeasir with my departyng / that he wolt not se me nowe / whan y come / nor no thinge departe with me, to appoint my self 24 like his honour, to be at yondir Tournay / whiche is the place of the worlde that y desire moost to be at" / "fforsothe," saide tho gentilman, "ye haue right". / And with suche talkynge passed they

They reach England,

forth the wey, til they came in-to the Reaume of Inglond ; and the 28 first Towne they came to / they mette with a grete procession / euery man goyng barfoot in their prayers, with grete deuocione, as

and are told of the King's mortal illness.

it semed / Ector asked the cause of this procession / and they saide for the kynge, that was so sore seke, that noman coude promyse 32 him liff / wherfore there was made generalt procession thoroughout the Reaume / for of his dethe, the Reaume shold haue to grete a losse / seyng he had noon yssue a lyue but ij. doughters / wherby

The Realm is in trouble,

the Reaume shold stande in grete trouble / and likly to falle in the 36 handes of straungers / whiche was grete pite / ffor the kynge had a sone, as goodly a prince toward, as any was o where / and right gretly biloued / & right wele coude deserue it, as any man a lyue of his youthe, and a iiij. yere passed he departed from hens / and 40

The King of England desires to see his Son Humphrey. 171

many a Grete Princes sone of this Reaume with him / and neuir sith *as its Prince has not been*
was ¹herd no tidinges of them / wherfore the Reaume is in grete *heard of for 4 years.*
trouble / and neuir sith had ioie / and many suche processions haue [¹ leaf 103]
4 ben made sith that tyme for him / and the kyng himself had neuir
good day sith " / Ector askid his hoste, of what age he supposed the
kynges sone was. " Be my faith, sir," saide he, " I suppose of
youre age, if he be a lyue ; me thinkith y coude not bettir liken
8 hym, bothe in length and resemblaunce " / " how trowe ye," saide
Ector, " wold not the kynge be glad, and the Reaume, of his comyng
agein, if he were a lyue ? " / " yis, y dare sey," saide his hoste. " The
hole Reaume wold make a fyne of half they are worth, to haue him *England would give*
12 agein." Thies wordes pleased Ector moche, and caused him to ride *halfits wealth to have its*
the remenaunt of his iournay more ioyfully than he did afore / and *Prince again.*
spedde him so, that withyn litil while he came to london / & loggid
hym yn an Inne / his visour alway bifore his face / and enquered
16 tidynges of the kynge : it was saide he was so seke that noman
coude promyse him liff / than sent he his man in-to the Towne to
enquere ferther / and made him to go vnto one of the lordes, that
had lost one of his sones with hym, & telle hym that " he was of the
20 Reaume of Sizile / and that he had late spoken with folkes that
had seen the kynge of Inglandes sone a lyue / and hole, but he is
yit prisoner " / This gentilman went forth, and did his message to *Prince Humphrey sends*
the Erle of Warrewik / and the Erle askid hym / " my ffrende, say *news of himself to the*
24 ye trouthe ? may any man speke with him that hath tolde you *Earl of Warwick,*
this ? " / " fforsothe," saide the gentilman, " y trowe y wote where he
is / and I am sure he wolt iubarde his hede of that y haue saide " /
" If this be trewe," saide therle, " no fors of alle the remenaunt of
28 his company / for they were cause of his goyng " / than toke he
him by the hande, and brought him in-to a chambre nye to the
kynge / & made him tary there ; and went him self in-to the kynges
chambre, and tolde the kynge hou he had founde a gentilman of
32 Sizile ; and tolde him what tidinges he had brought. The kynge *who tells it to the sick*
made calle him yn / and herde his tale to an ende / and than he *King.*
helde vp his handes to god, sayng / " A, my blissed creatour ! y
haue alway requyred thy grace, that y might se him er y dide / and *He prays that he may see*
36 right so, y bieseche the that y may." whan the gentilman sawe the *his Son again before he*
kyng so desirous for to se him / he toke the Erle a-part, and saide *dies.*
vnto him / " sir, y shal tel you tidynges that yit shalle please you
bettir / ²sir, he is in good Helthe, for y sawe him but late, and [² lf. 103, bk.]
40 spake with him, and I am his man / and he sent me hider to
1 2 ★

knowe what men saide of him / and he hath grete desire to come
hider agein / but he knoweth not wethir his ffelawes be dede or
a lyue / wherfore he is in grete drede of the kynges displeasir / and
of the evil will of you, and of othir grete Lordes of this lande / 4
whoos childre went with hym" / And whan the Erl herd this, he
was so glad, he coude not sey a worde to the gentilman, but went
streight to the kynge / and tolde it hym, wherof the kyng was

The King bids Lord Warwick fetch Prince Humphrey to him.

ioyfull as he might be, sayng vnto hym, "ffaire Cosyn, y pray you 8
make suche purveaunce as ye thinke may be moost for his honour;
and dispose your-self with suche company as ye thinke best to go
for him, in what Reaume so euir he be, and brynge him vnto me
assone as euir ye may" / Than departed therle vnto his loggyng / 12
& this gentilman with him / and whan they were there, the gentil-
man seid vnto him / " sir, ye nede make no grete purveaunce / for ye
haue not right ferre to go / ye shalle nede to sadelle no hors therfore,
but it please you, for y can bringe you thider on foote with youre 16
ease / the fewer that come with you, y suppose, the gladder woll he
be " / Therle herd that, and taried not, but toke this gentilman by
the arme / and went forth, without other company, streight to his

Lord Warwick goes to Humphrey,

loggyng / and whan he came in-to the chambre where Ector was / 20
he knewe him anone / and knelede downe, and toke him in his
armes without sayng any worde / and whan he might speke, he

and blesses the hour of his return.

saide / " A, sir! blessed be the houre of youre comyng now in-to
this Reaume " / then he asked him hou it was with him, and of his 24
auentures that felle him sith his departyng. Ector was in suche
drede, that he durst say no thyng as than, sauf only that he saide,
"I shall with right good will telle you at leyser of alle my fortunes /
but first, y pray you, telle me som of your tidynges." Therle tolde 28
him suche as he knewe, and what sorowe the kyng had, and alle the
Reaume, for his departyng / seyng / " thanked be god! now, by your
comyng, this Reaume shalbe revived in gladnesse " / thus passed
forth the tyme; til at the last, therle saide, " sir, and it please you, 32
y shal go to the kyng / whiche shalbe as ioyfull as any man erthly,
whan he knowith how it is with you; and sone y shall brynge you
worde of all his pleasir, hou he woll haue you demeaned / and toke

[¹ leaf 104]

his leue & departed." The gen¹tilman of Sizile brought therle agein 36
to his Loggynge / & went agein to his maister / and tolde him alle
hou he had don that day, and howe he had ben with the kynge /
and what he saide; wherof he was right ioifull. On the tothir
side, whan therle of Warrewik came to his loggyng / he sent for the 40

kynges counselle, to whom he shewed, without hidyng of anythyng, *He then sends for the King's Council, and tells them the good news.*
the maner of comyng of their yong prince, to thentent that thei
might take auise how they shold telle it to the kynge / and so they
4 concluded alle togeder to go to the kynge, and telle it him / thus
departed they to the kynge as ioyfult as they coude / and whan
they came to him, they tolde him how his sone was in the Towne, *The Earl and Council tell the King,*
in grete drede / for that / that he wist for trouthe, he had deserued
8 his grete displeasir. whan the kynge herd this, he was so ioyfull
that he coude not speke a worde / and whan he might speke, he
saide, " assone as it is possible, I pray you bryng him to me, for y *who prays them to bring his Son to him at once.*
fele that dethe approchet fast / whiche y shalt resceyue more ioy-
12 fully for alle your sake / whiche haue this daie recouered an heire
male to gouerne you aftir my dethe; I pray god graunte him wele to
do." Than departed alle the lordes, with suche company, that alle
the stretes were fulle of men / and whan they came nere at Ectours
16 loggyng / his hoste aspied so moche people comyng toward his
hous, and had grete drede, and came to Ector in grete haste, saynge,
" sir, yf ye haue done any offence to the kynge or to his lawes *They go to Prince Humphrey,*
saue your self be tymes / for here cometh grete nomber of people, I
20 suppose to take you" / Ector, hering thies wordes, wist not wele
what to say or to thinke, but abode stille, til the lordes came vp in-
to his chambre, whiche did him suche reuerences as longed to his
estate / and whan he sawe them, he knewe the moost part of them,
24 and welcomed them right curteisly. There was that tyme more ioy
in that chambre than y can reherce to you / than tolde they Ector
the sekenesse of his ffadir / and how he sent for him to come
hastely to him, for he desired moche to se him bifore his dethe.
28 Of thies tidynges was Ector right soroufult, and departed out of his *who starts,*
loggyng, and toke one of the lordes by the arme / and went forth
toward the kyng. The prease was so grete, that vnnethe he might
passe, for euery man desired to se hym / and whan ¹he came to the [¹ lf. 104, bk.]
32 Court, he went streight in-to the Kynges chambre, & kneled downe *enters his Father's room, kneels by his bed,*
by the beddes side / & whan he sawe the grete payne and sekenesse
he was yn / he was in suche sorowe that he coude not speke a worde
a grete while / And on the tothir side, the kyng was so glad that he
36 coude not speke / At the last, whan the yong prince might speke,
he saide, " My lord, y biseche you, þat of youre grace it please you *and asks his forgiueness.*
to pardon me the displeasir that y haue done you; for y haue to
gretly offendid you, whiche me sore repenteth / I am redy to obey
40 what punisshment it wolt please you to put me to" / The kynge

174 *Prince Humphrey tells his Father all that has befallen him.*

toke his sone by the hande, saynge, "my sone, y pray god forgif it the; and for my part, y forgif the with alle my hert / and thanke god / that hath youen me grace, bifore my dethe, to recouere the / ye se thise noble men of whom ye had the children with you, 4 whiche yit be not retourned ageín, as y vndirstande / I committe them vnto you / and so do y alle thestates of my Reaume. and, how be it, y am feble, and not like to lyue, yet haue .I. grete desire to knowe of your auentures sith your departyng" / Than Ector tolde 8 him of his departyng, not chargyng any othir ther-with but himself / than tolde hou he and his company were taken / and hou forthwith they were departed eche from othir / saue it fortuned a child of his chambre to be lefte with hym, whiche lyued but a 12 while aftir / and than tolde he the maner of his Delyueraunce / whiche was caused by a yong cristen esquyer, the moost goodly man, and the best assured, and the moost noble man of his handes, that euir y knewe or herd telle of / and by his prowesse he toke 16 the kynge of Perce, the Soudans Brother, by whom he was delyuered / and tolde the maner hou, as is bifore reherced / and hou that, aftir his deliueraunce, he came in-to the Reaume of Sizile / and there, was in the company of two the worshipfulle men of the 20 worlde, of their degre / of the whiche, one was the same gentilman by whoos meanes y was deliuered; and a-nothir one that was escaped of the armee of Scottes, whiche is an yngoodly man, and a worthy / ffor thise ij. men haue doon more hurt to the Turkes, than alle the 24 Reaume of Sizile / And aftir, he tolde the destruccion of the Turke, and hou the kyng of Sizile was chosen Emperour, and what terme of trewes was taken bytwene themperour and the yonge Turke / and than he forgate not ¹to telle of the Tournay that was cried for 28 the Emperours doughtir, and tolde the grete beaunte and bounte she was of / and noon auenture he vntolde, sauf his oune prowesse / and of his ij. ffelawes reherced he so moche worship / that euery man meruailed, that herd it / and whan he had ended his tale / he 32 behelde the grete princes and lordes ther / of whom he had away the sones of / and than went he vnto them & seid / "My Frendes & Cousins, y crie you mercy! for by me are ye differred from your children; for y wolt not, nor can, denye it, but that oure departyng 36 came of me, & not of them / and y trust veryly in god that they be alyue / and if they so be, y promyse you without faile, their Raunsone shalbe no charge to none of you / and y trust to haue suche acqueyntaunce ther, to haue them delyuerd without fyne or 40

Sidenotes: The King grants it. — Prince Humphrey tells his sick Father all his adventures, — and about his 2 fellow-Princes, — [¹ leaf 105] and the coming Tourney for Princess Iolante. — Humphrey begs forgiveness of the Nobles whose sons he took with him.

The King of England dies. Prince Humphrey is crownd King. 175

Raunsom, if they lyue" / whom they forgaff / with right good wille / saying / that nowe god had sent them hym, it was but litil change of the remenaunt." Than departed he and they alle from the kyng / [They grant it.]
4 and within litil while aftir, he decesed, and yeldid his soule to god / ffor his dethe, was alle the Reaume heuy and right sory; but they were gretly recomforted by the comyng of the yonge prince / and wele they might be / for in his tyme he gouerned the Reaume fulle [The King of England dies,]
8 wele & rightwisly. The obsequeyes for the kynge were done as belonged to his estate. And after, his sone was crowned, as of dewte he aught / and aftir his coronacion, he sent for his counselle / and shewed them what wille he hadde to go in-to the Reaume of Sizile / [and is buried.] [Prince Humphrey is crownd,]
12 to put him in deuoir to haue this faire lady, trustyng to accomplissh wele his desire, for he was sure that his ij. felawes might not be ther-at / In asmoche as noon might tournay there, but he were descended of roialle blode right nygh; and that were not they /
16 whiche were the men of the word that he moost dred at that point / if they might haue ben there / Thise lordes, whan they vndirstode his pleasir, contraried him in no-thinge, but thought it was right wele to do, though it were only but for to lete him to be
20 knowen in the Reaume of Sizile, where he had ben so long bi-fore / when they were thus concluded, he purueide for his estate / and his abilementes to be made aswele and as richely as was possible for him / and in this meane while, the gentilman of Sizile that was [and makes ready for the Iolante Tourney in Sicily.]
24 comen with him, reherced contynuelly the vertues and the grete worthy¹nesse that was in his maister / and seide that he might not faile to haue the Emperours doughtir / seyng / the tothir ij. of whom ye haue herd, might not be there-at / and in esspeciall one that was [¹ lf. 105, bk.]
28 called Le Surnome, whiche was nounpareill of the world / The kynges purueaunce was alle redy, and abode no-thing but the tyme of his departyng / Now is it tyme that we retourne to speke of Athis. [Illumination: a King receives Messengers: a Cavalcade rides forth.]
32 YT is no doute he was right heuy whan he was allone, departed from his company, whom he loued so moche / but his thought was not like the tothir two, for he was not departed against the pleasir of his fadir / but by his licence & commaunde- [Prince David of Scotland]
36 ment; wherfore he was assured to be right welcome / Thus rode he forth more ioyfully, and nought discouerd to noon of his men, of his estate, nor what he was. and whan he came in-to Scotland / he askid tidynges of the kynge and of his children / and where he [reaches his native land,]
40 shold fynde the kynge / men tolde him where the kynge was, and

176 *Prince David of Scotland is welcomd by his Brothers and his Father.*

<small>and hears of his own death.</small> all*e* his children in good helthe / sauf only for the dethe of his eldest sone, that died in the cristen armee, that went in-to the
<small>Prince David rides to where his Father is.</small> Reaume of Sizile / Than rode he forth til he came to the Towne where the kynge was, & loggid him yn an Inne, vnknowen what 4 he was, of any body / than enquered he what folk*es* there where aboute the kynge of his counsell*e* / Than sent he for two or thre of them / and whan they came to his loggyng, and knewe him / they had as grete ioye as coude be thought / And than said he to them / 8 "My frendes, the cause that y sent for you, is this / I drede the grete ioie that the kynge shall haue, if he here sodeinly of my comyng / shold do him to grete an hurt / wherfore me thinketh
<small>[¹ leaf 106]</small> best that it be tolde him at ¹diuerse tymes and by leyser / ffirst, to 12 telle hym that y am a lyve / and in prisone / and aftir to telle him that y am escaped, and than to telle him that y am comen" / and as it was deuised, it was done. And by processe of tyme the kyng had knowlage of the comyng of his sone, wherof he was as ioyfull 16 as he might be / for he neuir loked to haue seen him a-lyue / than
<small>The King sends his 2 other sons for their brother,</small> he sent his ij. brethern for him / and all*e* the lord*es*, knight*es*, and Squiers of the Court / grete was the ioy amonge*s* them whan they were mette / so that no sorowe was thought on. They that were 20 comen out of Sizile wit*h* him, were sore abasshed whanne they knewe their maister was the kynge*s* sone / hou-be-it they thought altwey he was of som noble blode, he was so fult of all goodly maners / Athis, accompanyed wit*h* his two brethern, and grete 24 nombre of princes and lord*es*, departed from his loggyng, and went to the kynge / whom he founde in a grete halle : and whan he sawe
<small>and when David comes, the King embraces him,</small> him he kneled doun*e* ; and assone as the kynge sawe him, he ranne to hym a grete paas, and toke him in his armes wit*h*out speche ; & 28 whan he might speke, he welcomed him in his best maner, and
<small>and bids him tell his adventures.</small> asked him of his Auenturys, & that he sholde telle it openly / he began his tale thus / " My lord, here be many yn y*our* presence that can telle you of the grete fortune that befell at the port where 32 we were / and of my self y shalt telle you / for y wote not what
<small>This David does.</small> befelle of the remenaunt. The vessell where y was, smot on land bifore the Turk*es* baner ; and all*e* that were theryn were drowned, sauff vj., wherof y was one / and the Erle Douglas an othir / & 36 othir iiij. that y remembre not / and we purposed verily to haue yolden vs to the Turke / but he charged his men to sle vs / and there was the Erle Douglas slayne at my feet / and y withdrewe me / and set my bak to a Roche / and the Turk*es* sone espied me / 40

The King of Scotland dies. Prince David is crownd King.

and hadde pite on me, and commaunded alle men to come fro me,
and toke me with his owne handes, and promysed to saue my lif /
wherof the Turke was not pleased / and wold haue sleyne me in his
4 handes / but he defendid me right valiauntly / and for cause he was
a kynges sone / and y was his first prisoner, he delyuerd me frely /
and brought me surely in-to a cristen place, whiche was beseged
within two daies aftir / and the Captayne of the place was right a
8 a noble man & a knyght / and had in his com¹pany a man that [¹ lf. 106, bk.]
hight Le Surnome, whiche was the floure and surmountour of alle *Prince David tells his*
othir : with hym haue y bene alle the while sith the tyme of my *Father about Prince Philip of France*
takyng / and he deliuered out of the Turkes handes a yong man
12 that was named Ector, whiche dayly did so wele, that within litil *and Prince Humphrey of*
while his renome was fer knowen. Thise ij. and I had but one *England,*
purse & one wille ; for debate was neuir amonges vs." Than tolde
he hou, by the worthynesse of his ij. ffelawes, the Reaume of Sizile
16 was recouerd ; & told of the batailes & grete aventures that were
duryng the werres / than tolde he of the long trewes that was
taken / & forgate not to telle of the Tournay that shold be, & for *and about the Iolante*
whoos sake ; & hou noon might tournay there, but if he were of *Tourney,*
20 blode roialle / whan the kynge hadde herde all his tale, he was right
wele content therwith / and toke him by the hande, & drewe him
apart with v. or vj. othir that he called to him, & askid his sone, by
his feith, if he had not grete desire to be at this Tournay ; & he
24 saide, "yis, if it pleased him." & besought him at his first comyng *to which he wants to go.*
to graunt him that request / "forsothe," seide the kyng / " & ye
shalle go as wele acompanyed & appointed as y can make you, what
so euir it cost me " / Than made the kynge grete purveaunce for his *His Father makes preparations*
28 goyng forth / and appointed the moost part of his noble men, & *for him,*
lusty knyghtes of his Reaume, to accompany him. In this besy
tyme, such sekenesse toke the kynge, that he died. his sone was *and dies.*
right sorowfult, as of reason he aught / but he might not be
32 recouerd / The tyme passed, & his sorowe wele appeesed / the yonge *David is crownd King*
kyng was crowned / & than ordeyned he his abilementes moche *of Scotland,*
more riche than bifore. And purposed him to departe, so that he
might be ther .x. or xij. daies bifore the Tournay / trustyng to come
36 to this high wele, and mariage of this faire lady / and thought, whan
he came there, to enquere alle aboute aftir his two felawes / and to
kepe them in his company. [*Illumination: Meeting of Emperor and King, &c.*]

FOr to abregge my matier, the tyme came that it semed the
40 kynge of Scottes ceason to departe ; and he departed out of
THREE KINGS' SONS. N

178 King David of Scotland lands in Sicily, and is well receivd.

[¹ leaf 107] *and starts for Sicily, with a grand retinue.*

his contre in grete ¹estate, alle his folkes in a lyuere / and so many lordes & knyghtes with him, that it was meruaile to se ; he had to the nombre of a M^t horses with him, or moo / he sent his herbegeours in-to Sizile before, to take vp his quarter for his loggyng / 4 more than a moneth bifore his comyng / and men meruailed moche that he came with so moche people / and delyuerd him suche log-

King David is met by the Emperor and the Nobles of Sicily,

ging / as was accordyng to the nombre / whan tyme came, the kynge of Scottes approched, and lay but viij. myle from the Emperour. 8 and whan themperour hadde dyned, he toke his hors, with grete and noble company of princes and lordes, for alle the floure of Sizile was ther / thus departed he oute of the Towne, & mette the kynge of Scottes more then a myle thens / and whan he sawe the kynge of 12 Scottes, he thought it shold be Athis / and asked "where was the kynge" / and whan he knewe for trouthe that it was he / he toke

is reproacht for so long hiding his name,

hym in his armes, and seide / "A, sir! ye haue done grete wrong, that thus longe ye haue hidde you from me ; for, and y had knowen 16 you to my power, y wold haue honoured you accordyng to your estate / y coude neuir haue thought, that the sone of so mighti a kynge, shold haue ben seruaunt to my Senesshalle" / fferaunt, whan he knewe Athis, that so long had ben in his seruice / and 20 sawe him nowe a kynge, humbly came to salewe him / seyng / "sir, y aught gretly to thanke god that hath youen me suche grace, to haue the seruice of a kynge / hou be it / ye aught not to blame me, though y haue not honoured you as me aught / for fulle gladly 24 y wold, if y hadde knowen you" / Thus rode forth the knightes of Sizile and they of Scotland ; and ther was not forgoten amonges them the grete worthynesse of the kynge of Scottes, and how valiauntly he acquyte him at the takyng of the yonge Turke, & in 28 what maner he had deliuerd hym / Anone the tidynges came vnto the Emperesse, and to his doughtir, that the kyng of Scottes, that was now come, was Athis / that so long had ben in seruice there, whiche was to them grete meruaile / anone themperour and the 32 kyng approched the palaice / But themperour in no wise wold lete

and is taken to his lodgings. He goes to the Palace,

him alight there / but brought him to his owne loggyng / and assone as he was a-light there / he chaunged him / and came in to themperesse, that abode him in the halle, and hir fair doughtir, with 36 grete company of ladies & gentil²wommen / & lordes, knightes, &

[² lf. 107, bk.] *and is welcomd by the Empress,*

squyers / and whan He came in-to the halle, the Emperesse welcomed him ioyfully / seyng vnto him / that "he was moche to blame to hide him thus long fro them / for they had done him moche 40

wrong / & alle by his owne cause" / he excused him, seyng, "that
he had made his auowe to be vnknowen duryng the werres, sith god
had youen him that grace to escape with his lif so wele as he did" /
4 than went he to this faire lady, the Emperours doughtir, & talkid *and by Princess Iolante.*
with hir, seyng / he shold put him in deuoir more to deserue hir
grace than he had done, if god wold sende him that grace & fortune /
This faire lady answerd nothynge / but was alle abasshed, for there
8 was no man in the world she was so leef to haue, as one of the iij.
seruauntes. But ouir alle othir, she loued best Le Surnome, if he
were of birthe accordyng vnto hirs / The kynge of Scottes excused
him that tyme for sopyng with themperour / and desired his maister, *King David asks Feraunt*
12 fferaunt, & many othir noble men of Sizile, to suppe with him at his *and other Sicilian*
loggyng / thus went they forth with him / Alle they of the Towne *nobles to sup with him,*
that sawe Athis in his estate, preised god, wisshing amonges them
that his ij. felawes were of as noble birth and grete power as he
16 was. Aftir soper, the kyng of Scottes went agein to the ladies / *and then goes back to the*
whiche he founde redy to the daunces / the daunces and the sportes *Court, to dance.*
were there right grete / and whanne tyme was, spices & wyne were
sette / and than went alle folkes to rest / and thus contynued the
20 tyme in disportes & pleasir, and the ffeste kepte in grete estate &
nobley til aftir the mariage; and euery man lyued yn hope and
desire to haue this faire lady. ¶ Now shalle we leve a while, &
speke of Orkais, the yong Turke. [*Illumination: Emperor and Sultan meet.*]
24 YE haue wele herde here before, how he was determyned to be *Sultan Orcays*
at this Tourney / and whan he sawe his tyme coueneble, he
departed, so richely arayed and so wele accompanyed, ¹that [¹ leaf 108]
euery man thought that he was right wele appointed accordyng to
28 his highe estate / and litil while he spedde him so wele, he came in- *lands in Sicily,*
to the Reaume of Sizile / his herbegeours were afore, and hadde
taken vp his loggyng / whan the Emperour knewe of his comyng /
he had grete meruaile / and thought werrily he shold not tournay
32 without he were first cristened; and so he supposed the Turke
entendid to be / Than went he and the kynge of Scottes to mette *and is welcomd by the*
with him / and mette him almost at the Towne. There was *Emperor and Prince David.*
amonges them grete ioye / and eche did othir grete honour. and
36 when the Turke behelde the kynge of Scottes, he knew certainly
it was the same that he had taken prisoner to-fore; and whan he
remembred his worthynesse, he loste anone moche of his hope of
the Tournay / wisshing that he hadde slayne hym whan he toke
40 him prisoner / but in asmoche as it was to late / he salewed the

N 2

Orcays offers to turn Christian if he can wed Iolante.

The Sultan and King David talk over their freeing one another.

kynge, saynge vnto him / " fforsothe, sir, whan y deliuered you, y wende fulle litil to haue hadde in myn handes the chief of the cristen armee" / " By my feith, sir," seide the kynge of Scottes, " y holde my lif of you" / Than seide the Turke, " y deliuered you / 4 not knowyng what ye were / and ye deliuered me, knowyng for certaine that y was the Turkes sone / by this, was ther gretter bounte yn you than in me; and y am more bounden to you than ye to me" / "trewly," seide the kynge of Scottes, " sauf your grace / 8 ffor y did nought for you, but that y was bounden bifore for to do / and moche more, and y coude / and ye did for me without desert of me or any othir, for my sake" / In suche communicacion rode they vnto the Towne / and the Emperour hadde grete pleasir to here 12

They go to see the Ladies.

them / Aftir soper, the Turke and the kynge of Scottes came to se the Ladies / and so did alle othir straungers, wherof there were so many, that euery man was ameruailed / for there was no cristen nacion almoost, but there were som folkes therof / The ladies and gentil- 16

Orcays tells the Emperor that if he can have Iolante, he'll turn Christian.

women made grete chere to the Turke / The Turke made it secretly be broken to the Emperour, that if he wolde breke of this Tournay / and gif hym his doughtir in mariage / he wolde become cristen for hir sake / but his entente was, not to be cristened vpon none 20 certaynte / and if themperour had knowen bifore his desire, with right good wille he wold haue agreed therto / for by that meane his Reaume, for alwey sholde haue bene in peas / neuirtheles, he

[1 lf. 108, bk.] praied ¹him now to remembre that the ffesst of the Tournay was alle 24

The Emperor says he can't stop the Tourney for her.

redy / wherfore it was now to late to breke it / ffor the loggynge was taken vp by the herbeiours for x. kynges and C.C. princes, and grete lordes of blode Roialle, wherfore he neither might, nor wolde, abuse so many grete princes & lordes / for he coude not do it 28 without grete maugre and a shame / But, and he hadde shewed him this whan he was prisoner, Themperour wold haue had grete ioie therof / whan the Turke herd this answere, he thought wele themperour saide trouthe / and content him with the answere, 32 tha[n]kyng moche themperour; and so taried ther stille, abidyng the ffeste / and euery day the kynge of Scottes and he, with many othir grete princes, came to disporte them with the ladies & gentil-women / Now leue we them, & retourne to the kynge of Englond.² 36

King Humphrey of England

THe kynge of Englond had wele herde in what aray & grete estate the kynge of Scottes was departed to this Tournay ; wherfore he accompanyed him self the bettir / and appointed

² Illumination: Meeting of the Emperor and the King of England, on horseback.

King Humphrey of England is welcomd by the Emperor in Sicily. 181

him self aswele as he coude, like as ye haue herde bifore / and whan <small>reaches Sicily.</small>
he thought hys tyme best, departed, & wit*h*in litil while came in-to
the Reaume of Sizile / and whan themp*er*our was assertayned he
4 was nere / he toke his hors / and in his company, the Turke & the <small>King Humphrey is met by the Emperor, King David, and Sultan Orcays.</small>
kynge of Scott*es*, and many othir grete princ*es* and Lord*es* / and
whan they mette w*it*h the kynge of England / and was assertayned
it was Ector, The Emp*er*our was neuir so ameruailed / The Turke &
8 the kynge of Scott*es* were sore abasshed / Natheles, eche one made
othir grete chere / and in esspecialle the kynge of England made
Athis grete chere, no thing wenyng he had ben kyng, nor of blode
Roialle; but whan he knewe he was a kynge, as wele as he & the
12 next [1]neighbo*ur* that he had / eche of them made meruailous Ioie <small>[1 leaf 109]</small>
of othir / But ouir alle men / fferaunt had grete ioie / and helde him
self moost vrous man that lyued in his tyme / seyng two so grete
kyng*es* that had so long co*n*tynued in his seruyce / and than came
16 he to salewe the kyng of England / and he did him alt the hono*ur*
that he coude / sayng / " myne owne maister / Lo, here yo*ur* seruaunt / that neuir shall faile you, daies of his lif / Here may ye se
two of yo*ur* seruaunt*es* : wold oure lord, the thridde were in suche
20 condic*io*n!" than asked he if any tiding*es* were of him / "Trewly," <small>No tidings have been heard of King Philip of France.</small>
saide themp*er*our, " nay / and therof haue y grete meruaile" / whan
the two kyng*es* herd that / they were right sory / thinkynge eche
in him self / they wolde gif the third part of their Reaume to haue
24 him in their company / The kynge of England thought verily, that
if he coude gete him, he wolde marye him to one of his susters /
and gif him grete possessio*u*ns. thinkyng he coude nowhere so wele
bistowe hir with that he were a gentilman / In suche thought*es* &
28 word*es*, rode they to the Towne. And like as the tidyng*es* of the
kynge of Scott*es* came to themp*er*esse and to hir doughtir, came
tidyng*es* of the kynge of England, how for trouthe it was Ector, that
so longe had be in seruice there. The Emp*er*esse & hir doughtir, &
32 alle the ladies & gentilwomen, gretly reioised it, and thought it was
half a miracle, for the meruaile they had therof / Themp*er*our went
to his loggyng / and the kynge of Englond went to his / by the <small>King Humphrey,</small>
co*m*maundement and ordynaunce of the Emp*er*our; and the Turke,
36 & the kynge of Scott*es*, brought him there / and went agein to their
owne loggyng / and taried not there scantly til they had half soped /
but went agein to the kynge of Englond, and founde him yet stille <small>King David, and Sultan Orcays talk about King Philip.</small>
at sop*er* / and fferaunt w*it*h him / than sate thei downe w*it*h hem /
40 and than talkid they of Le Surnome. a man might haue had ioie

and meruaile, to haue herd them reherce the grete noblesse &
bountees of him / and for his grete renome, euery man loued him /
On the tothir side was themperesse in the halle, accompayned with
ladies & gentilwomen / and ther was noone othir talkyng, but of 4
the kynge of Englond, and the kyng of Scottes, hou long they had
be amonges them vnknowen / and there was Le Surnome com-
playned / and somme saide that yet he might come to this Tournay
tyme y-nough / and if it were possible to him, [1] so wold he accord- 8
yng to his promys / The ladies had grete desir to se him; but ouir
alle other, themperours doughter had grete sorowe that he was not
come; and praied god, Le Surnome might be of as grete blode &
power as any of the ij. kynges. Aftir soper, the kynge of Englond 12
& of Scottes, & the Turke, & alle the princes, came to se the ladies /
the kynge of Englond was fulle wele receyued amonges them / and
questioned, wherfore he kepte him self so long vnknowen. he
answerd & saide, that in his emprisonment, & at his deliueraunce, 16
he made suche promesse / Than saide he, "y pray god comfort Le
Surnome, and sende him good auenture, where so euer he be; for,
next god, y may thanke him of my lif." and sayng thies wordes,
the teeres fille from his yeen / for sorow þat he hadde þat he coude 20
here no tydynges of hym / The ladies gaf him a grete preise, seyng
that "Le Surnome had wele bistowed his seruice, that it was so wele
remembred" / anoon the mynstralls playde / and the daunces began
on alle partes / there knightes, ladies, & gentilwomen dauncyng; and 24
euer amonges was Surnome remembred / moost of any thing / In
this festing & pleasir, abode they til the day of Tournay / Now is it
tyme to speke of the kynge of ffraunce, and of his vncle the Duc of
Burgoigne. [*Illumination: Meeting of the Emperor and the King of France.*] 28

THe kynge of ffraunce, þat wold be vnknowen, wolde not
departe so sone as the tothir did / hou-be-it he knewe of the
departyng of many kynges and princes / and in what estate
and richesse the kynge of Englond & the kynge of Scottes were 32
departed yn. and many tymes was his vncle and he in communi-
cacion for his purueaunce; and the kynge was the best diuiser that
any man coude fynde: he devised [2] not as a pore caitif, but as a
kynge / so that there was noon, of what estate and condicion he 36
was of / to be compared to him. Thre daies bifore, he had sent his
seruauntes to take vp loggyng for the Duc of Burgoigne / enheritour
and Regent of ffraunce, whiche hath in his company v. or vj. Mt
horses, wherof there be vj. Dukes and xiiij. Erles, beside grete Barons 40

K. Philip of France and the Duke of Burgundy land in Sicily. 183

and noble knightes, that were in his company. He ordeyned than his
vncle to take vpone him the playne armes of ffraunce, seyng, " that
it ought to be so / for it shold be to him repreef to tournay in any
4 other cote armour than in his owne " / The duc of Burgoigne, whiche The Duke of Burgundy
entended no-thing so moche as the pleasir of his nevew, was content agrees to all that K. Philip
with alle that he wold ordeyne / how-be-it, he tolde him that folkes proposes.
wolde speke moche therof / inasmoche as he was not crowned kynge,
8 nor bare the name therof / Neuirtheles, in conclusioun, thus it was
apointed / and thus it was done / And ther was noman in alle ffraunce
that [wold] contrary the Dukes pleasir / hou-be-it, his day was not
come, by a yere and more, of the vij. yere / and alle such murmur &
12 wordes, dred the Duc. But it was sure at the ende, what-som-euir
was saide, shold be to his grete honour / and alle thinge was arredied
thus as y haue tolde you / and the kynge departed at suche tyme King Philip starts from
as he might come to the Emperour a ij. nightes bifore the Tourney / France.
16 and whan his herbegours came afore / and asked loggyng for so
grete a nombre / themperour was abasshed, and meruailed moche /
Than they tolde him how he was Regent of ffraunce, and enheritour /
and noon but he apparaunt to be kynge / and so toke he him self /
20 Of alle this, themperour had grete meruaile / & specially, sith he was
so nere vnto him, that he had not before tyme sent noon embassat
for the mariage of his doughtir. ¶ Now cometh the tyme of the
Dukes departyng / no mañ may thinke the richesse that that tyme The Duke follows him.
24 was at Parys, of the grete princes that were come thider / whos
abilementes and purueaunce were to long to reherce / when alle was
redy, the Duke departed / and they that he had in his conduyte /
The kynge went alwey before or behinde / euery man praied god to
28 sende the Duc good auenture, for moche was he biloued [1]amonges [1 lf. 110, bk.]
them; hou-be-it they had a litil grugge vnto him now / for this,
that he bare the playne armes of ffraunce / and they praied god
they might ones se the kynges sone a lyue amonges them / for than
32 sholde he be fayne to leue thoos armes / Thus departed he, as y
telle you. The Duc spedde his Iournay so, that he came in-to the They reach Sicily,
Reaume of Sizile / and whan he ffirst entred in-to the Reaume, he
was assertayned what kynges & prynces were there / and how the
36 kynge of England was Ector; and the kynge of Scottes was Athis / and hear of Kings Hum-
that so longe had be in seruice there. The Duc knewe thies names phrey and David.
wele, by reporte of his Neuewe / and had right grete ioie of them /
and assone as he might, he made relacion vnto the kynge, whiche
40 had therof a meruailous gladnesse / thinkyng in himself / that suche

184   *King Philip tells his old assumed Names to his Uncle.*

auenture had neuir be seen / that iij. kynges sones vnknowen shold be daily seruauntes yn one house to a knyght / Than thought he that this entent might not be had / for he thought before to haue had them bothe yn his house / though they had coste him the half of his 4 Reaume / whiche now might not be / Than saide he to his vncle, "now shalt y ride ioyfully / for y shalt sc the moost part of them that y loue" / Thus rode they til they came nere vnto the place where them-

The Emperor sends his Nobles to meet the Duke of Burgundy.

perour was / and at the towne that he logged / next vnto themperour / 8 there mette with him many noble men / that themperour had sent vnto him; and there dyned they with hym / and the Duc asked them many questions of the werres that had ben amonges them / and they tolde him, and also of the fortune of fferaunt, "whiche had 12 ij. kynges in his seruice / whiche were the moost noble men of the worlde sauf one, whiche was in their company, that was named Le Surnome, whiche was the ffloure, and surmounted alle othir" / & there they reherced his persone, his worthynesse, and bounte / and 16 alle the wele that coude be seid of any man / yit knewe not the Duc that it was his nevewe that was called Le Surnome. But assone as he might departe from them of Sizile / he came to his nevewe / & besought him on his feith to telle him how he was named whan he 20

King Philip tells the Duke his assumed names,

was in Sizile. and the kynge, that wold not displease his vncle, tolde him that his first name was Le Despurueu / but the Emperours doughtir had chaungid it, and named hym Le Surnome. And whan

[¹ leaf 111]

the Duc herde this / and knewe for trouthe it was he ¹of whom the 24

which the Duke rejoices to hear.

grete renome sprange so ferre / he embraced him with grete ioie. and the kyng asked him what meved him so to do; and he tolde him the grete honour that he had herd spoken of him; and seid so moche, that the kynge wax alle rede & shamefast / and saide, "faire 28 vncle, they that haue made this report, y suppose be my grete frendes; but parauenture ye shalle here suche tidynges, or ye go oute of this cuntre, that happily shalle not please you so moche." The Duc in his mynde praised him moche for that answere, & saide / 32 "now wille ye go bifore or behinde" / "forsothe," saide the kynge,

King Philip will now act as a gentleman of his uncle's.

"y wolt go bifore / and not fer from you, but as a gentilman of youres" / The Duc was content with his pleasir / The Emperour had alwey hope to here som tidynges of Le Surnome. The ladies 36 that had herd speke of the grete richesse, and of the grete lordes that shold come to the towne, besought themperour they might be at the wyndowes to se them come / Themperour was agreable. Themperesse, & hir doughtir, and alle the ladies, went forth / whan 40

The splendid Dresses of the Frenchmen and the Sicilians.

they that were in the towne herd thies tidynges / euery man
appointed him self in the best wise they coude / to ride forth and
mete the Duc of Burgoigne. The kynge of ffraunce was araied as
4 a squier, and set on the best hors that was in alle the company / and
iij. or iiij. moo that knewe of his counselle, were araied in sute with
him / and eche one a visour bifore his face / Themperour, and the yong *The Duke of Burgundy is met by the Emperor and his kingly guests, &c.*
Turke, & alle the kynges & princes that were in the towne, rode
8 oute to mete the Duc of Burgoigne / and within litil way of the
towne, they mette with hym; and there was neither knight nor
squyer in his company, but he had outher trapoures or horsharneys
of clothe of gold / or velewet embrowdird / there was neuir so grete
12 richesse seen in Sizile bifore in one day / whan the yong kynge
saw the kyng of Englond and the kyng of Scottes, he salewed them
a ferre; & the hors wheron he rode was so plesaunt, that his maister
might guyde him as he wold / and he made ij. or iij. lepes fulle
16 manerly / the hors was plesaunt, and the man that was on hym
moche more / he was loked on of many folkes / but noon knewe hym
[as] he passed forthe. The Emperour came to the Duc, and salued
him as perteyned to his estate / aftir acqueyntaunce, they rode alle
20 togedir to the towne; and the yong kynge and his company was
alway nere vnto ¹the Duc / At their comyng in-to the Towne, was not [¹ lf. 111, bk.]
seen suche estate of richesse sith the worlde began / the wyndowes *The Sicilian town is magnificently adornd.*
and the stretes were alle hanged with riche clothes / and alle the
24 wyndowes fulle of ladies & gentilwomen / and whan they shold
passe by themperesse & hir faire doughtir, the yonge kynge knewe
them wele y-nough, ye may wele thinke / the cawcy was to litil for
his hors & him / for alle that was possible for hym or his hors to do /
28 was done bifore the ladies ther; and it semed to as many as bihelde
him / that he sate as easely as he had ben vpon a litil amblyng
nagge / and the ladies & gentilwomen gaff their beholdyng moost
vnto him / but the prese was suche, they lost the sight of him longe
32 or they wold. and whan themperour came there as the ladies lay /
he alight, and made to conduyte the Duc of Burgoigne vnto his log-
ging, with many kynges & princis; & whan they had brought hym
there, [. . . . .] Than the Duc knewe that themperour had supped /
36 and that it was tyme to se the ladies, he departed from his loggyng /
so accompanyed, that it was meruaile to se / he came to themperours *The Duke visits the Empress,*
paleis, where he founde themperesse accompanyed with grete nombre
of ladies and gentilwomen / and so many faire, that it was a paradis
40 to biholde them / but as the sonne passeth in beaute the sterres / so,

186   *The Duke of Burgundy thinks Iolante the Nonpareil of the World.*

and the lovely Iolante,

in beaute & behaving, passeth alle othir, the faire & good Iolant. The duc salued the ladies, as to their estate belonged ; and than he felle in talkyng with this faire lady / whom he founde so wele assured in alle hir behauyng that he thought his nevewe wele fortuned to haue 4 such chois / if his fortune might folow the remenaunt of his wille /

whom he thinks the Nonpareil of the world.

for as him thought, she was nounpareilt of the world / The daunces began ; the kynges and princes came to se the daunces / the halt was newe, made so grete and so plenteuous / that suche a-nothir 8

King Philip looks on at the dances.

was neuir seyen / The yong kynge of ffraunce was behinde alle othir, holdyng a knight of his by the arme / and bihelde the daunces, and specially his faire lady / and besought god his fortune might be as good as his wille ; and biheld his ij. felawes disportyng them / & 12 dauncyng among the ladies / trustyng / or long to / to be knowen there, asmoche to his hertes ease / as was to any of them / There

[¹ leaf 112]
His supposed absence is lamented.

was many of themperours court that com¹pleyned sore Le Surnome, whiche he him-self might here / seyng, " that they were nowe alle out 16 of hope / and that they thought wele that he was outher dede or seke, seyng the promys that he had made to be there at that day / and if he were dede / it were the grettist pite of his dethe that euir was of any so pore a man in alle this worlde." Thise wordes herde 20 many of the frenshmen ; and tolde vnto the Duc their maister, the grete lawde that this man had, whiche was named Le Surnome. and themperour him-self spake of him, and had for him right grete sorowe / & so had alle the ladies and gentilwomen. The kynge of 24 ffraunce, knowyng alle this / saide vnto suche as knewe his entente /

He resolves to do his best at the Tourney,

" if euer he had hert to do wele / it was now tyme to shewe it at this tournay / and also he wist wele, without grete paine & trauaile this grete conqueste might not be made wele " / they smyled & seide / 28 " they of this Reaume sey so euel of you / that we ar half in drede of your spede." " Truly," seide the kynge, " y shalt do aswele as y can " / Themperour praid the Duc of Burgoigne, on the morowe to suppe with hym and alle the princes of his company / ffor he had 32 fested alle other straungers bifore / and this was the even of the tournay. The Duc grauntid hym / and toke leue of him and of the ladies / and went to his loggyng / many were there that wold haue conueyed hym, but he wold not suffre them / and assone as he 36 came to his loggynge / he founde leiser to speke with his Nevewe, saing vnto him / " that wele he had chosen / and yf there were any prowesse in him / he shold put him in payne now to do wele ; for if in his defaute he lost suche a wele / he might be sure neuer to 40

Sultan Orcays turns Christian, and takes the Name of Charles. 187

recouere the semblable" / if the kynge were amorous to-fore / his
vnkells wordes made him more; sayng vnto him / "ffaire vncle,
myn armes shalle faile me, outher y shalt dye in the payne / or y and win Iolante,
4 shalt haue hir." The Duc began to laugh, and tolde him how or die.
themperour had praied him to soper on the next day / and alle the
princes of his company / this nyght they went to rest. The kynge
of ffraunce thought euery houre a yere / til the day of the tournay /
8 and yit was there but one day therto. The ffelde was ordeyned by The field of Tourney
themperours commaundement, where the Tournay shold be / and is settled.
placis apointed, & deliuerd to euery kynge and prince, to hang vp
[1] theire tentes and pauilions. I had forgoten to reherce, howe that [1] lf. 112, bk.]
12 very [? MS.] night was shewed vnto the yong Turke / that, but if he Sultan Orcays,
were cristened / he might not be receyued vnto the tournay / He made
many grete doutes, lest his suggetes wold destroie him, or chase him
out of his Realme / and than the Emperour and alle the kynges and being promist help by the
16 princis that were there, promised him aide, and to take his part, if Christian Sovereigns,
any suche cause were / and in trust of their promesse, he bicame turns Christian,
cristened on the morow / the kynge of Englond and the kynge of
Scottes cristened him / and eche of them put othir to such worship,
20 that they wold not gyue the Turke their owne name / so that he
hight aftir neither of them, but was named Charles / also a grete and is baptised
part of his company bicame cristened. On the morow, did euery 'Charles.'
man set vp his Tentes & Pauylions / euery man in his owne quarter /
24 But ouir alle othir, the Duc of Burgoignes Tente bare the brute /
whiche was of the playne armes of ffraunce / and was valued at
CCC M*t*. scutes. that night came the Duc to soper to themperour /
and the Emperour and the ladies made him grete chere; and at At the Emperor's
28 that soper, was speche of le Surnome, and was asmoche complayned supper, the supposed
as any man might be / The Emperour seide asmoche good of him absence of King Philip
as coude be thought / and tolde the Duc that he was cause of alle is again lamented.
his honour / and rehersed his persone, maner, and condicions / and
32 than wisshed him as mighti a kynge as any of his ij. ffelawes / and
than saide he / "he promysed me to haue ben here agein at this
day, if he had ben a lyve and at his liberte / wherfore y thinke verily Folk think he is dead.
he ys dede" / and in sayng thise wordes, the teeres felle from his
36 yen. whan this faire lady herde speke of the dethe of Le Surnome,
she coude not kepe hir from wepyng; and alle othir that there were, Iolante weeps for him.
bemoned him moche. And whan the Duc saugh the grete loue
that alle folkes had to his nevew / and herde his grete vertues
40 rehersed, ye may be sure he had grete ioie / and saide to the

188   11 *Kings, and* 205 *Royal Princes and Nobles, are in the Tourney.*

Emperour, "truly, sir, he hath wele employde his seruyse / and perauenture he may be seke without dethe; and if god wille, ye shal fulle wele se him hereaftir" / Thus, and in suche wordes, passid forth the soper / and aftir soper, the Duc, as though he were a litil envious of the preise that he herde of Le Surnome, saide vnto the faire Iolante, "Madame, me thinketh / Le Surnome wele vred / for whan he was spoken of this night / ye coude not kepe you [1]from wepyng / wherfore y suppose he be more in your grace than many othir" / "In good feith," quod she, "y loue him right wele; and so haue y grete cause / yf ye had in your company one that had done asmoche for you, as Le Surnome hath done for my lord my fadir, & for me / ye had an hard hert, if ye herde speke of his dethe / and were not sory" / The Duc sawe wele she was not pleased with his wordes. he was not sory, for he thought it touchid hir hert somwhat, & trustid within iij. daies after / the peas shold be made. anoon aftir, he toke his leve, saing, he most that night attende to his besinesse / that night came noon of the tothir Princis to the Emperour / for eche of them attendid that he had to do on the morow. The duc came to his loggyng; and assone as he might, went to the kynge his Nevewe, and tolde him what wordes he had herde of him that night / and what speche was bitwene him and the Emperours doughtir, saing, "sir, now do so, that this preyse and recommendacion may contynue." he answerd, "I pray god graunt me that grace." That night went he to rest / and on the morow rose vp be tymes, and went & herd masse, and than apointed them to be redy. [*Illumination: the Tournay: Knights charging; Iolante, &c. looking on.*]

The Duke of Burgundy [¹ leaf 113] talks to Iolante about his Nephew,

and thinks her heart is toucht.

King Philip prays for success.

THe Princis were departed by the knightes and kynges of Armes, one ageinst a nothir / and were nombred, of kynges x, beside the kynge of ffraunce, whiche was vnknowen; and of othir princes & lordes of Roialle blode, CC. and vj.; so that they were in all CC. & xvj. and on eche side,[2] C. & viij.; on that one side the kynge of England and the Duc of Burgoigne / & on that othir side, the yonge Turke and the kyng of Scottes / The scaffold on the tothir side was where the ladies were; and this faire lady was set vp allone on hight, because euery man shold se hir. Themperour [³ lf. 113, bk.] [3]was on an scaffold, accompayned with many noble men / and fferaunt the Seneshalt was with him. At the houre that the Tournay shold be, the Trumpetes blew vp / The kynges & princes came out of their pavilions, euery man armed with his helme on

Ten other kings and K. Philip, with 205 men of Royal blood, make 108 on each side in the Tourney.

[² MS. on eche side and]

The Grand Tourney for Iolante begins. K. Philip's Side wins. 189

his hede / his Cotearmour on him, his baner a-fore him, and alle
their horses couerd with their armes. The yonge Turke and the *Sultan*
kynge of Scottes came on the tone side / the kynge of Englond / *Charles and K. David are against K.*
4 and he that men helde the Duc of Burgoigne, on the tothir side / *Humphrey and King*
and whan the kynge of ffraunce came out of his pauylion / eueri *Philip.*
man beheld him with grete meruaile, wenyng he had ben the Duc
of Burgoigne / by cause he ware the playne armes; and there was
8 leyde grete charge vnto him in many folkes mouthis, for weryng
thies armes, he not beyng kynge. Alle thise thinges done / thei
were embatailed eche ageinst othir, the corde drawen before eche *The Tourney begins.*
partie / and whan tyme was, the cordes were cutt / and the Trumpetis
12 blew vp, for euery man to do his deuoir / And for to assertayne you
more of the Tournay, there was on eche side a stake / and at eche *On each side is a stake for*
stake two kynges of armes, with penne and Inke and paper, to *the beaten men.*
write the names of alle them that were yolden / for they shold nomore
16 Tournay / The Duc of Burgoigne was on horsbak, accompanyed with
them with the visours / and had a visour alwey bifore his visage; and
they kepte them to-geder alway nere the kynge; for grete desire had
the Duc to se his worthynesse. Suche an assemble was neuir noon
20 seen bifore / nor so many noble armes to-gedir / euery man payned
him to haue the price / The kynge of ffraunce saw where his lady
stode / and so did alle the remenaunt, whiche doubled their corage
and worthynesse. This Tournay dured longe tyme; so moche / that
24 it was meruaile that any man might endure that / that eche of theym
did / Ouir alle othir, the kynge of ffraunce did meruailously : he ouir- *King Philip of France*
threwe men & horses, so that there was vnnethes any that durst *does best of all.*
abide his strokes. the Emperour, and they that were in the scaffoldes,
28 were alle abasshed of the prowesse of the Duc de Burgoigne / there
was noon to be compared with him / In like wise seid the ladies,
and were ameruailed and sory that the kynge of Englond ¹and the [¹ leaf 114]
kynge of Scottes were of no bettir power to encountre the Duc. It
32 is to thinke, the Duc de Burgoigne had grete ioie to se the worthy-
nesse of his Nevewe; and so had the Frensshemen, wenyng it were
the Duc / saing amonges them / " oure maister is a meruailous noble
man " / and so seide alle othir nacions that were there / and meruailed
36 alle of him. So long endured this Tournay, til, by the Emperours
ordenaunce, the Trumpetes blewe the retrayte, that euery man shold *When the*
withdrawe him / there were not xxx^{ti} men on the Turkes side that *cease is sounded,*
might feight / but alle were sent to the stake. There were double the *are left on the Sultan's*
40 feighters on the kynges side of ffraunce; for, by the seide kynge, *side.*

190 *On the Second Day, the Sicilians want all Tourneyers to unhelm.*

were sent to the stake vj. kynges and viij. Dukes, & xxij Erles, wherof the yonge Turke was one / whiche at that tyme had leuer haue dyued than lyued / The kynge of Englond and the kynge of Scottes sawe wele they coude not wynne the pryce alle daies, ffor the 4 first day the pryce was wonne fro them bothe; wherof they were right sorowfulle / than euery man drewe to his Pavilion, trist &

King Philip is full of hope.

pensiff as they might be / But the kynge of ffraunce was alle in a nother thought / for he departed with good hope, as glad and ioy- 8 fulle as he might be / and made him to be vnarmed / and his vncle coude not kepe him for takyng him in his armes / whan he remembrid his grete noblesse that he had seen him do that day. Than went euery man to soper / and ouir alle the towne ranne the brute 12 on the Duc of Burgoigne / euery man seid that, sauf Le Surnome, he was the moost valiaunt man that euer they sawe / Aftir soper the ladies came in-to the halle to the daunces / and there they seide

Iolante is told that she will be his.

to this faire lady / "By my feith, madame, and the Duc contynue 16 thus worthyly, ye be his / wold oure lorde he were xx^{ti} yere yonger than he is!" Some seid that, "to-morow he shalbe so wery, that he shal not mowe contynue / and if he do not, the Emperour may chose whiche of them best pleasith him / and if it so be / I suppose he 20 wilt knowe your wilt or he make any graunt of you" / "By my feithe," seid the faire lady, "my wilt shal be as pleasith him / and neuir other-wise shal y thynke" / As they were in such talkyng came the kynges and the princis to Courte / but ouir alle othir was 24 the Duc of Burgoigne beholden of alle folkes; & moche murmour

[1 lf. 114, bk.]

was ther of him / somme saide "he made a nothir to tournay [1] in his place; for certain it was not He that was to day yn the felde / it sheweth nothing in his face; for he ys as fressh as he was yester 28 even this tyme." Thise wordes multiplied so moche, that the knightes and ladies had noon othir talkyng but of him / In so moche that men spake vnto themperour therof / and saide, that "by this meane the kynges and princes might be deceyued." Wher- 32

The Emperor is askt to order that, next day, all Tourneyers shall unhelm.

fore they besought the Emperour / that on the morow, to put alle thing oute of suspecion, euery sholde departe oute of the felde vnhelmed / The Dukes folkes herde wele thise wordes that were spoken of their maister / for alle the halle was ful therof / and somme 36 of them went and tolde the Duc therof; and how alle folkes shold go vnhelmed out of the felde / and he made countenaunce of grete displeasir / but he had right grete ioie in his thought, hou-be-it he wold telle his nevewe no thing therof. Than remembred he / how 40

The Second Day of the Tourney. K. Philip's Side again wins. 191

euery kynge bare a crowne on his helme / sauyng the kynge of
ffraunce / than toke he leue, & went home to him / and tolde him
how many folkes spake that he bare the playne armes of ffraunce
that day / and was not crowned / " wherfore it behoueth you to bere
the crowne, or ell*is* to bere myne armes" / Than seid the kynge, "I am *King Philip*
content to bere the crowne to-morowe " / Thus concludid, they went *agrees to wear his Crown.*
to bedde til on the morow / That mornyng, alle the princis besought
the Empe*r*our that eche one of them shold come vnhelmed before
the ladies ; and so forth euery man go streight forth to his pavilion /
Themp*er*our agreed therto. The Duc was ware therof be tymes in
the mornyng / and appointed him-self right richely / and sat vpon
a stately Courser / his viso*ur* stille on / and whan tyme came, as the
ordenaunce was the day bifore / euery prince came out of his pavil-
ion aftir the blowyng of the Trumpet*es* ; and euery man shold haue
come out vnhelmed / But the kynge of ffraunce came out alle armed /
his helme on his hed / and his crowne theron / whan men saw him
bere the crowne / euery man meruailed, & saide that "he aught not
to bere it / sith he toke not on him the name of kynge"; eue*r*y man
spake herof / the cordes were cutte as they were the day bifore. *The Second*
The to*u*rnay dured long, wele foughten / & grete armes that day *day's Tourney begins.*
were seen / wher-thorough some dyed. Ouir ¹alle othir, the Duc of [¹ leaf 115]
Burgoigne bare the brute / the dedes of alle the tothir that were in *King Philip again outdoes*
the tournay, were not to be compared with his / notwithstandyng *all other men.*
the moost worshipfulle of the world were ther / he ouirthrewe man
and horses, he racyd of helmes fro hedes / and finally he did so in
armes, that euery man fled him ; ther was not of them that were
ageinst him whan the Trumpetis blew the retraite, passing x. that
might defende them ; and if the Trumpet*es* had taried a litil lenger,
alle they on his side sholde haue founde noon to feight with. The
kynge of Scott*es* was not brought to the stake that day, nor the
Turke nother / the trumpet*es* sowned, the listes were closed. The
kynge of fraunce wende to haue passid as he did the day before /
but fferaunt came bifore him / and tolde him the crye & orden-
aunce of themp*er*our. The Duc of Burgoigne knewe of thies
werkes, and was entred with*y*n the listes alle allone, wherof many
folkes me*r*uailed / The kynge of ffraunce, feling thus taken, had *King Philip*
grete displeasir in his herte; hou-be-it, he most nedes obeye, &
came bifore the scaffold, where as the Empe*r*our and the ladies
were / The Duc of Burgoigne alwey folowing him / Now cometh *is unhelmd*
fferau*n*t as nere to the scaffold as he coude, and vnlacid the helme *by Ferant.*

of him that he had in charge ; and assone as it was of his hede, that he knewe it was Le Surnome, he coude not refrayne him to kisse him / and whan the Emperour and the ladies knewe him / they made ioie out of mesure / whan the kyng of Scottes and the 4 kynge of Englond knewe that their felaw was there, they embraced him with as grete ioie as coude be thought. The Emperour coude no lenger kepe him on his scaffold, but came downe, and lepe an hors bak, and came to embrace Le Surnome, his special frende & 8 seruaunt. There was the preas aboute him out of nombre. Somme saide, "beholde the outrage of this Duc ! This man is of ffraunce / and the Duc knoweth his worthynesse, and hath made him tournay in his place, wenyng therby to haue the faire Iolant." The Duc of 12 Burgoigne toke of his visour / and required to speke with the Emperour in the presence of alle his ladies. Than came he before the Emperour, and spake so high that alle might here him / "sir, this same that hath tournaide, is the Kynge of Fraunce" / and tolde 16 he how he [1]departid out of ffraunce / and of the dethe of his ffadir / seing that alle that he had done was by his commaundement / wherfore he bisought the Emperour of pardone. whan the Emperour knewe that he was kynge of ffraunce, he saide that god 20 was Iuste. This was anon knowen ouir alle men / and in esspecialle amonge them of ffraunce / that knewe nothinge thereof afore. But than they cried with a high voice, "Nowelt!" clappyng their handes / The Emperour and ladies wepte bothe for ioie & pite ; and aboue alle 24 othir, made faire Iolant grete ioie / thinking in hir-self there was neuer womman more bounde to god / trustyng to be accompanyed with him / that hir hert moost desired / Aftir this grete, ioie euery prince went to his pavilione. Themperour coude not wele leue of 28 embracyng and kissing the kynge of ffraunce. grete was the ioie amonges them / and fferaunt, whan he hadde beholde his iij. seruauntes saide that, "neuer man of his power was so mightily serued as he had ben" / whan the Emperour beheldc the Duc of 32 Burgoigne, he thought he was a passing goodly man of his yeres, seyng, "that god had wele ioyned so grete truthe and comlynesse in o persone ; for honorably and truly he had acquyte him to his Nevewe." the kynge seid then, that "of long tyme had he knowen 36 his vncles trouthe ; for there was neuer fadir kynder to his childe / than he had alway founde his vncle to him." The kynge of England & of Scottes, the more they thought on their fortune, the more were they abasshed & ameruailed ; for they had neuer redde in 40

Princess Iolante is shy and reservd before King Philip. 193

romans nor in Cronicles, noon like vnto theirs. The Turke, whan he
sawe this, wondird also gretly in hym-self / and thought wele, by
the kynge of ffraunce, the Realme of Sizile had be recouerd / ther-
4 fore it was moost conuenient, & best right, that his fortune shold be
to enioie it. Themperour thought this fortune a miracle[1]; wherfore [¹ MS. mir-
he made alle the belles of the towne to be rongen / and toke the ache] The Emperor
kynge by the hande, & brought him to the chirche / and euery man has all the bells in the
8 thankid god, that by his grace he had sent thise iij. kynges to their town rung.
recouere, and releef of the cristen feith / and alle the straungers that
herd therof, yaue god a grete lawde, holdyng it for a very miracle /
Frensshmen, that had recouerd their kyng / and knewe for trouthe
12 it was the same [2]that was named Le Surnome, that had done so [² leaf 116]
grete a wele to the realme of Sizile, of whom the renome spred
thorugh alle the world / thankid god as hertly, and with a grete ioie,
as was possible / Than brought themperour the kynge of ffraunce to He takes
16 se the ladies / whiche coude not refrayne their lokes fro him while King Philip to see Iolante,
he was there, sauf the faire and good Iolant, whiche was so wele
assured in euery manere, whiche bihelde him with suche womman-
hode and wisdom, that neither he nor noon othir shold perceyue hir but she will not show her
20 thought, al-be-it she had not leste pleasir to behold him / In like love for him.
wise was he as wele assured, for he thought than no place nor tyme
couenable to shewe that moost touchid his hert / But whan he
might, he toke leve of themperour to chaunge him, and aftir soper
24 to come ageın to se the ladies. The Emperour made to speke vnto
him secretly / that he and his vncle shold come suppe with the
ladies / In like wise warned he the kynge of England and of
Scottes. The kynge of ffraunce agreed to his commaundement
28 without any grugge / for there was no-thinge that he desired so
moche, as to be in the company of somme that shold be ther. Thus
departed he, and toke fferaunt by the arme, wold he or not / and King Philip and his
so went with him, arme in arme, thorugh the towne, til he came to friends
32 his logging / where as they made grete ioie / and talked of many
thinges passed / and so drave forth, til tyme came they shold go to
soper to the Emperour / than departed they fro his loggyng til he
came to themperour, whiche was accompanyed with the kynges go to sup with the
36 afore rehersed. There were set at his boorde, himself, his wif, & Emperor.
his doughtir, and ij. othir grete ladies / The kynge of ffraunce, of
Englond, and of Scottes, and the duc of Burgoigne; and fferaunt,
maugre his wille, was set there at the request of the thre kynges.
40 At the soper, was rehersed the gouernaunce of them / how they iij.
THREE KINGS' SONS.   O

had ben *seruauntes* to fferaunt / and how they shewed them self at this tour*n*ay in suche fo*u*rme, that their first noblesse might not be forgoten in this Realme. thus passed forth the sop*er* / And the Empe*rour* saide to fferaunt, "that there might no mysauenture befalle hym, seyng such iij. *seruauntes* had seruid him" / & they seid, " god had sent hem grete grace to serue so good a maist*er* as he was / that, next thempe*rour*, there was no man lyving they wolde be gladder to do hono*ur* and pleasir vnto." The soper passed forth ioifully / litil was eten there, for they were all*e* fedde w*ith* ioie. The Empe*rour* behelde the kynge of ffraunce, that his faire sone shold be, and thought wele that god had accomplisshed all*e* weles in him. Thempe*re*sse thought accordyng to the same. This faire lady, how moche so euer she was reioised in hir thought, hir maner was suche that no man coude p*er*ceyue it ; on the tothir side, the kynge of ffraunce, in beholdynge hir, trustid as wele to p*er*forme the iij*de*. day as he had begon*e* ; wherthorugh he was so ravissht w*ith* ioie, that he neither eete ne dranke / Aftir soper, bifore the comynge of othir kyng*es* and princis / the kynge of ffraunce talked w*ith* the faire Iolante / and askid hir, by hir feith, so many noble Princis as were at this assemble / if there were not one more than a-nothir in hir grace / for any thynge that he coude do / he coude p*er*ceyue by no word*es* of hir / but that all*e* hir hert & wille was at the pleasir of hir ffadir / seyng also she was right ioyfull*e* of the grete estate that he was yn, prayng god to sende him asmoche hono*ur* & ioie as he coude wisshe / he thankid hir ful humbly / and askid hir / if god gaf him that fortune to come to the mariage of / if she wold not so be aswele content as w*ith* a-nothir / she chaunged colo*ur*, & saide, " God gif hir grace to lyue no lenger than she be content with hym / that pleasith hir fadir to yeue hir, were it be he, or any othir." w*ith* thise word*es* came yn many othir kyng*es* and princes to themp*er*o*ur*s Court. The kynge of ffraunce, of Englond, and of Scott*es*, went to mette them / and brought them yn to the ladies ; the mynstrall*es* pleide so many / that all*e* the halle resounded / the daunc*es* began / The kynge of ffraunce toke this faire lady, his maistresse, by the hande, and daunced w*ith* hir / euery body behelde them gladly / And themp*er*our and the Duc of Burgoigne talked togedir / and behelde this goodly couple daunc-yng : " fforsothe," seid the Emp*er*our / " here is a mete couple / god, by his grace, p*re*serue them long " / " fforsothe " / said the Duc / " If it please you to make the mariage, I trowe ye shall*e* displeasen[2]

The Third Day of the Tourney. King Philip's Side again triumphs. 195

them neither" / "fforsothe," seid the*m*p*er*o*u*r, "if it please the kynge
to take my doughtir / noon shall haue hir but he / By the orden-
aunce of this To*u*rnay, no mañ [can] clayme hir of right / but if he
4 wynne alle the iij. daies / ¹and that can noman do but he / and [¹ leaf 117]
though he do not / if it please him to haue hir, I woll be right
ioyfull, ffor he hath deserued a grettir rewarde / yif it were in me
to yeue it him; for y holde myn hono*u*r and this Realme, only by
8 god and him" / euery man that was in the halle spake of this matier /
and in their mynde gaf this faire lady to the kynge of ffraunce. Aftir
the daunces, euery man lay downe by the ladies, and talked to-gedir /
the night came & dep*ar*ted them / and alle folk*es* went to rest / and
12 on the morow, at the houre apointed, the kyng*es* and princ*es* came The Third
to the to*u*rnay / as they did the dayes bifore / The kynge of ffraunce day's Tour-
ney begins.
was wele loked on / that day / & if he had done m*e*ruailes the ij.
daies bifore / it semed to alle folkes it was nothing in comparison King Philip
16 to that he did the last day; for at that day there was none that himself.
surpasses
might abide his strok*es*; so that by than the Trumpet*es* blewe the
retraite, there was not one on that othir side to feight wit*h*-alle.
Thus venguisshed he the To*u*rnay by alle iij. daies / and ouir alle He is the
20 othir next him / the kynge of Englond & the kynge of Scott*es* had the Kings
First;
the preyse / At the dep*ar*tyng of the To*u*rnay, the Empero*u*r sent of England
and Scotland
to alle the kyng*es* & princ*es* to suppe wit*h* him that night / and their next.
had he ordeyned the most noble and riche soper that eu*er* had be
24 seen there bifore / thider came all folk*es*; and eueri man set in
ordre / a prince alwey, and a princesse, or a grete lady / Aftir soper,
the Emp*er*our called the moost part of the noble men that were in the
halle, reseruyng them that had to*u*rnaide / and also toke vnto hym
28 the kyng*es* of Armes / and the notable herald*es* of eu*er*y prince that The grand
there was, and went in-to another halle in Counselle, and made the Council
Daunc*es* to begynne, to disport the princ*es* the meane while / and
whan he was in his counsell*e*, accompanyed as y haue seid you / he
32 asked what he shold do / and deliuerd the ordre of the to*u*rnay; and
asked if "they knewe any man that had accomplisshed the trye of
this, he wold holde his promesse, wit*h*out makyng lenger tale" / It
was so clere matier, that alle, of one accorde, gaf the price of alle iij. all adjudge
the prize to
36 daies to the kynge of ffraunce. The Emp*er*our wolde haue the witte King Philip
of France.
& thauise of the ladies, and sent for the emperesse, & for the moost
part of the ladies / and the remenaunt abode stille at the Daunc*es*
wit*h* his doughtir. Than asked he ²their auise, as he had done of [² lf. 117, bk.]
40 the men / and anone they gaf their iugement to the kyng*e* of

o 2

196 K. Philip of France wins and weds the Princess Iolante of Sicily.

ffraunce. Themperour herynge this, toke the Emperesse by the hande, & came in-to the halle, and toke their daughtir as she was dauncyng / bitwene them bothe, and came toward the kynge of ffraunce; and whan he saw them, he came to them. Than said themperour, "Right noble & valiaunt kyng! this Tournay was ordeyned like as ye knowe / wherof the price ys youen vnto you by alle iij. daies / hou-be-it, this Tournay compellith you not to take my *The Emperor offers his daughter Iolante to King Philip,* doughtir, but if it please you. ¶ Natheles, here y presente hir to you, in kepyng my promesse / and gif you the price / & hir, if it please you to take hir." [*Illumination:* 1. *Iolante offerd to K. Philip;* 2. *married to him.*]

Whan the kynge of ffraunce sawe this present that he moost desired, he kneled donne, & saide, "my lord! of the grete honour and curtesie that ye do me / of hir that is so moche worth,—first, y thanke almighti god / and right humbly y thanke your grace & the Emperesse / and to outrageous & ferrest ouirseyen shold he be, that suche a present refused / and as for me, *who gladly takes her,* I am redy to take hir / and moost glad therof of any thinge" / Than toke he the faire maide, & kissed hir / and euery man preide god to sende them long lif to-gedir, with moche honour and ioie / *is plighted to her,* fforthwith was an Archebisshop called, and he enssured them / and the day of mariage was apointed the thrid day / and agein that day *and 3 days after* were cried Iustes of .xx. helmes against alle comers / at whiche day the kynge of ffraunce and alle his company apointed them as richely as was possible / The moost part of kynges & princis came to his loggyng, to do him honour & company that day / than went they to [leaf 118] the Emperours loggyng / where they fonde ¹themperesse and hir faire doughtir / accompanyed with many ladies and gentilwomen redy to go to chirche. I can not reherce the grete richesse that was that day shewed, in aray and in Iewels, amonge the princes and princesses / for eche was araied as riche as they coude / ye may wele thinke, the kynge of ffraunce & his company were not the werst; for, ful sory wold he haue ben to a wist any othir nacion to haue passed him that day / But he and his vncle exceded in richesse, that day, alle othir princis that were there. whan he had seen the faire Iolant, he went to chirche, accompanyed with many a grete *marries her.* prince. and after was she brought to chirche; where they were maried with grete ioie / and than retourned home agein to dyner / whiche was as grete and as roialle, as to such folkes belonged / The kynge of ffraunce gaf to the heraldes grete richesse, whervpone they cried "largesse" thorugh the halle, as was accustumed / after the

4

8

12

16

20

24

28

32

36

40

The Emperor and Kings agree to help the Sultan in case of Rebellion. 197

boordes were taken vp / the daunces endured but a while, be cause of *Dances follow;*
the Iustes / At the Iustes, for the loue of the kynge of ffraunce and *then Jousts. The Jousts*
of his wif, Themperour was on the vttir party, and the Duc of Bur- *in honour of K. Philip's*
4 goigne was on the Inne side, with the kynge of ffraunce / Thise *marriage.*
Iustes dured til it was euen / and torche light / There were iij. C.
helmes / and there were so many ladies & gentilwommen, that there
were Scaffoldes for them on eche side the felde / there had not be
8 seen bifore, grettir Iustes than tho. That day, was many an high &
noble crye of mighti kynges and princes & grete lordes. Thus
passed the day til soper tyme / & aftir soper, began the Daunces /
And there were riche monnaynges of grete princes / & many
12 riche presentes brought to this faire lady / Thus passed forth the
night, til it was tyme to go to rest / Than was the faire Iolant
brought to bed / The kyng of ffraunce taried not long aftir. Now
were there togedirs tho persones of the world that moost were to
16 be preysed / the night passed / the day came / the kynge arose /
and the quene bothe, and were araied so richely that it was meruaile
to beholde. The lordes came to se the kynge / the ladies & gentil-
women came to se the quene / what shall I make lenger tale / this
20 fest endured xv. daies hole; and euery day, newe Iustes & Tournay / *The Feast lasts 15 days.*
But ¹there was neuir ffeste in this worlde / but onys it must haue *[¹ lf. 118, bk.]*
an ende.

    VN an Euenyng, at a grete assemble, the Turke came to
24 themperour, and to the tothir kynges and Princes that were
there, seyng vnto them / "My lordes, ye knowe wele that,
in trust of you / y haue lefte the lawe that I held of / and toke me
to the lawes of Ihesu crist / eche of you hath promysed me aide /
28 and withoute helpe I can not abide in myn onne Cuntre / wherupon
I require you nowe of counselle and aide" / The princes there pre- *The Emperor and kings*
sent, knewe that he seid trouthe; [&] remembryng their promesse / *notify to the Turks that*
aduised them to sende, euery prince, [a lettre] vndir his seale, to alle *they will help him if*
32 thestates of the Turkes lande, certifiyng them by the same, to take his *his subjects rebel against*
part, if it so were that they wold rebelle ageinst him / Thus concluded *him.*
they to sende messangers forth / In the meane tyme, avised him the
kynge of Englond / how he had ij. Susters of grete beaute, and of
36 resonable age to be maried; wherfore he thought he coude not bettir
bestowe the one of theym, than on the kynge of Scottes, his next
neighbour, for the grete loue, and long acqueyntaunce and familiarite
that had ben bitwene them. And the tothir Suster, he thought to
40 mary to the Duc of Burgoigne / But he seid, "verily he wold neuer

be maried / nor in his youthe entendid no mariage" / And whan the kynge vndirstode the answere of the Duc, he thought to mary hir vnto the Turke / for he herd say the Turke had a Sustir of high beaute, & she wold become cristen / he thought it were a metely mariage for him to mary the Turkes suster, and the Turke to mary his / Suche wordes were cast forth amonges the Princes; so that the Emperour, and the kynge of ffraunce, and the Duc of Burgoigne, that was an inly wise man, toke the besinesse vpon them / and conduyte it so that thise mariages were accorded, and a messanger sent forth for the Turkes suster / And assone as she might, she came / at the commaundement of hir brothir / and whan they knewe of hir comyng / The kynge of ffraunce, the kynge of Englond, and the kynge of Scottes, mette with hir, & brought hir to hir logging. And whan she was alight, and they departed / the Turke shewed vnto hir the cause of hir sendyng for / and howe he [1]was bicome cristened / and How, if she wold Bicome cristened, he had maried hir to right a goodly Prince, & a mighti, whiche was the kynge of Englond / But the first day, the seconde, & the third after, coude he neuer turne his suster / and whan he sawe it wold no bettir be, he came to the Emperour and to the kyng of ffraunce, the kynge of Englond & the kynge of Scottes, and tolde them / 'how in no wise his suster and he coude accorde'; & tolde them what answers she made him / The kynge of Englond,—that be this tyme was right amorous, & supprised with hir grete beaute,—whan he herd thise tidynges was right sorowfull / and chaunged colour & countenaunce so fer forth, that he had not a word to speke. This espied wele bothe themperour and the kynge of ffraunce / and than seide the kynge of ffraunce / "brynge hir to the Emperesse, to be accompanyed with the ladies here, to se if they be of any grettir power to chaunge hir than ye / and by this meane, may she haue some acqueyntaunce of my brother, the kyng of Englond; whiche, perauenture, may so turne hir hert, that she shal pray you of that ye now pray hir." Themperour and alle they lough / The Turke saide, 'and he might by any meane, he wolde bringe hir to the Dauncis to the ladies' / he did so moche, that aftir soper he brought hir. And whan she sawe so grete assemble of Princis & princesses, she meruailed gretly, thinkyng she sawe neuer so good a sight / She salewed the Emperour and themperesse / and alle the ladies / and alle the kynges and princis / than began the daunces / where she avised wele the kynge of Englond, & thought him right a

The Sultan's Sister has to give a definite Answer to K. Humphrey.

goodly knight / and a wele assured; and there herd she y-nough tho' she
rehersed of his noblesse & good maners. The ladies escorted hir a- thinks him a goodly
part to leve hir lawe / & eche seide the best they coude / but in no man.
4 wise coude they conuerte hir / Thus departed she to hir logging,
whan tyme was / sone aftir, came hir brothir vnto hir / and asked hir
' how she liked the company that she had seen that night.' she said,
" right wele " / he asked hir ' how she liked the kynge of Englond ' /
8 and her hert serued hir vnto him / she saide ' right wele, if she The Sultan's
might kepe hir owne feith ' / othir answere coude he noon gete of Sister wants to keep her
hir / Thus departed they; and she went to bedde that night; [then] own Faith.
thought she of this goodly company she had seyne. ¹The kynge [¹ lf. 119, bk.]
12 of Englond was not forgoten / the more she remembrid him, the
bettir she liked him / hou-be-it her herte coude not agree for him,
nor noon othir, to leve hir feith / The kynge of Englond, on the
tothir side, the oftener he sawe hir, the more he loued hir / and
16 supposed wele in his mynde that he coude not bringe his purpose
aboute / wherfore he thought best / to depart. And on the morowe, Then the
came vn-to the kynge of ffraunce, and tolde him his entent / The King of Englaud says
kynge of ffraunce counseld him yit to abide / and went him self to he'll go home.
20 the Turke, and tolde him / " ye ar likly to lese here the kynge of
Englond, for he wilt departe / for he thinkith his abidyng here
serueth him of nought / and so thinke y also / ffor thinke ye he is
a man to be kepte so long in speche? me semeth it is wele doo, ye
24 go to your suster to vndirstonde hir wille / and to take of hir this
night a ferme answere / ffor it is tyme that he be answerd one way
or othir " / " By my trouthe," seide the Turke, " it is not in my
defaute / that he is so long vnanswerd ; but to-morowe y shalt telle
28 you vttirly hir will " / Aftir this, the Turke departed, and came to
his suster, and tolde hir, " I most this night telle a playne answere
of your entent / The kynge of ffraunce, the kynge of Englond, and
othir princis that be in this towne, wille departe / for the good wille
32 they haue vnto you and me / they haue longe kepte them here ;
wherfore me thinkith ye deale meruailously / But y pray you now, The Sultan
say at ones howe ye wille be demeaned / whethir ye wille be agreable Charles presses his Sister for a
to their desire and myne; or ellis y shall lete them departe / and favourable answer to K.
36 thanke them of their good wille they haue shewed me / how be it, if Humphrey.
they thus departe / by you shalt y lese the moost sure & specialle
frendes y haue in this world." whan his Suster herd him thus sey /
she knewe wele of force she most discouere hir entente touchyng
40 his alliaunce / and was so supprised that she wist not what to say /

! 4

200   *She at last agrees to turn Christian, and be Queen of England.*

The Sultan's Sister is in great doubt.
She thought, 'if she renaide not hir feith, she shold displease hir brother / and also put him in grete daunger, & losse of his frendes' / She thought also, 'if she shold leve hir feith / and take a newe, what iubarde that shold be vnto hir soule.' Thus was she a grete while without speche. hir brothir presyd sore on hir alway to haue an

[¹ leaf 120]
answere / And at the laste she ¹said, "y am in a sorowfulle case / ffor ye, that be my souerain Lorde and brother, say / if y accomplissh not your pleasir / y shalt cause your grete iubarde / and perauenture your destruccion / and on that othir side / yf y renounce my feithe / what shal than befalle of my soule" / " Be my feith," seide the Turke, "I take the perelt therof on me" / "Than," quoth she,

She asks for 2 days' grace.
" y pray you respite me for ij. daies " / The Turke in no wise durst graunte hit, til he hadde spoken with the kynge of ffraunce / Than went the kynge of ffraunce and he, to the kynge of Englond for this respite / and he was therto agreable, trustyng vpon a good answere. On the morowe, the Turke toke ij. or iij. notable clerkis, & went to

She is converted by Christian Clerks,
his suster, and made them to shewe hir oure feith / and they exorted hir in suche wise that she was agreable to be cristened / and the same night was she cristened by the Emperesse and the quene of ffraunce. Aftir that she was cristened, she came to se the Emperour,

and marries K. Humphrey of England.
& was there with the ladies til she was maried / and the thridde day after, was the kynge of Englond and she maried to-gedir with grete solempnite and Ioie.

NOw shall y telle you of the messangers that were sent in-to the Turkes land: they did their deuoirs, so that the states were assembled, and redde the letters of alle the Princes.

The Sultan's subjects
and whan they knewe the tidynges, that their lord had taken the cristen feith / they were right sory / how-be-it they durst not make no besinesse ageinst him / for the drede they had of the promyses that alle thise princes had made vnto him / wherfore, of comon assent, they made a lettir to the Emperour and to the Turke, & to alle the princes that were there / puttyng them in knowlache / that, 'as for the chaunge of his feith, they remitted that [to] his conscience; they

require only that they may keep their old Faith.
were content to obey him on suche condicion, that noon shold be constreyned to leve his feith / for that wold they neuer do' / whan the messangers came agein, the Emperour and alle the kynges and princis were wele content with their message. The suretees were taken bitwene them / Alle this done & performed, euery prince toke hede to his owne besinesse / The kynge of ffraunce desired moche to go in-to his Realme. The Turke desired to mary his wif / The

4

8

12

16

20

24

28

32

36

40

The Tourney-party disperses. The Three Kings go home.

kynge of Scottes in like wise / wherfore euery man wold departe
from the Emperour / On a day, at good leiser, they came to the
¹Emperour / and shewed him their desire; wherfore he was right [¹ lf. 120, bk.]
4 sory / but he knewe wele it most nedes be so. Than asked he
what they wold do. The kynge of Englond spake first, & seid *The large Sicilian gathering is to break up.*
he had promysed his ij. Sustres in mariage, as he knewe wele /
whiche he wold fayne perfourme. Themperour desired the kyng
8 of Englond & the kyng of Scottes, to pray the kynge of ffraunce to
abide stille with him / "fforsothe," saide the kynge, "sith my first
departyng oute of ffraunce to come in-to the werres of Sizile, sawe
y not my lady my moder" / "forsothe," saide themperour, "ye
12 haue grete reason than to se hir" / The kyng of Englond than
besought the kyng of ffraunce to be at the mariage of his ij.
Sustirs / "fforsothe," seide the kyng of ffraunce, "I shalt, with right
good wille." Themperour, hering alle thise apointementes, saide:
16 "trewly, y hold my lond by god & you iij.; and therfore, my sone,
y wille first go with you in-to your Realme / & fro thens in-to the
Realme of Englond, to the mariage of the kynges Susters; & so come
home thorugh the Realme of Scotland, & conduyte the yong Quene;
20 & fro thens come hider ageín, where y shalt ende the remenaunt of
my daies." This conclusion was taken bitwene him, the Turke, &
the kynges, & the Duc of Burgoigne. Than euery man aredied
him to departe; and alle on a day departed they. The kynge of *The King and Queen of England, and the Sultan, go to England; K. David to Scotland; the rest to France.*
24 Englond, his wif, & the Turke, departid to Englond / The king of
Scottes in-to Scotland / Themperour, & the kyng of ffraunce & their
wifes, went in-to ffraunce / Now behoueth it to reherce how euery
man sped his Iournay. [*Illumination: Emperor, French King, &c. riding off.*]
28 **F**Irst shalle we speke of the kynge of ffraunce / At his depart-
ing, he sent to assertayne the Realme of ffraunce, & specially
vnto his moder, of his comyng, & the trouthe of alle his for-
tune / And whan the messangers came there / it can not be writen,
32 the ioie that was than in the Realme of ffraunce. But ouir alle othir *The Queen Dowager of France*
this disconsolate moder, the Quene of ffraunce, was glad whan she
herd tidynges of hir right dere sone / Hou-be-it, she toke displeasir
that he had be in ffraunce, & not spoken with hir. And whan she
36 first herd ²tidinges of his comyng, she said / "Allas, my childe! if [² leaf 121]
thi good ffadir' had knowen the alyve, he had yit lyued / or ellis
departid out of this world more at his ease / But now, do god by *longs to see her son before she dies.*
me his pleasir; so that ones I might se the or y dye" / Suche
40 wordes saide the good olde Quene of ffraunce, moder to the kyng /

Ouir alle the realme they range belles & made processions, thankyng god of his grete grace; for thei neuer trusted to haue hadde the ioie of presence of their yong king / fulle grete ioie had thei also of his mariage, & of the good renoune of their yong Quene / This meane tyme, came themperour & the kinge of ffraunce into the Realme / & at their first entryng, ther mette them many estates & moche people. & whan he came amonges the people, they cried "Nowelt" with an high voice, yelding thank to god on their knees, ioynyng their handes to hevinwarde / whan the Emperour & his wif sawe in his Realme suche people in suche estate, their hertes were alle renewed with ioie. Aftir, came the nobles, in the moost & best biseyn company that was seen there bifore. There was the clergie without nombre, solempnely & honourably set in ordre, whiche, next the comon people, salewed the kyng, preysyng god of his agein-comyng, whiche was not without wepyng / Than came the noble folkes, accompanyed as is bifore reherced / and did vnto him their reuerences / and by one of them were the wordes saide bifore them alle, a grete processe / preisyng god of his retourne / grete was the preise there. And at thentryng of the Towne, the stretes were hanged / before theire houses were the ladies & gentilwommen / burgeises & maydens; grete was the ioie there. The processions were alwey bifore the kyng / And the Emperour and he alighted at the chief chirche / and so did the ladies, to praise and thanke god. Aftirwarde the kyng conueyed themperour to his loggynge / and than retourned to his owne. The towne made to the kyng & the Quene grete presentes; & so they did to themperour & thempresse. Thus was the kinge & themperour receyued in euery place they came to in the Realme / and whan the Emperour came to Paryce, he and his folkes alle meruailed of the gret Richesse they sawe there / the kynge brought him to the palice / where as the Quene his moder, gretly accompanyed with ladies & gentilwommen, mette with themperour & themperesse. But whan she sawe hir sone, she had no power to susteyne hir-self / for the ioie she had / and forthwith felt in swoune, wherof themperour & themperesse were right so¹rowfulle / but ouir alle othir, the king was moost sory / & brought þe Themperour to his chambre, & forthwith went to his moder, whiche he fonde somwhat recouerd. & whan he saw hir, he kneled downe, and fulle humbly axed hir mercy / and besought hir / that it pleased hir to take som payne to make chere to themperesse & to hir doughtir / The quene, that was right feble, saide vnto him /

"my sone, sith that y haue seen you a lyve bifore my dethe, I am now content that god do by me as it pleasith him / Neuirtheles, I shal make the best chere y can; but trewly my lymmes may not yit susteyne me; wherfore y pray you sende for my faire doughtir, your wif, that y may se hir" / and whan she behelde hir, she thought hir the fairest creature that euir she sawe / & made as moche of hir as she coude / At night, the Emperour and themperesse supped in their chambre. The king & the Quene supped with his modir / whiche might not ete that soper tyme, for ioie she had of them bothe / That night, were brought grete presentes by them of Parice / bothe to the Themperour & to Themperesse / & to the kynge & to the Quene / &, whan tyme was, alle men went to rest / til on the morow / they rose vp at good tyme, & herd diuine seruice / and than went to dyner / And whan they had dyned / the Iustes began / It semed that tyme that alle the world was in ioie / This ffeste endured the space of an hole moneth. The olde Quene reioysed hir so now, that she put oute of mynde alle passed sorowes / Now came the tyme that they most depart, to to go the mariage in Englond. The kinge led with him his moder, to cause hir take som disport & ioie / for longe tyme had she be without any / Themperour, thorughout alle the Realme, was fested in euery Cite, and in euery grete princes house / that lay in his way / til he came to the departyng out of ffraunce / where as he was as honourably conduyted, as he was receyued at his first comyng. Now passeth he the see / & landid at Dover / where as the kynge of Englond, and his wif, and the Turke, resceyued them with grete honour; & with the Quene were the kynges ij. Susters / that were right faire / The kyng of Scottes was not yit come / but he taried not long aftir / ffor the day of his mariage was set or he went out of Sizile. There resceyued the kynge of Englond, Themperour and Themperesse, the kynge of ffraunce, & the ij. Quenes with grete honour / and, as long as they were in the Realme, wold suffre them, nor noon of them, to pay for no thing that they spent / Then rode [1]they til they came to London; and in euery place Themperour and his company welcomed, as belonged to their estates. And whan they came to London, The kynge of ffraunce was inly glad to se the richesse and estate that he sawe there / & how nobly & honourably Themperour was resceyued ther. Sone aftir their comyng, came the kyng of Scottes, whiche was mette with / by the kynges & princes that were in the Towne, and was right highly & honourably resceyued. The

[1 leaf 122] and ride to London.

day came, that the Turke and the kynge of Scottes shold be maried to the kynge of Englondes susters / A meruailous grete feste there was, and a riche & a wele serued / The Iustes & festes were grete by many daies. The feste endured xv. daies / Than departed themperour & the kyng of ffraunce. The princes & the lordes of Englond, that had lefte their childre with the kynge whan he departid fro his fadir / made a grete request vnto the Turke / that there might be a serche thorugh his land, if any of their childre were lyving / sayng that they wold with right good wille pay their fynaunce / The kyng of Englond required him right hertly for the same. The Turke promysed him to do asmoche as was possible therin / The Emperour, that knewe wele that alle his conquest and good fortune was comen him, next goddes helpe, by the thre kynges present, and for the loue that he had to the kyng of Englond, he saide to the Turke / " the aliaunce that ye haue with the kynge of Englond, shalt make you nowe to recoucre the places that y haue within your land / ffor now ye be his brothir, y yelde and yeue vnto you them frely agein / wherfore say gramercy to your brothir."
The Turke right humbly thankid the Emperour, and so did the kynge of Englond also / Nowe cometh the tyme of Themperours departyng / The kynge of Scottes besought him to take his way thorugh Scotland / and besought his ij. felawes that they wold conduyte the Emperour thider / and desired the Turke in like wise. Themperour and alle thise kynges agreed to the kynges of Scottes request / Thus departed they fro londone / and til they were out of the Realme / the kinge of Englond wold not lete them be chargid with nothing that they toke / And whan they came in-to Scotland, they were there right wele and honourably resceyued, & gretly fested ouir alle the Realme / Thus were they thre wekis in passing thorugh the Realme. And many grete festis & Tournais / And whan the Emperour saw thise iij. seruauntes, that so long had serued [1] him / he was right ioifult of their estate & puissaunce / and thought his doughter wele vred / so did he the Realme of Sizile, & desired no thinge so moche / as to se some childre of his doughtir bifore his dethe / god graunted his request / for he sawe y-nough come of hir, as faire childre as euer were borne / whiche did aftir, grete thinges, as men may finde in Stories of ffraunce. There departed he & his ioifult company / at whiche departynge was remembred more sorow than ioie / whan the Emperour shold say fare wele, he coude not speke of a grete while; but at last, whan

The Sultan goes to Turkey, and frees all Christian Children.

he might speke, he saide that, daies of his lyve, had he neuer be so
long to-gedir in ioie & wele / euery man toke leve of him / And
whan his faire doughtir sholde take hir leve of him / he toke hir
in his armes, and stode so a long while, & nouther of them coude
speke a worde / And whan the kynge of ffraunce saw that / he
made the departyng / and said to themperour / that at any tyme
that it pleasid him, she shold come se him / than brought he hir to
the Emperesse / and nouther of them coude wele loke on othir for
wepyng. Than departed the kyng them, like as he had done them-
perour and hir. Than went she in-to hir chambre, accompanyed
with many ladies & gentilwomen / Then the Emperour & them- *The Emperor and Empress*
peresse departed / and the Turke and his wif in his company / The
king of ffraunce, Englond, and of Scottes, conveied Themperour, &
than toke their leve / at whiche departyng was grete sorowe; and
eche embraced othir ful louyngly. Whan they were departed,
Themperour, the Turke, and fferaunt, kepte their streight course in- *return to Sicily.*
to Sizile / and passed forth the tyme with talkyng of suche aventures
as they had seen in their daies / & sped so wele that they came in-
to Sizile / the Turke taried there but litil / but went home in-to *The Sultan and his*
his owne Cuntre, and his wif with him / where he was right worship- *English wife go back to*
fully resceyued, for dred of the two kynges that he was alied with / *Turkey,*
Than made he grete serche thorugh alle the Realme for the childre
of Englond, and founde the moost parte of them, so that ther
lakked not passyng two / Than made he them to be bayned, and *set free all the English*
kepte aswele as they coude / til they were agein in their strengthe *children there, and*
and colour. than horsed he eche one of them, and apointed them in *send them home.*
the best wise, and sent them in-to Englond, without payng of any
raunsom / and sent letters vnto his brother of Englond, & [1] this [1 *leaf 123*]
present withall / wherof the kynge was ioifult as he might be / and
gretely thanked the Turke / and sent him agein grete giftes. Now
were the ffadirs & the modirs in grete ioie, that hadde agein their
children.

THe kynge of ffraunce, aftir the departyng of Themperour,
abode there but a while / and the night before his departyng,
supped alle thise iij. kynges to-gedre, & there made assur-
aunce & promesse, eche to othir / that neuer noon of them shold
faile othir; but that eche shold loue othir as brethern, and eche take
othirs quarell as his owne. On the morowe, departed the kynge of *The Kings of France and*
ffraunce / the kyng of Englond & the kynge of Scottes conueied *England quit Scotland.*
him / and at the departing there was many a sorowfull embrac-

yng / for ful glad wold they haue ben to haue contynued the
remenaunt of their lyves to-gedre, if it might so be / but eche of
them was of suche estate / that their besinesse and charge was
suche / that thei might not contynue to gedre, which sore for- 4
thought them alle / whan the kynge of ffraunce, the Quene, & their
company were shipped / the wynde serued them so wele / that
within litil while they landed at Scluse. The Erle of fflaundres
herd of his comyng, and met with him there / and made him grete 8
chere & feest / and so forth brought him to Bruggys / and there
made him alle the chere that was possible vnto him / The kynge, at
his departyng, gaf him grete giftes / And whan the kynge came in
to ffraunce / he forgate not his good Hoste at Tolet in Spayne / nor 12
his Nevewe, nor his wif / that longe had logged him / for he thought
it was reason, now he was of suche estate & power, to remembre
them that had so moche done for him / Wherfore he sent vnto them,
assertaynyng them who he was that they had logged, praing them 16
alle to come vnto him / And whan they spake with the messanger /
& had verrily vndirstande his message / they were alle supprised
with ioie / and in alle haste possible arredied them to go vnto the
kynge / whiche, at their comynge, made them passing grete chere / 20
and thanked them of the grete goodnesse they had shewed him in
his disease / and gaf vnto eche of them / of land / possessions and
offices, y-nough for them, and those that shold come of them, to lyve
alway in honour / Aftir thise tidynges thus done, [1]the olde Quene 24
of ffraunce contynued the remenaunt of her daies with grete ioie in
goode & perfit lif. The Duc of Burgoigne coude not departe from
his Nevewe / The kinge, & the Quene his wif, contynued to-gedre
many yeres / & eche loued othir aswele as was possible / and serued, 28
loued, & dred god, helde the Realme alle their lif in grete Iustice,
peas, & tranquillite, and had children to their pleasir / The kynge of
Scottes departed from the kynge of Englond, and brought his wif
home in-to Scotland / and bothe the king of Englond, and he, & 32
their wyues, contynued in many yeres to-geder / & had children,
eche of them, suche as they were aftir right ioyfulle of / and helde
their Reaume in grete Iustice & peas / and their children contynued
in the same aftir their daies, hauyng moo Reaumes to gouerne than 36
their fadirs had / wherof this storie makith noo mencion. But y
suppose the Cronykells of the Reaume reherceth the noblesse of
them / Themperour lyved but a while aftir / Than felle the Reaume
of Sizile to the kynge of ffraunce, by reason of his wif / wherof he 40

toke the possession. The Turke helde fermely the lawes of Ihe*s*u criste / and many of his Reaume / But the moost part wold neuir leve their feith / but he lyued not long aftir / nor neuer hadde childe
4 by his wif / & aftir his dethe, was neuer goddis [lawe] kepte nor dred in that Cuntre / wherfore she went in-to Englond ageiu / and contynued the Remenau*n*t of hir lif with hir brothir.

Thus endith this Boke, whiche hath ben translated with peyne,
8 for the length of tyme sith alle thise thing*es* felle. And vndir the Boke was writen,

to King Philip of France.

The Sultan's English widow comes home to England.

> Si fortuna tonat, caueto mergi.
> Si fortuna iuuat, caueto tolli.[1]

[1] A much later hand has written above these 2 verses, 4 others as prose:—

> "by faith, we please the lord /
> by faith, we are set free /
> by faith we work the will of god,
> faith will not idell bee."

Note to page 136, *line* 5.

Poo or Peacock.—In the 14th century Chanson de geste of the *Vœux du Paon* (MS. Addit. Brit. Mus. 16,956, copied from a MS. No. 6985 (?) in the National Library at Paris: P. Paris *Manuscrits François* iii. 106, A.D. 1840), "Porrus shoots the peacock (73 b.); it is served up at table, and Cassamus calls on all the knights to make their vows upon it (f. 74 b). 'Elyot,' a damsel of high degree, in the service of Fezomé (daughter of Godifer), carries it round; the vows are made, and the peacock is eaten (ff. 75-82 b)." Ward's *Catalog of Romances in Brit. Mus.* i. 147.

GLOSSARY.

BY MR. THOMAS AUSTIN.

A, *interj.* ah! 8/18, 34.
A, *pron.* he, 63/6, 109/7, 111/9.
A, *vb.* have, 4/6, 69/28.
Abielde, *vb. t.* habiled, dressed, 38/22; abiled, *pp.* 50/28; abile, *inf.* 38/22.
Abused, *vb.* ill-used, 16/34.
Accompany, *vb.* take associates to, 180/39.
Amated, *pp.* dismayed, overcome, 66/34. See *Mate*.
Amegred, *pp.* emaciated, 9/36. Fr. *amaigrir*.
Amenyssht, *pp.* diminished, 4/9.
Amonest, *vb.* admonish, warn, 5/12. O.Fr. *admonester*.
And, *conj.* if, 7/7, 64/14.
Anoon, *adv.* anon, 75/30.
Armee, *sb.* army, 40/5. Fr. *armée*. See *Navee*.
Armes, *sb.* do arms, fight, 61/11, 62/5. Fr. *faire armes*.
Arowblast, *sb.* arblast, cross-bow, 42/30.
Artrye, *sb.* artillery, 40/38; Arthery, 76/30.
Aryuail, *sb.* arrival, landing-place, 41/10.
As and, as if, 13/37.
Ascried, *vb.* challenged, 97/21.
Asserteyne, *vb.* inform, 4/11, 38/3.
Assured, *pp.* trained, 34/24, 193/18, 199/1. Comp. Fr. *assurer un oiseau, i. e.* a hawk, and also see *Ensured*. Assurance is a *sine quâ non* of breeding: —' Be bold, be bold, in everything be bold, Be not too bold.'
Auenture, *sb.* hazard, peril, 3/9, 66/12.
Aught, *vb.* owed, 94/4.
Ayenst, *prep. a.* hym, before him, on his entry, 19/14.

Bargette, *sb.* small barge, 41/16. O.Fr. *bargette*.
Be, *prep.* by, be than = by the time that, 68/27.
Beaumes, *sb.* trumpets, 75/8.
Befil, *vb.* befell, 2/23.
Behelde, *vb.* looked, desired, 33/38.
Belefte, *pp.* left, 13/31; bilefte, 165/39.
Bien venu, *sb.* welcome, 131/35. Fr. *bien-venue*.
Boorde, *sb.* table, 128/34, 132/13.
Brake, *vb.* b. their embusshementes, comp. break cover, 30/37.
Brayng, *sb.* groaning, 12/15.
But, unless, 168/14; but yif, but if, unless, 168/8.
By & by, at once, 167/39.

Castell, *sb.* somer Castells, 44/30. Perhaps read 'fore C.'
Ceason, *sb.* season, 14/26, 21/20.
Chapelet, *sb.* chaplet of beads: comp. Le chapelet se défile (of people falling away), 25/1.
Chase, *vb.* chose, 68/3.
Chaunge, *vb. t.* he chaunged him, changed his clothes, 178/35.
Chesse, *sb.* chess, 10/19.
Chierte, *sb.* affection, 162/7. O.Fr. *chierté*.
Cloos, *adj.* close, 30/6.
Condite, *pp.* conducted, 94/23; condited, 94/14; conduyte, *vb.* conduct, manage, 9/5; *pp.* 72/9.
Conduyt, *sb.* conduct, charge, 7/12.
Costeyde, *vb.* ? directed themselves, as mariners did by the coast, 49/1.
Costeyng, steering, 48/39. Fr. *côtoyer*. O.Fr. *costeier*.
Credence, *sb.* credentials, 22/18, 24/12, 98/31.

THREE KINGS' SONS.　　　　　　　　　　　　P

210   *Glossary.*

Cure, *sb.* yn c., careful, 16/7.
Cured, *pp.* cared for, 8/26.
Currour, *sb.* scout, 15/9, 21/26.   Fr. *coureur*.

Daies of my lif, all the days of my life, 159/33.
Damageous, *adj.* injurious, 77/19. O.Fr. *damajos*.
Daunger, *sb.* haue him .. in d. = have him at his mercy, 102/5, 128/31.
Dedly, *adv.* in a deadly way, 169/38.
Demaunde, *vb.* it is no d. = it is no question, 72/14.
Departir, *sb.* departure, 27/37.
Depnesse, *sb.* deepness, depth, 41/17.
Despense, *sb.* expense, 26/21; dispence, 89/33.
Despurueu, ill off (translated dispurveyed on p. 19), 9/24, 19/11. Fr. *dépourvu*.
Diffended, *vb.* prevented, 146/11.
Differred, *pp.* parted from, 102/5.
Diligence, *sb.* pains, duty, 43/9, 14.
Discomfortable, *adj.* uncomfortable, 31/38.
Discomfortid, *pp.* afflicted, 11/38. Fr. *déconforté*.
Disherite, *pp.* deprived of his inheritance, 1/17.
Dispende, *vb.* spend, 101/23.
Dispureaunce, *sb.* dispurveyance, destitution, lack (of children), 25/34.
Dispuruaide, *adj.* dispurveyed, unprovided, 4/19, 19/9.
Doket, *sb.* ducat, six shillings and eightpence, 108/6.
Doule, *sb.* dole, grief, 77/37. Fr. *deuil*.
Draught, *sb.* shot, range of a weapon, 42/30, 44/33.
Dredefulle, *adj.* dreadful, full of fear, 152/24.
Dressid, *pp.* prepared, 164/1.
Dressith, *vb.* applieth, turneth, 81/3.
Dyamant, *sb.* diamond, 163/19. Fr. *diamant*.

Elegged, *pp.* alleged, 100/22.
Embandon, *vb.* abandon, 88/13.
Emploicde, *vb.* applied to, continued, 13/40.
Enclosed, *pp.* shut up, straitened, 151/11.
Enewred, *pp.* inured, hardened, 2/30.
Enlargissing, *sb.* enlargement, release, 102/1.

Enquerre, *sb.* enquiry, 63/22. O.Fr. *enquerre*.
Ensured, *pp.* trained, 10/18. See *Assured*.
Entend, *vb.* listen to, attend to, 12/12. Fr. *entendre*.
Entremete, *vb.* meddle, 7/3. Fr. *s'entremettre*.
Entreprise, *vb.* undertake, 9/10; entreprynse, 4/22, 6/38.
Erste, *adv.* noon erste, not sooner, 19/18.
Escope, *vb.* escaped, 46/9, 58/27.
Eurous, *adj.* fortunate, happy, 35/4, 38/26; ewrous, 101/2. Fr. *heureux*.
Ewred, *adj.* destined, fortuned, 62/23.

Feliship, *sb.* escort, company of troops, band, 28/23, 31/33, 45/6.
Feuyrer, *sb.* February, 9/20, 27/37. Fr. *février*.
Fille, *vb.* fell, 143/40.
Fleer, *sb.* fugitive, 149/7.
Florence, *sb.* florin (Sicilian florin is 2s. 6d.), 155/19.
Forerider, *sb.* advanced rider, 14/33; forrider, 31/34.
Fors, no fors = no matter, 171/27. Fr. *force*.
Fortrauailed, *adj.* tired out, 31/19.
Fote, *sb.* foot (Proverb), 29/5.
Fronters, *sb.* frontiers, 28/32.
Frussh, *sb.* burst, 15/27. O.Fr. *froisser*.
Fynaunce, *sb.* ransom (used also in Romance of *Partenay*, l. 1853), 20/39, 93/13, 94/6, 95/11.
Fyne, *sb.* end, 8/17. Fr. *fin*.

Gabbid, *pp.* talked idly, lied, 32/12. Comp. Fr. *gaber*.
Golde, *sb.* gold, 18/24; goold, 13/21.
Gonne shotte, gunshot, 42/33; gownes, guns, 75/34.
Grehounde, *sb.* greyhound, 30/30.
Gressith, *vb.* grazeth, 112/13.

Half, *sb.* at the lest h. = at least, 92/26. Before 'half' (92/8), words were probably left out by the MS. copyist.
Hardies, *sb.* boldness, 23/30. Fr. *hardiesse*.
Herbegeour, *sb.* harbinger, marshal, 178/3; herbeiour, 53/31.
Hoolde, *vb.* hold, 51/10.
Hou ... someuer, howsoever, 8/15.
Humbles, *sb.* humblesse, humility, 35/39.

Glossary.   211

Induce, *vb.* introduce, induct, 2/16.
Infortune, *sb.* misfortune, 1/23, 45/37. Fr. *infortune*.
Iourney, *sb.* battle, fight, 15/31, 32/29. Fr. *journée*.
Iubarde, *sb.* jeopardy, 78/13; iubardy, 169/25.
Iubarde, *vb.* jeopard, 171/26.

Labores, *sb.* labourers, ? 'laboreres,' 97/33, 102/15.
Large, *adj.* bountiful, free-handed, 164/15; a large half houre = a full h. h., 33/27.
Large, at their = at large, 163/2.
Lawe, *sb.* faith, 132/9.
Leest, *adv.* least, 17/29.
Lette, *vb.* hinder, prevent, 70/18.
Leue, *sb.* leave, haue l. = have taken l., 162/11; liberty to go, 162/31.
Leue, *vb.* leave, 29/27; leueth, *imp.* leave off, 119/16; leue of, leave off, 119/32.
Leue, *vb.* live, 29/28; leuyth, liveth, 11/39.
Leve, *vb.* believe, 151/22.
Loos, *sb.* praise, 17/23, 117/36. Fr. *los.*
Lyuerey, *sb.* delivery, 53/6.

Make, *sb.* mate, 63/8.
Male-eurus, *adj.* unhappy, unlucky, 60/17. Fr. *malheureux*, O.Fr. *maleureus*.
Malyncolious, *adj.* melancholy, 79/16. O.Fr. *melancolieus*.
Maner, *sb.* manner (manners), politeness, 33/8; manere, 29/1; the manere, 36/18. Fr. *manière*.
Marchers, *sb.* lords of the marches, 6/9.
Marches, *sb.* borders, 6/37, 9/26.
Mate, *adj.* mortified, downcast, 79/22. Fr. *maté*.
Maugre, *sb.* ill-will, 81/12, 180/29. Fr. *maugré, mal gré*.
Mette, *vb.* meet, 179/33; met, 179/34.
Meyne, *sb.* attendants, household, 88/7. O.Fr. *maisnée, meyné*.
Mischief, *sb.* mishap, at a m., in evil plight, 52/28. O.Fr. *meschief*.
Moorning, *vb.* mourning, 7/26.
Moost, *adv.* most, 13/28, 30.
Most, *vb.* must, 21/19.
Muster, *sb.* make his musters (of knights), watch his arms, 156/24.
Mysbeleue, *sb.* misbelief, heresy, 13/7.

Navee, *sb.* navy, 40/13. O.Fr. *navie*.

Neuirles, nevertheless, 65/40.
Noble, nobley, *sb.* magnificence, dignity, 68/5, 179/21.
Non, *sb.* noon, 92/5.
Nounpareil, nonpareil, matchless, 55/28.
Nowell, cry (Nowell is also used by Chaucer), 192/23. Fr. *crier noël*, cry Christmas (used for a wished-for thing), and much like 'Hurrah.'
Obeisaunce, *sb.* obedience, 4/22.
Of, *adv.* off, 2/36, 53/2.
Of, *prep.* for, like Fr. *de*, 35/33.
On, *prep.* used like Fr. *sur*, conquer on ..., 72/11.
Ordeyned, *pp.* cared, prescribed for, looked to, 19/12.
Othe, *vb.* swear, 163/2.
Ouirthrewe, *vb.* was overthrown, 16/18. See also *Conquest of Ireland*, 62/21.
Out, *vb.* get out, 6/22.

Pame, *sb.* tennis, 37/25. Fr. *paume*.
Party, *sb.* game, match, 67/7. Fr. *partie, tenir la partie*.
Pavis, *sb. pl.* large shields for covering body, 52/12. Fr. *pavois*.
Peas, *sb.* peace, 4/3; pees, 1/7. O.Fr. *pais*.
Peisaunt, *adj.* weighty, 25/8. Fr. *pesant*.
Perdicion, *sb.* destruction, 68/32.
Perdurable, *adj.* everlasting, eternal, 7/32. Fr. *perdurable*.
Peyne, *sb.* pain, trouble, work, 69/7.
Pleasir, *sb.* pleasure, 6/6, 17/33. Fr. *plaisir*.
Point, *sb.* break, 59/28, 67/13. Fr. *point du jour*.
Poo, *sb.* peacock, 136/5, etc.
Premener, *sb.* promoter, 6/38.
Purceuantes, *sb.* pursuivants, 32/28.

Recomfort, *sb.* comfort, 11/28.
Recomfort, *vb.* comfort, 12/8.
Reconerir, *sb.* recovery, 84/39, 86/13.
Recoured, *pp.* recovered, 22/22.
Recured, *pp.* recovered, made their way back, 124/29.
Redeles, *adj.* senseless, 70/30.
Reise, *vb.* raise, levy, 91/14.
Renay, *vb.* deny, 102/14; rennaye, 158/22. Fr. *renier*, Lat. *renegare*.
Renome, renone, *sb.* renown, 4/1, 159/22. Fr. *renom*.
Renomee, *sb.* renown, 98/25. Fr. *renommée*.

Rescous, *sb.* rescue, 125/23; rescouse, 125/5; rescuse, 46/1, 69/7. O.Fr. *rescousse.*
Resort, *vb.* retire, 157/15; resorted, returned, 76/28.
Ressplendisshed, *vb. int.* glittered, 123/8. Fr. *resplendir.*
Retourned, *vb. t.* turned, 16/16. Fr. *retourner.*
Roode, *vb.* rode, 75/33.
Rought, *vb.* recked, 155/12.
Russet, *vb.* ? rushed, 60/10.
Ryuage, *sb.* beach, shore, 40/16. Fr. *rivage.*

Sad, *adj.* sober, 24/18.
Sacred, *pp.* consecrated, 86/36. Fr. *sacré.*
Salowed, *vb.* saluted, 104/36. Fr. *saluer.*
Sauffcondite, *sb.* safe conduct, 93/40. Fr. *saufconduit.*
Saute, *sb.* assault, 52/12.
Sawe, *prep.* save, except, 87/25.
Scutes, *sb.* florins (see p. 72), 71/14. Fr. *écu,* so called from the shield of arms on it. Here it is the small *écu,* or half-crown.
Serpentyne, *sb.* serpentine, gun with bore of 1½ inches, 40/38.
Showre, *sb.* storm, tempest, shower, 131/11.
Somer, *sb.* sumpter, 53/39. Fr. *sommier.*
Sowde, *vb.* pay, 4/27. Fr. *souder.*
Sowne, *sb.* swoon, 11/24.
Spense, *sb.* expense, 122/14.
Spore, *vb.* spur, 49/15.
Spradde, *pp.* spread, 38/8.
Sprynge, *sb.* spring of day, like *point,* 140/36.
Stale, *vb.* stole, 152/25.
Steerne, *sb.* helm, 60/10.
Suffised, *pp.* contented, 8/38.
Surely, *adv.* in safety, 177/6.
Surmountour, *sb.* surpasser, exceller, 177/9.
Surnome, *pp.* surnamed, 36/39. Fr. *surnommé.*
Surtee, *sb.* affidavit, treaty, 107/40. Fr. *sureté.*
Swone, *sb.* swoon, 39/25.
Sy, *vb.* saw, 15/34.

Taberyne, *sb.* tabor, 40/24. O.Fr. *tabourin.*
Tain, *num. adj.* one, 14/31.

Taklee, *pp.* tackled, rigged, 81/32.
Taried, *vb.* detained, 10/27.
Than, *conj.* by than = by when, by the time that, 68/27, 152/15.
There as = where, 13/19. See *Where as.*
Titinges, *sb.* ? thinges, things, 109/39.
To, *prep.* on board; to shippe = aship, 39/37.
Toppis, *sb.* tops (of the masts), 44/30.
To-scrag, *pp.* scratched, 130/9.
Touchid, *vb. t.* to, touched, 25/22.
Tough, *conj.* though (note pronunciation), 11/14.
Trapoures, *sb.* trappings, 185/10. Fr. *trappure.*
Treter, *sb.* traitor, 18/13.
Trist, *adj.* sad, 26/36. Fr. *triste.*
Trussid, *pp.* packed, 168/28. O.Fr. *trosser, torser.*

Vacche, *sb.* watch, 74/39.
Valet, *sb.* servant, 30/26.
Vesselt, *sb. pl.* vessels, 63/35.
Vigours, *adj.* vigorous, 20/15.
Vndrowned, *pp.* unsunk, 42/34.
Vnsayne, *pp.* unseen, 166/21.
Vntolde, *vb.* did not tell, left untold, 174/30.
Vp, *adv.* they founde vp, 53/24. Comp. hunt up.
Vred, *pp.* well ured = fortunate, happy, 145/15.
Vrous, *adj.* happy, 181/14.

Wacche, *sb.* the belle of the wacche, 123/3. Comp. τοῦ κώδωνος παρενεχθέντος, Thuc. iv. 135. London Watchmen also carried bells.
Warte, *sb.* ward, warder, 14/32.
Weeles, *sb.* weals, goodnesses, 133/32; weelis, 33/3; wele, 36/24; weles, prosperities, 24/21.
Wery, *vb.* were, 153/3.
What-som-euer, whatsoever, 27/24.
Where as = where, 14/29.
Where-someuir, wheresoever, 64/40.
Wided, *pp.* voided, departed, 88/11.
Wilke, *vb.* walked, 47/19.
Wite, *vb.* know, 12/24, 168/34.
Withhelde, *vb.* retained, 22/31.

Yelde, *vb.* repay, requite, 37/7.
Yen, *sb.* eyen, eyes, 79/40.
Yngoodly, *adj.* excellent, 174/23.
Yolden, *pp.* yielded, 176/38.

INDEX OF PROPER NAMES, &c.

BY MR. THOMAS AUSTIN.

ALBORS, King of Spain, weds his daughter to the King of Sicily, 3.

Alfour, King of Sicily, marries Princess Sybil of Spain, daughter of King Albors, 3; has a daughter, Iolante, 3; seeks help against the Turks, 4; gets no help, 5; is joined by Ferant and Prince Philip, 14; hears of capture of Ferabras, 21; Ferabras is handed over to him, 33; Prince Philip presented to him, 34; the French, English, and Scotch expedition reach Gaeta, 40; he is complained of by his allies, 54, who suffer loss by a storm, 59; holds a Council about the loss of the allies at sea, 66; goes to Naples, 68; proposals for ransom of Ferabras laid before him, 94; resolves to consult Ferant about it, 95; welcomes Prince Philip and Prince David at Court, 108; plans defence of Naples against the Turks, 120, 121; gives his officers a banquet, 132; recaptures his towns, 145, 152; is made Emperor, 146; refuses to let Orcays be ransomed, 148; consults his Council on marriage of Iolante, 153; holds a preliminary Tourney on her account, 156, and proclaims final one, 158; goes to Milan to be crowned, and to Rome, 163; welcomes King Humphrey, 181; holds the Tourney, 188; agrees to help the Sultan, 197; visits England, 204; visits Scotland, 204; his death, 206.

Baltasar, a mercenary, a knight of the Sultan's, 42.
Brunswick, Frederick, Duke of, 146.
Burgundy, Duke of, is made regent of France, 86; talks with Philip, 166; intends personating Philip at the Tourney, 168; goes to Naples, 182; is met by the Emperor, 185; refuses Orcays' sister, 197, 206.

Bussaunt, Earl of (? Buchan), saved from shipwreck, 63.

Capletrent, 122. Cape (or Point) Trionto, on the coast of Italy, extending into the Gulf of Taranto. Lat. 39° 35' N.; long. 16° 50' E.

Charles, King of France, marries a daughter of the King of Nauerne (? Navarre), 1; they have a son, 1; is urged by his son to help the King of Sicily, 5; he declines, 5-7; finds his son is departed, 11; his ships at Gaeta, 43; reproaches himself, 65.

Constable of France, 43; his fate unknown, 63.

David, Prince of Scotland, heads the Scotch troops, 27; holds a Council, 46; is shipwrecked, 60, and taken, 61; saved by his captor, and released, 62; goes to Size, 72; joins in the sally, 75; captures his captor, Prince Orcays, 76, and sets him free, 77; his rashness, 99; goes to the Neapolitan Court, 108; relates his adventures, 133; goes to see Iolante, 151; does well at the Tourney, 157; goes home, 163; his arrival, 175; succeeds his father, 177; returns to Sicily, 178; returns home, 201; his marriage, 204.

Douglas, Earl, of Scotland, 39; shipwrecked, 60; slain, 61, 133.

Dover, 203.

England, King of, promises help to the Sicilians, 24; prepares his forces, 38; laments his loss, 65; sorrows for his son's departure for Sicily, 84; mourns his son as dead, 86; dies, 175. See *Humphrey*.

Ferabras, King of Persia, brother to the Sultan, with him subdues half Sicily, 13; is at Fondi, 14; is captured by Prince Philip in a skirmish, 16; desires to see his captor, 18, 20; is handed over to King of Sicily, 33; proposals for his ransom laid before the King, 94; a Council held thereon, 101; Turkish knights visit him in prison, 104; is enlarged for a time, 106; reaches the Sultan, 107; sends Prince Humphrey to Prince Philip, 113; Sultan apologizes to him, 115; goes to Persia about his ransom, 116; terms of his ransom, 155.

Ferant, a Sicilian knight, King Alfour's Seneschal, is sent to Spain to ask help, 13; leaves Toledo with Prince Philip, 13; reaches Sicily, 14; is rescued by Philip, 16; visits him, 19; reports Ferabras's capture to the king, 21; his troops attacked by troops of King Ferabras of Persia, 30; commands garrison of Size with Philip, 68; Prince David of Scotland joins him, 72; sallies out of Size, 75; resolves on a sortie, 96; blames Philip and David for rashness, 99; holds a Council to advise King of Sicily, 100; is welcomed at Court, 108; takes the three Princes to the Emperor, 151; is sorry at their departure, 161.

Fosses, a town four miles from Gaeta, 51; is captured from the Turks, 53.

Foundey (Fondi), a town near Gaeta, in kingdom of Two Sicilies, is held by the Turks, 14; Scotch spies come near it, 47.

France, King of, Charles, weds a Princess of Nauerne (? Navarre), 1; objects to help Sicily, 5; is against his son's departure, 7; mourns at his departure, 11; agrees to help Sicily, 24; prepares his forces, 38; recalls them after the shipwreck, 63; his death, 86. See *Philip*.

Gayette, Gaeta, occupied by the Sultan, and the Christian fleet anchor there, 40; Turks repel the Christians, 45; the fleet leaves it, 56; is recaptured from the Turks, 147.

Humphrey, Prince, of England, 78; wishes to help Sicily, 81; starts, 83; is captured, 85; is let out of prison, 110; the Sultan wants to drown him, 111; King Ferabras sends him to Prince Philip, 113; joins the other Princes, 117; tells of his release, 134; is taken to the Neapolitan Court, 151; at the Tourney, 157; goes home, 163; is told of his father's illness, 170; goes to his father's death-bed, 173; is crowned king, 175; makes ready for the Tourney, 175; is welcomed back at Naples, 181; second at the final Tournament, 195; marries Orcays' sister, 200; returns home, 201; his sisters marry the Sultan and the King of Scotland, 204; returns from Scotland, 205.

Iolante, daughter of the King of Sicily, 3; desires to see Prince Philip, 23; Philip falls in love with her, 37; she loves him secretly, 109; the three Princes go to visit her, 151; her marriage pondered, 153; a three days' Tourney is to decide it, 154; the preliminary Tourney, 156; the grand Tourney proclaimed, 158; is told that Philip will win her in the Tourney, 190; meets Philip, 193; dances with him, 194; her marriage, 196; welcomed in France as queen, 202; goes to England, 203.

Le toure de Gretus, a port near Gaeta, 56.

London, 171, 203.

Luby (? Lybia), King of, 145.

Millayne (Milan), 163.

Naples, the King of the Two Sicilies goes there, 67, 68; Turkish messengers arrive there, 94; Neapolitan Court, 108; the Sultan resolves to besiege it, 120; the king arranges the defence, 121; the siege, 123; Ferant sets a gallows up on the walls, to hang Orcays, 127; a grand banquet there, 132; the Turks do not succeed,

Index of Proper Names, &c.

137; the siege raised, 140; the Sultan killed before it, 142; Council held there, 153; preliminary Tournament to decide about Iolante's marriage, 156; adorned for final Tourney, 185.

Nauerne (? Navarre), 1.

Oliver, Ferant's brother, is captain at Taprey, 14, 29, 49, 51.

Orcays, son of the Great Turk, takes Prince David of Scotland, and sets him free again, 61, 62; sends him to his friends, 71; is captured by Prince David, 76; released by him, 77; is captured again, 125; gallows prepared for him, 127; at the banquet, 132; tells his history, 135; vows to give back his father's conquests, 136; in love with Iolante, 137; the Turks wish to ransom him, 149; his ransom advised, 153; terms of it, 155; is at the Tourney, 157; his departure, 159; wants Iolante, 164; his return to Sicily, as Sultan, 179; offers to turn Christian, 180; turns Christian, and takes name of Charles, 187; goes to England, 201; marries a sister of David of Scotland, 204; returns to Turkey, 205; his widow returns to England, 207.

Paris, 9, 12.
Peacock, used to swear by, 136.
Persia. See *Ferabras*.
Philip, son of Charles, King of France, is born, 1; is christened, 2; urges his father to help the King of Sicily, 5; is grieved at refusal, 7; resolves to go to Sicily, 9; leaves Paris, and changes his name, 9; goes to Toledo and falls sick, 10; starts from Toledo with Ferant, 13; reaches Sicily, 14; fights his first skirmish, 15; captures King Ferabras, 16; the Sicilian ladies are anxious to see him, 23; is ordered to Sicily, 28; retakes King Ferabras, 31; pledges his faith to Ferant, 35; falls in love with Iolante, 37; commands garrison of Size with Ferant, 68; is at the Council on ransoming of Ferabras, 101; advises Christian captives to be freed, 102; is welcomed at Neapolitan Court with Ferant and David of Scotland, 108; is joined by Prince Humphrey of England, 117; is captured by the Turks, 124; the Sultan resolves to hang him, 126; is rescued, 129; helps to take Gaeta, 146; Iolante sorrows for his supposed death, 150; is taken by Ferant to her, 151; does best of all at the preliminary Tourney, 157; resolves to return home, 159; returns, 163; talks with his uncle, 166; returns to Naples, 182; acts as his uncle's squire, 184; his supposed absence lamented, 187; does best at the Tournament, 189, etc.; the Emperor embraces him, 192; is taken to see Iolante, 193; accepts her, and is married, 196; his welcome in France, 202; goes to England, 203; returns home, 205; succeeds to throne of Sicily, 206.

Port Dean, in Scotland, 39.

Rome, 163.

Scluse, Sluys, 206.
Scotland; the king refuses to help Sicily, 6; the Estates advise him to do so, 25; Prince David heads expedition, 27; the king makes joint preparations with France and England, 38; the joint fleet reaches Gaeta, 40; is repulsed, 45; Scotch spies sent out, 47; losses in the Scotch fleet, 63; grief of the king, 65; his death, 177. See *David*.

Shipwreck of vessels of the allied fleet, 59, 63.
Sicily, i. e. the Two Sicilies, *passim*.
Size, Sessa, a town near Gaeta, a garrison left there, 67; the Turks resolve to lay siege to it, 69; Prince David goes there, 73; Prince Orcays captured in a sally, 75, 76; daily sallies, 87; the Turks think of raising the siege, 89; a sortie resolved on, 96; success of it, 98.

Spain, King of, asked to help Sicily, 13; will give no help, 66. See *Albors*.

Sultan (the Grand Turk), subdues half Sicily, 13; opposes the landing at Gaeta, 40; calls a Council, 42; detains Prince David, 62; resolves to besiege Size, 69; goes to see the encampment, 75; calls a Council about the siege, 88; wishes a truce, 103, and settles it, 107; leaves garrisons in Sicily, 109 ; wants to kill Prince Humphrey, 112; apologizes to King Ferabras, 115 ; appeals to his subjects for help, 119 ; resolves to besiege Naples, 120; wishes to hang Prince Philip, 127 ; sees the siege is useless, 137; holds another Council, 138 ; is killed before Naples, 142.

Sybil, the King of Spain's daughter, marries King Alfour of Sicily, 3.

Talpoir, same as Taprey, 21, 22.

Taprey, a town in the kingdom of the Two Sicilies, near Gaeta, 14, 16; called Tapyr, 47; still held by Oliver, 48, 51.

Toledo. See *Towlette*.

Tournament, preliminary, to decide about marriage of Iolante, 154, 156 ; the field for the final one is settled, 187, 188 ; King Philip's side wins, 189, 191, 195 ; the party disperses, 201.

Towlette, Toledo in Spain, is reached by Prince Philip, 10 ; he lies sick there, 12, 22, 206.

Turks make war against Sicily, 4 ; repulse the Christian fleet at Gaeta, 45 ; besiege Size, 69 ; make a year's truce, 107 ; besiege Naples, 123 ; blame their Sultan, 139 ; defeated before Naples, 142 ; are downcast, 149 ; make a three years' truce, 155. See *Sultan*.

Warwick, Earl of, welcomes Prince Humphrey on part of King of England, 171, 172.

Warwick, son of the Earl of, reproaches Prince Humphrey, 79, 82.

The manufacturer's authorised representative in the EU for product safety is Oxford University Press España S.A. of El Parque Empresarial San Fernando de Henares, Avenida de Castilla, 2 - 28830 Madrid (www.oup.es/en or product.safety@oup.com). OUP España S.A. also acts as importer into Spain of products made by the manufacturer.
Printed and bound by CPI Group (UK) Ltd, Croydon, CR0 4YY

22/04/2026

02094916-0003